創造可能

從分歧衝突走向繁榮共存的關鍵選擇

HOW WE SURVIVE (AND THRIVE) IN AN AGE OF CONFLICT

POSSIBLE

哈佛Program on Negotiation共同創辦人
威廉·尤瑞 William Ury 著　張芷盈 譯

獻給蓋比

以及未來也能擁抱各種可能性的你

「希望就是對於可能充滿熱情。」

—— 索倫・齊克果（1813-1855）

CONTENTS

推薦序
一切都有可能

2018 年 11 月 28 日，比爾·尤瑞（Bill Ury，編按：對作者名的暱稱）和我一起到位於我們的家鄉科羅拉多州波德市西邊的獅子穴步道（Lion's Lair Trail）健行。那是個美好的秋日午後，陽光柔和，我倆影子拖得長長的，在冬日即將到來的溫暖晚秋散發出金黃的光芒。正當我們越加投入在兩人的對話中，我對他提到的一個故事深受吸引，他提到為了化解美國與北韓日漸緊繃的衝突，他在背後採取的各種行動。一如每回健行，比爾和我渾然忘我地討論各式各樣的主題，我們從古巴飛彈危機的歷史教訓、中東的未來，談到因為繼承子女爭產而四分五裂的家族事業，甚至還聊到我們每個人內在拉扯消耗的課題。

在這趟健行中，我看到比爾對於看似難解的衝突卻能平靜樂觀以待、同時擁有理智洞見及實際執行的智慧，這樣的能力很少見，我對此印象深刻。於是我問他：「如果要你將一輩子做的事濃縮成一句話流傳於世，那會是什麼？」接下

來一路往上的一段之字形山路，比爾都沉默不語，過了好一陣子才說：「好問題，我要來好好回答這個問題。」等到我們走下最後一段之字形山路時，夕陽西落，比爾也開始邊聊邊思考著那句話，還說他可以用這句話寫出一整本書。

唯一要寫的書，是你無法不書寫的那本書。

每當有人向我詢問寫書的建議時，我告訴他們的第一件事都是要竭盡所能不寫那本書。對於寫書最初衝動的回應，首先應該是「不！我不要寫！」如果衝動又燃起，要這樣回應：「我拒絕臣服於寫書會造成的痛苦。我不要讓自己陷入那些為了創造出作品而必須發想點子、生出文字和頁數、建構出寫作結構的巨大掙扎之中。絕對不要！」

但如果寫書的想法不斷出現，糾纏著你，向你傳達出明確的訊息，「你一定得要寫」。如果你已經果敢且努力不懈地抵抗過，竭盡所能將腦中的想法屏除，卻始終無法拋開這個想法，那你可能真的有一本值得書寫的書。如果你也正是寫這本書的最佳人選，那就更是如此；如果你不寫，就沒有人會寫了。

這本書就通過了這個考驗。那個「一句話」的挑戰深深烙印在比爾腦中，揮之不去。就如他在書中所提到的，他完成了那一句話，那是由長年積累而成的經驗及敏銳洞察而生的一句話。有了這句話，他決定投入書寫這本書。在這句話中，比爾背負了整合截至目前一生志業的獨特使命，他這樣做不僅提供了智識上的貢獻，也因為現在正是這個分裂時代

最適合的時刻。

　　比爾是撰寫本書最佳人選的原因有三。

　　首先，他擁有扎實的知識基礎與大量的實際工作經驗可以運用。他在本書中又再度探討的重要問題，其實根源於他與羅傑‧費雪（Roger Fisher）一起合著的開創性著作《哈佛這樣教談判力》（Getting to Yes），在過去四十多年來，這本書引導讀者如何應對高壓又高風險的談判。《哈佛這樣教談判力》是一部經典之作，然後他根據這些想法又醞釀出後續著作，像是《一開口，任何人都說好》（Getting Past No）、《從說服自己開始的哈佛談判力》（Getting to Yes with Yourself，這本是我個人的最愛）。事實上，他對於衝突調解這個議題的投入，早在他和費雪教授合著《哈佛這樣教談判力》的十多年前就開始了。

　　某次我們在波德健行時，我問過他：「你最早是什麼時候發現自己對後來畢生志業的興趣與天性？」比爾這樣回答：「十歲之前，那時我在瑞士就讀的學校有一個防空洞。當時正值古巴飛彈危機之際，而這一切勾起了我的興趣。」就某種意義上來說，比爾一直努力朝著這句話邁進，並且用了整整六十年來為這本書建立架構。

　　第二，他的洞見不只是智識上的貢獻；還非常實用。我覺得比爾是個務實的研究者，整個世界就是他的實驗室。他沒有待在某間常春藤盟校豪華的辦公室裡研究，鑽研如何提升其智識與洞見，相反的，比爾很早就決定要「先去最困難

的地方」，到中東投身政治談判的工作。比爾有著數十年親自參與第一線的實地經驗，他知道在複雜又極具爭議的談判中哪些做法有用。他知道如何準備，如何退一步，看得更清楚（每當我需要冷靜下來，退一步用不同角度思考衝突時，我常常會想起比爾「走上包廂」的比喻）。*

　　他也知道如何創造雙方或所有人都適用的解決之道（我一直都很欣賞他「搭建黃金橋」的比喻，這個比喻指的是在爭論歧見的海峽兩端，建造能連結彼此、持久耐用的結構）；如何鼓勵更廣大的群體參與幫助雙方搭建這座黃金橋；如何堅持那些不可妥協的點，同時又成功找到能妥協之處；如何透過接受更棒的條件來拒絕現有條件，不只是為了自己，也是為了所有群體。當你因為私人利益而情緒受到影響，該如何讓自己接受對自身和他人都是最好選擇的最佳方案。

　　而在他所有「如何做」的技巧背後，比爾始終都有一個知識架構，不僅知道哪些做法有用，更深刻理解這些方法為何有用。

　　第三，比爾屬於那些極少數的思想領袖，他們已經從聰明的知識分子，晉身為睿智的智者。在本書中，比爾即是處於全然睿智的狀態。這個世界永遠會朝著戰爭與暴力的方向駛進；從歷史中已可見到，人類社會並不會一直朝著和平與

---

* 　編按：走上包廂（go to the balcony），balcony 除指可俯瞰舞台的劇院包廂，在書中依隨不同案例的情境，亦指建物附屬的陽台或露台。

合作的軌道邁進，比爾了解人性本質對衝突的傾向深植於我
們的 DNA 中。他所有的教學、寫作、實務工作都是從對人
類行為、權力慾望及現實政治運作的實際理解展開的。但同
時，他也是一個務實的理想主義者，他認為追求和平與群體
協作也是人類本性，並且符合社會利益。他主張支持一個簡
單又有力的觀點：就算是在衝突棘手的處境下，追求和平的
解決方案，也標誌著展現力量與智慧，而非軟弱。最重要的
是，他告訴我們這一切都是有可能的。

詹姆．柯林斯（Jim Collins）

科羅拉多州，波德市

2023 年 4 月

第 1 章

通往可能之路

「我們會一直遇到很棒的機會，而這些機會則巧妙地偽
裝成難以解決的問題。」[1]

—— 瑪格麗特・米德（Margaret Mead）

　　這是一通改變了我命運的電話。

　　1977 年 1 月初，某個寒冷的週日晚上 10 點鐘，電話聲響
起。當時我住在麻州劍橋一間老舊木造房的小小出租閣樓，
就位於哈佛大學人類學博物館同一條街上不遠處。那年我 23
歲，一邊寫著學期作業、一邊改學生作業，同時還要努力為
社會人類學研究所的考試做準備。

　　我接起電話，電話另一頭的聲音清晰有力：「我是羅傑・
費雪教授。謝謝你寄給我你的論文。我很欣賞你用人類學的
角度思考中東和談的議題。我自作主張把主要的圖表寄給了
負責中東事務的助理國務卿。我是他的顧問，我認為他應該

會覺得你的想法很實用，能幫助他規劃談判工作。」

　　我當下說不出話。我在做夢嗎？我覺得之前應該沒有教授打電話給我過，尤其還是在週末。我也絕對沒有想過，我在寫學生作業時的一個想法，竟然能幫助到位於華盛頓的政府高官，而他負責的事務正是普遍被視為世界上最困難的國際衝突。

　　就如那個年紀的許多年輕人，當時的我正試著釐清自己的人生方向。研究人類文化與社會的人類學很有趣，但對我來說卻少了些什麼。我一直想把我的時間與精力貢獻在能更直接實際幫助他人的計畫中。我想知道：我能不能把學到的東西，應用在當前人類社會無法解決的重大困境上，比如常年持續不斷的衝突與戰爭？

　　電話另一頭，費雪教授繼續說道：

　　「我想邀請你來跟我一起工作。你覺得如何？」

　　「好，」我結結巴巴地回道，「我非常樂意。」

　　那麼我的論文中，到底是哪個想法受到費雪教授的青睞？這都源自一個簡單的假設情況。我在樸素的小小閣樓房間，環顧四面牆，想像自己作為人類學家，隱身在瑞士日內瓦萬國宮一間金碧輝煌的房間，而此處即將召開中東和平談判會議。我問自己一個簡單的問題：我是否能從與會各方談話的方式，看出談判進行順利與否？

　　如果進行得不順利，我猜想談判代表應該會互相指責。他們會深陷在過往歷史中，他們會聚焦在曾經犯下的過錯裡。

如果進展順利，我聽到的內容會截然不同。與會者不會陷在過去，而會聚焦在現在與未來。他們不會反覆談論著「以前哪裡做錯了」，而是會討論「還有哪些可以做」。他們不會攻擊彼此，而是會一同解決問題。

換句話說，我只是簡單提出衝突中各方彼此對話的方式，將可能為達成協議的可能性關上或開啟大門。

費雪教授那晚的一通電話為我開啟了一扇門，我開始投入研究在看似棘手難解的衝突中，如何開啟可能性的藝術，而學習這門藝術也成了我一生的追尋。

我畢生求解的問題

費雪教授慷慨的邀請，點醒了我幾乎從有記憶以來就一直存在的內在召喚。我的童年大部分時間在歐洲度過，當時也還沒有從兩次世界大戰中恢復過來，駭人的戰爭奪走了數以千萬計的生命。從那些成為廢墟的建築、倖存者在創傷中避而不談的故事，仍可清楚感受到當時造成的巨大痛苦，就算是對一個沒有直接遭受戰爭摧殘的孩子來講，也是如此。

除此之外，第三次世界大戰如今也蠢蠢欲動，而且因為原子彈的出現，戰爭更可能造成世界末日。我們未曾談論過這件事，因為光是用想的就令人毛骨悚然，而且感覺大家也無能為力，但卻有各種鮮明的提醒。我在瑞士就讀的學校

裡，有一處強制規定設立的核子彈防空洞。冬天的時候，還同時作為滑雪儲物間，所以我很常去，有時候我會佇立在入口處巨大的鋼製防爆門前，頓時身體感受到一陣寒意入骨。

「我不懂，」長大一點後我會這樣跟朋友說，「每當我們和俄國人之間出現危機時，領導者就可能決定發動會將全世界毀於一旦的核子戰爭。怎麼會這樣？一定有更好的方式可以解決這些議題！」

我的學校裡有來自不同國籍、文化、信仰的學生，但我們普遍來說都相處良好。而且有爭端時，都是個人之間的問題，不是群體之間。所以就算我還只是個孩子，我也不難想像一個大家都能大致上和平共處的世界。

不只是世界上有衝突，家裡也有，像是我在餐桌上看著父母爭吵的時候。聽著他們爭吵很痛苦，如果辦得到，我會試著轉移他們的注意力。這讓我想到，衝突會影響我們生活中所有的事物，從影響家庭和樂，一直到作為一個物種終極生存的問題。

作為一個好奇的青少年，我一直會反覆思考的基本問題是：**我們該如何在不摧毀所珍愛事物的前提下，處理彼此間巨大的歧異？**我們該怎麼找到一種方式共同生活、工作，就算衝突難以避免？

我在大學修讀人類學，試圖找到這個問題的解答，希望能進一步鑽研人類本性及文化。人類學家常常會研究那些小規模、受到外在威脅的瀕危社群。而我所擔憂的瀕危社群則

是人類整體，以及我們對自己造成的存亡威脅。為什麼每當個人之間、群體之間或國家間出現嚴重分歧時，我們這麼容易就陷入破壞性衝突？

但我並不想要純粹做學術研究，我想要從事實務工作。我熱愛人類學的一點是，如果要真正了解另一個文化，必須要實際參與並觀察。我想要參與衝突，而不只是從旁觀察。我想要參與其中，在最難以找到解方的場域中，練習談判的藝術。

那通電話開啟了我接下來近 50 年的旅程，在這段經歷中，我以人類學家及談判員的身分在世界各地工作，藉由實際參與的衝突激發出我對最基本問題的解答：**要如何在棘手的衝突中，將具有毀滅性的對峙，轉化為合作性的談判？**

我在很多傳統文化的社群中問過這個問題，從喀拉哈里的庫亞（Kua）社群，到新幾內亞的部落戰士。而當我在面對一些最棘手的衝突，嘗試不同做法時，也都曾問過這個問題，比如從激烈的煤礦工人罷工到美蘇核武對抗，從董事會鬥爭到家族內鬥，從政黨對峙到中東戰爭。我找出了最棘手、風險最高的衝突，並了解到在這些衝突中適用的方法，應該也可以運用在其他所有情況中。

所以，我也在與自己的家人和我所愛的人之間發生衝突時，問過同樣的問題。我從失敗與成功的經驗中都獲益良多。

經過這些種種的實驗，我孩童時期最初的直覺得到了

證實：對於我們彼此間最嚴重的分歧，的確有更好的解決方式。作為人類，我們有選擇的機會。

我們生活在衝突時代

　　當我看著我們現今面臨的各種衝突，我了解到自己畢生追尋所學習到簡單卻具有力量的經驗，正是現在最需要的。

　　到處都是衝突，而且不斷加劇。從家裡、工作場域、國家，到全世界，每一天，我們都面對著令人苦惱又痛心的各種爭執。

　　具有毀滅性的衝突正在分化我們的社群、傷害彼此的關係、癱瘓我們處理最重要議題的能力，而從我有記憶以來，情況從來沒有這麼嚴重過。因為沒有找到更好方式處理彼此的分歧，我們因此犧牲了多少需求？失去了多少機會？

　　諷刺的是，花了幾十年處理國際上棘手的政治衝突後，我發現有另一個棘手的衝突正在撕裂我的國家。這看起來似乎難以想像，但根據最近的一項調查顯示，超過四成的美國人擔憂美國可能陷入內戰。[2] 我從來沒有看過一群人對另一方展現如此程度的恐懼、憤怒和輕蔑。我也從來沒有見過如此程度的消極屈從、麻木與絕望，許多人都放棄了，覺得自己沒有能力改變現狀。

　　分化的現象不只出現在美國；這是全球趨勢，在世界各

地撕裂家庭、社群和社會。「因為政治上的歧異，我哥哥已經不會來我們傳統的家庭聚會。我媽媽的心都碎了。這太誇張了，」一個位於巴西的好友這樣哀歎道。

如果一千年後的人類學者回顧現在這段時間，他們可能會稱這段時間是「人類家族大團圓的時代」。因為通訊傳播技術的革新，有史以來第一次，幾乎所有一萬五千多個語言社群都能彼此互通有無。[3] 但就像許多家庭團聚的故事，過程並非全都和平又和諧。衝突四起。

在人類演化的過程中，從來沒有像現在一起必須面對與數十億的其他人共存的挑戰。衝突完全沒有減緩跡象，重聚代表敵意升高，因為人們被迫面對彼此的歧異，對於不平等的憤怒升高，而不同的習俗與信仰則威脅著各自的認同。團聚可能造成更多的摩擦而非喜悅，隨著差異被放大，出現更多的是衝突，而非理解。

感謝新型態的溝通交流方式，相較於過去，我們更容易注意到世界上其他地區的衝突。每天二十四小時，我們都被淹沒在衝突與戰爭的新聞中。不僅如此，新的溝通媒介的本質就是會聚焦在衝突上，並放大衝突，因為這類內容會吸引我們的注意，而注意力則會帶來收益。

衝突不會消失。我們身處在一個所有事物都急遽快速變化的時代：幾個最大的議題包括 AI 等新科技、經濟失序、環境崩壞、人口移動等。而這樣的速度絲毫沒有放慢的跡象，反而持續加速，最後更多變化自然會帶來更多衝突。

　　而令人意想不到的事實是：這個世界需要更多衝突，而非更少。

　　我知道這聽起來可能很奇怪，但且聽我解釋。

　　什麼是衝突？衝突可以定義為「利益和觀點分歧的對立雙方，彼此產生的碰撞。」

　　在我的工作中，我往往遇到的常見假設就是衝突是一件壞事。以前我也會這樣預設。但身為一位人類學家及調解員，我學會用「衝突是自然的」來看待，這是生活的一部份。就因為我們是人類，我們自然有不同的觀點與利益。當我們表達彼此的不同時，衝突就會出現，就算我們沒有表達，也會出現衝突。

　　事實上，衝突可以是很健康的一件事。最棒的決定不是來自表面膚淺的共識，而是透過呈現不同的觀點，並尋找有創意的解決之道。衝突是民主過程的核心，也是現代經濟的關鍵所在，在商業競爭中，衝突有助於創造繁榮。

　　想像一個沒有任何衝突的世界。要怎麼處理不公不義？要如何改正權力濫用的情況？我們的家庭、工作、社群又如何能出現有建設性的改變？

　　作為個人與群體的一部份，面對挑戰是我們學習、成長與改變的方法。衝突提供了這個挑戰，刺激我們及所處的社會成長進化。正如我的朋友及調解工作同事克萊兒・哈傑（Claire Hajaj）最近跟我說到的：「有建設性的衝突是人類成長的基礎。」

　　那我們要如何以有建設性的方式處理彼此的歧異呢？

脫離困境的方式就是走過困境

　　我在寫這本書的時候，有機會參加一趟為期兩週的大峽谷泛舟行程。

　　正當勇猛的船長領著我們在科羅拉多河上駛經巨岩、越過急流，我在過程中對於該如何在動盪時局中駛出衝突的問題，得到了一些想法。我抬頭望向巍峨的大峽谷岩壁，數千英尺之高，存在了幾十億年之久，頓時對於人類衝突該如何化解很快有了靈感。所有的人類歷史在這一片聳立的峭壁上，都只不過是滄海一粟。

　　在大峽谷的峭壁中，遠離令人發狂的新聞與社群媒體，我問同行一位來自威斯康辛州酪農場的 70 歲農夫喬治・西門（George Siemon）說：「喬治，為什麼我們的國家在任何事情上要取得協議都這麼難？你和其他農夫聊天時大家都在聊些什麼？」

　　「威廉，」他回道：「大家都覺得被困住了。大家都在互相指責，而不是解決問題，或乾脆放棄彼此。然後問題就越變越糟。

　　「我現在都跟年輕人說：『我們有解決之道，我們甚至還有錢，我們只是不知道要怎麼一起合作。這就是現在的挑

戰！」

我從喬治遇到的挑戰得到共鳴。我們活在一個充滿可能性的世界，對我們、我們的家庭和社群來說，未來都充滿可能性。帶有許多希望、但有些正面地令人害怕的可能性。最終，一切都看我們自己。我們有許多機會能讓所有人都過得更好，但我們必須攜手努力。

我們無法消弭衝突，我們也不該這麼做。

真正的問題不是衝突，而是我們用毀滅性的方式處理問題。

如果我們試著用不同的方式，以逆向方法去處理呢？如果不是將衝突升高或避免衝突，而是採取相反的做法會如何呢？如果我們面對問題，帶著好奇心及合作的態度，會有怎樣的結果？

這是我在大峽谷泛舟時所學到的。一旦下水開始泛舟，有好幾天都要待在河面上，沒有其他退路。不管我們喜不喜歡，洶湧的湍流和冰冷的巨浪不斷打來，除了順著水流一起走，我們別無選擇。最好的方式就是不要想避免被弄得又濕又冷，而是順應其中，迎向大浪，然後一起使勁地划。

簡單來說，脫離困境的唯一方式，就是度過這個困境。

這聽起來可能是我們最不想要的選項，但如果我們就擁抱衝突，那會如何？如果我們張開雙臂擁抱衝突會怎樣？如果我們把人類所有的潛力用來處理衝突，應用我們與生俱來的好奇心、創造力、合作能力，會有怎樣的結果呢？

在我的工作中，我發現人們自然會假設衝突應該被解決。但真的是這樣嗎？以前的我也會這樣假定。畢竟，我從事的領域就是調解衝突。但經過多年後，我逐漸理解到問題往往不可能找到解方，至少目前還沒有辦法。在某些例子中，找到解方甚至不是令人滿意的處理方式，因為這就剝奪了我們在衝突中持續學習和成長的機會。事實是我們不是永遠都一定要達成協議。

與其試著解決衝突並達成協議，我們是不是能試著找到比解決之道更實際且可持續的做法？如果我們把重點放在轉化衝突，會得到怎樣的結果？

轉化衝突就是改變衝突的形式，從毀滅性的戰鬥，變成富有成果的衝突和有建設性的協商談判。

與其摧毀我們珍視的事物，如果我們開啟共存的全新可能性，創造我們珍視的事物，又會有怎樣的結果呢？

要轉化衝突比達成協議的工作更為龐大。[4] 這代表要改變我們互動和處理彼此歧異的方式，要改變我們的關係。協議總是有局限且往往是交易性的；談判協議會來來回回，不斷改變。轉化則是關係性的，可以一直持續到未來。協議是結果；轉化則是過程。而且不像某些協議要花上很長一段時間才能達成，轉化衝突可以立即實踐。

四十多年前，費雪教授、派頓（Bruce Patton）和我在撰寫《哈佛這樣教談判力》（*Getting to Yes*）時，書名中的「yes」指的是彼此滿意的協議。現在，我認為這個「yes」的定義應

該擴充。新的「yes」指的是，挺身而進並擁抱衝突所能提供的一切。新的「yes」是轉化性（transformative）的「yes」。

　　如果我們能擁抱並轉化衝突，我們將能學習如何共存並一起合作。就如同我的朋友喬治在湍急的河上所說的，如果能做到如此，不管問題多大或多小，我們都能解決。

尋求「可能」是「新的 yes」

　　這麼多年來，我在工作中處理了許多看似不可能化解的衝突，人們常常問我：

　　「你是樂觀主義者，還是悲觀主義者？」

　　我會回答：「其實，我是可能主義者（possibilist）。」

　　我對「可能」充滿熱情。

　　我相信人類有潛力能達成協議，我們有能力可以用有建設性的方式處理我們彼此的不同。

　　我相信就算我們彼此間有巨大歧異，人類還是有能夠合作的與生俱來的能力。

　　我相信不管衝突多麼具有挑戰性，我們還是能學著讓結果好轉。

　　簡言之，我相信我們能在這個衝突時代生存下來，並蓬勃發展。

　　「可能」不代表容易。世上沒有快速修復的方法。處理

衝突可能是人類面臨最困難的工作。需要耐心及許多堅持與毅力。但是很困難，不代表不可能，這可以是一項艱困但又有可能完成的工作。

「可能」不代表衝突的結束，這並非是「贏了談判就算任務完成」（won and done）。在我經手過的大多數情況中，緊繃的情勢仍在繼續，衝突仍然延續，但破壞、暴力和戰爭則能夠畫下句點。

「可能」不代表一個簡潔明確的解方。在更多情況下，可能代表的是關係逐漸改善，隨著時間進展，會產生巨大的不同，關係可能會很混亂。「可能」也代表在看似無路可走、沒有選擇的情況下，找到前進的方式；這代表創造一個個微小的突破，而隨著時間演進，微小的改變能累積成巨大的突破。「可能」代表的是逐步變革。

「可能」指的是應用人類所有潛力，處理周遭的衝突；這代表的是使用與生俱來的好奇心、創造力、合作能力，開啟我們之前想像不到的全新可能性。

在衝突中，我們覺得被困住、感到挫敗；「可能」則代表自由、選擇和機會。

「可能」是「新的 yes」。

為什麼我是可能主義者？因為我親眼見證過人類的能耐。我見證過那些看似不可能的變成可能。

整個 1980 年代，我有十年時間都花在避免意外爆發核子戰爭，經常往返於華盛頓與莫斯科兩地。儘管期間困難重

重，局勢不被看好，但隨著柏林圍牆倒下、冷戰終結，我見證了美蘇關係的驚人轉變。

　　當我在 1980 年代末第一次去到南非，親自了解衝突並提供談判訓練時，資深的政治觀察家認為要花上幾十年，說不定也只有血腥的全面內戰能終結這個種族隔離政策。結果相反的，在短短幾年內，大多數人的預測跌破眼鏡，破壞性的衝突發生了轉化，在歷經 27 年的牢獄生涯後，曼德拉（Nelson Mandela）獲選為總統。

　　在近幾年前，我有機會擔任哥倫比亞總統的顧問，他當時想做一件國內都認為是不可能的事情：終結長達近半世紀的內戰。許許多多的人曾為此喪生，有超過八百萬的受害者。[5] 經過六年艱難的談判，最終在眾人的意料之外，締結了歷史性的和談，主要的游擊隊放下了武器。

　　我的經驗不僅限於戰爭。我曾看過許多家族化解彼此恩怨；我見證過競爭激烈的商業對手再次成為朋友；我在自己的國家看過來自不同政治光譜的領袖學習攜手合作；我也曾看過來自各行各業的人迎向挑戰，將破壞性的衝突轉化為建設性的談判。

　　如果這些都曾發生過，我相信一定也有可能再次發生。

　　我對人類的黑暗面並非一派天真。在將近五十年的歲月裡，我常常在令人感到人心黑暗的局勢裡工作，我絕對不會低估人類的無知與殘忍。我也見證過衝突帶來的負面可能性。

　　四十多年前的某個下午，我有機會獨自去到位於波蘭特雷布林卡（Treblinka）的納粹死亡集中營遺址。我走在一排排隆起墳堆的茂盛蔓草中，墳堆上散布著白色骨頭碎片。雖然我沒法確定，但我懷疑我有許多遠房親戚都被埋在這些墳堆中。我認為埋在那裡的每一位亡者都是某個人的家人，因此也都是我們所有人的家人。我感受到陣陣哀傷，對於人類能對彼此犯下的不人道行為，我找不到言語表達心情。我默默對自己發誓，要起身行動，盡我一切力量協助避免威脅全人類的核子屠殺。

　　十三年後，我正忙於處理南斯拉夫內戰的相關工作，我和一位兒時認識的老友，時任美國駐克羅埃西亞大使彼得・加爾布萊斯（Peter Galbraith），一同前去探訪波士尼亞穆斯林臨時難民營。這些難民被困在一個一公里寬的區域，一邊是整排塞爾維亞坦克，另一邊則是整排克羅埃西亞坦克，雙方都瞄準了中間的無人區。在穿著防彈背心並配備自動武器的加拿大聯合國維和部隊護送下，彼得和我穿過坦克與士兵，進入已成為廢墟的村莊。這些房子大部分都已被摧毀。一顆打偏的流彈卡在樹幹間。

　　數以千計的男女老幼住在破爛的帳篷中，隨著寒冷的冬天到來，這些帳篷也難以發揮禦寒作用。每個人看起來都非常迷茫，無處可去。他們四周全部都埋有地雷，每隔幾天就有人會因為不小心踩到地雷，沒了腳或沒了腿。

　　令人倍感辛酸的是，我們抵達時，一位產婦才在學校體

育館充作的臨時醫院裡生產。我不禁想到，這些無辜的人們就代表著人類的苦難，他們被夾在隨時都能發動災難性毀滅的核武強權之間。這是另一種衝突帶來負面可能性的鮮明提醒。

最近，在我寫作這本書的期間，我主要和衝突相關的工作，集中在可怕又悲慘的烏俄戰爭上。負面的可能性全面攤開，全世界發現在柏林圍牆倒下的 35 年後，俄羅斯和西方世界又陷入全新的危險衝突。就如二十世紀的上半葉，歐洲再度成為殘酷戰爭與暴行的現場。達摩克利斯的核武之劍，就驚險地懸掛在我們的頭上。感覺就像是我們兜了一圈，又回到原點。

我最初本來打算過去一年都專注在寫作上，但卻發現自己沒有辦法作壁上觀，什麼都不做。在我寫下這些文字的同時，也非常投入地與烏克蘭人及俄國人、美國人和中國人、英國人、法國人和其他許多人頻繁對談，一同找出實際做法，緩和恐怖暴行，協助讓戰爭終結。我才剛講完一通電話，電話中我們烏克蘭的同事提到，光是在寒冬時節的某條長達十公里的前線上，每一天兩邊就各有約一百名士兵喪生。而那只是某一道前線，接下來還有日日月月，許多日子在等著。

要當一位可能主義者，代表著要能正視負面可能性，將這些負面可能性作為持續不懈尋找正向可能性的動力。工作永遠沒有完結的一天。「可能」不代表必然會發生或很可能

會發生，可能就只是可能。

　　可能是否能成真，端看我們自己怎麼做。

我們所造成的也能由我們改變

　　三十年前，我艱苦跋涉進入馬來西亞的雨林，去拜訪許多人類學家認為是全世界最和平的閃邁（Semai）部落。[6] 我想知道他們如何處理自己的衝突。

　　他們依照傳統禮俗，在叢林中一個架高的大竹屋內接待我。十幾個家庭共享這同一個空間，吃飯、睡覺都在一起。在竹製平台上睡了一晚，隔天早上我終於找到機會詢問其中一位長老，一個我一直很好奇的問題：

　　「為什麼你們的人不會發動戰爭？」

　　「戰爭？」他問道，他一邊想著這個問題，一度感到疑惑。接著他直視我，在我的一位同事協助翻譯下回答道：

　　「颱風、地震、海嘯都是我們無法控制的大自然力量，但戰爭是我們自己造成的，所以可以被我們自己終結。」

　　他的回答彷彿這個答案顯而易見。看著他的部落社群如此成功處理最困難的衝突，我想對他來說，的確如此。而當他這樣回答，分享他的部落人民的務實智慧，也引發我深深的共鳴。這是我能想像得到，最接近可能主義者信條的一段話。

我們面對的挑戰不是外在世界，而是我們的內在。這不是技術上的問題，而是人性的問題。我們造成的也能被我們改變，這是可能的。

正如閃邁長老的話所說，我們人類有著自然與生俱來的能力，能用有建設性的方式處理彼此之間的歧異。作為一位人類學家，我一直很驚訝我們能演化成為如此高度社會化、高度溝通、極具好奇心、非常有創意的靈長類動物。合作解決問題是我們人類的絕佳優勢，這是我們之所以能存活下來並蓬勃發展的原因。

雖然暴力是我們天生就有的傾向，但有工具能停止暴力。這些是演化而來的產物，是我們的祖先給予我們的禮物；這些是我們與生俱來的權利，是我們在充滿挑戰的時代能使用並有技巧地施展的能力。我們的任務不是要發展一個全新的東西，而是要記得我們本來就知道如何做的事情，並應用到現下的挑戰。

一起去走走吧

幾年前，我和同為鄰居也是朋友的詹姆·柯林斯一起到住家附近的洛磯山脈健行。詹姆著有經典領導力書籍，像是《從 A 到 A+》（*Good to Great*）。[7] 當時我們正要爬上一個陡坡，詹姆轉向我問道：

「在全世界這麼黑暗的時刻，你怎麼保持對事物懷抱可能性的態度？」

我望向眼前連綿不絕、雄偉壯麗的山峰及山谷，回答道：

「詹姆，沒錯，我們的國家和全世界都變得更兩極分化了，此時可能看起來比其他時候都更為黑暗。但在其他看似更好的時候，我總是在最黑暗、最艱困的情況中工作。我所看到的那些可能性支撐著我持續前進。還有更好的選擇嗎？」

詹姆說：「你何不寫本書把你學到的東西彙整起來，幫助其他人在這個困難時局認識並實現其中的可能性呢？」

於是就有了這本書。

我喜歡到大自然中健行。步行讓我思緒清晰、獲得洞見，我能因此得到靈感及有創意的想法，並且帶給我所需要的能量與支持，處理具有挑戰的衝突。

我想邀請你和我一起踏上一段想像的健行之旅。我在一些最棘手難解的衝突中，曾試圖打開可能之窗。在這趟旅程中，我希望能和你分享我對於通往可能之路（path to possible）所學到的精髓。這本書旨在提供務實的內容，但並不是一本指南工具書，書中的重點不在做法，而是更著重在心態想法。**可能性心態指的是用充滿好奇心、創意、合作的方式，在分裂的時代處理彼此的歧異。**

說不定傳授知識經驗最有效的方式，也是從史前時代就

根深蒂固在我們基因之中的，就是說故事了。從故事中，我們能記得的最多，也學得最好。所以我要自作主張告訴各位我自己的故事，從專業領域到私人生活的各種故事，希望這些故事能呈現出我所蒐集到的精髓。在我其他的著作中，我大部分都在分享其他人的故事。在這本書中，我主要會提及個人的經驗，因為我從這些經驗中學到最多。我整理這些故事，藉著這些故事強調我在通往可能之路的過程中，所發現的關鍵機會。

在其中的許多故事所引用的對話，是根據事後立即記下的筆記，在某些情況中則完全是靠著我的記憶，我也承認記憶會有疏漏。有幾個例子中所提到的人並非公眾人物，因此我使用化名以保護他們的隱私。

有些讀者可能會發現有些故事在我其他作品中曾提到過。如果我再度使用這些故事，是因為我從這些故事中學到非常多，也是因為在重新回顧這些故事的過程中，我希望能發現新的洞見。我在分享這些故事時，將會更鉅細靡遺闡述，希望你和我一樣，也能從這些故事中得到新的領悟。

由於我的工作是在處理世界上最棘手、影響最深遠的衝突，我引用的許多故事都來自緊繃的政治局勢，也就是俗稱的權力核心，但我向各位保證，這些衝突的本質其實和我們日常家庭與工作中的衝突有很多相似之處。衝突的規模可能更大，但其中的關係互動卻很相似。衝突不論大小都是衝突；人類不管在哪種情境都是人類，其中更深層所學習到的

經驗，所有情況都能適用。

我也意識到我在這些大規模衝突中的經驗，主要參與的都是男性，不管是衝突的雙方或甚至第三方。幸好，這樣嚴重不平衡的狀態已經開始改善。我們往往沒有提到，但其實在工作上、家庭中和世界各地的衝突中，女性一直都扮演著具有影響力的第三方及調解員的角色。在世界上許多地方，有越來越多女性開始突破那些阻擋她們完全參與的重重障礙。我很開心看到我現在開設的工作坊中，絕大多數的學員都是女性。雖然還有許多待完成的工作，但我對未來充滿希望。

在我們同行、在我述說我通往可能之路的過程中，我要邀請你檢視你所遭遇的衝突，不管是直接與你相關或純粹是你所擔憂的衝突。哪一條是你通往可能的道路？

在我寫下這些文字的同時，我也剛成了祖父。我的孫子迪亞哥出生那天，我把他抱在懷中整整一個小時，心中的喜悅難以言喻。我感受到他純然的潛力，全新且完全開放的潛力。我抱著他，看著他無邪的睡臉，我想著我們將留給他和他的世代怎樣的一個世界。如果未來的他，還有他同一世代的人能夠表達，他們會要我們現在做些什麼呢？

我在這本書中最大的希望就是能啟發你，發揮你所有的人類潛力，轉化你身邊的衝突。**如果我們能轉化衝突，我們將能轉變世界。**

這個選擇操之在我們手中。

第 2 章

創造可能性必經的
三階段勝利法

想像力可以點燃可能性的導火線。[1]

—— 艾蜜莉・狄金生

「徵肯吃苦的人」（Wanted: a Hard Job）。這是我祖父公司刊登的職缺廣告語，他的公司成立於一百多年前。

1906 年，13 歲的艾迪住在當時還隸屬俄羅斯帝國的華沙，有天他的母親突然給他一張哥哥的船票，告訴他要立刻逃到美國。那天，他 15 歲的哥哥沃夫因為在街角和兩個朋友聊天而被警察逮捕入獄。他犯了什麼罪？他犯的是違反集會限制的規定，這是俄羅斯帝國當局為了限制革命活動所做的規定。

在艾迪一家居住的中庭，保安警察要求有嫌疑的革命分

子排成一排，靠在牆上處刑。我想像祖父當時的心情一定是充滿恐懼、困惑、悲痛與憤怒。我只知道當時發生的事情如此痛苦，後來祖父再也不願意提起他的童年。

隔天，13 歲的艾迪隻身逃走，他加入了一小群要被運過邊界，偷渡到德國的難民。這趟行程很危險，難民們必須在夜晚行動才能躲過邊境巡邏的俄羅斯士兵，也常常會遭到公路上兇殘幫派的攻擊。他從漢堡搭上普利托利亞號輪船，乘坐在令人窒息的下等客艙。

滿 14 歲的隔天，他抵達了埃利斯島，他用哥哥的名字接受海關的檢查，這是因為船上的乘客紀錄上記的是他哥哥的名字。艾迪的父親麥克斯和大哥喬比他先一步抵達並到了緬因州的一間棉花紡織廠工作，艾迪抵達後也加入了他們的行列。

工廠裡的空氣中飄滿棉絮，工人一直咳嗽、喘氣，很容易就得到肺病。於是，艾迪小小年紀就自己創業，改投入洗窗的工作。他和另一個青少年在羅德島開了一間小公司。因為當時主要燃燒煤炭，很多窗戶和建築物都非常骯髒，他們的事業因此蒸蒸日上。他和父親及哥哥得以寄錢回華沙，把母親和其他的手足也接過來美國。

在那二十年間，我的祖父不只洗窗戶和建築物。他和他的團隊還清洗鄰近芝加哥的煉鋼廠。

「我不懂，」我在寫這本書的時候，曾經這樣和我 90 歲的叔叔梅爾說道，「一個從洗窗戶起家的男孩，從來沒有機

會接受正式教育，怎麼會被世界上最大的煉鋼廠雇用，清洗他們的高爐呢？」

我的叔叔後來負責營運這間公司，他看著我，用一種相當了解的口氣，搭配著孩童般欽佩的心情說：

「很難想像。那個時候，煉鋼廠要把高爐關閉六個月，耗費很大的成本，把鐵煉成鋼殘餘的厚重爐渣清理乾淨。我的父親發明了一種方式，在高爐裡用炸藥進行清理。這當然是高度精密的工作，才不會把高爐也炸掉。結果清理作業不需要花上六個月，只需要三天就夠了！」

「艾迪成功的祕訣是什麼？」我問道。

叔叔停頓一會兒想了想，接著回答說：

「很簡單。當別人看到阻礙時，他看到機會！」

換句話說，我的祖父是一位可能主義者。

從「可能」開始

「徵肯吃苦的人」或許可以作為可能主義者的格言。

轉化衝突是我們人類所能做的其中一種最困難的工作。當我們想要攻擊或逃避的時候，卻要我們去參與其中。當我們寧願作壁上觀時，卻要我們對四周發生的衝突負起責任。轉化衝突需要勇氣、耐性及堅持的耐力。

如果可能主義者有一個核心的原則，那就是謙遜的無畏

精神。我們所訂下的大膽無畏目標，需要用謙卑的做法來平衡。需要有無畏的精神，才能迎戰看似不可能的挑戰。需要有大膽無畏的精神，才能致力於找出不僅有利於一方，而是對所有人都有好處的結果。需要有謙遜的態度，保有沉著耐性，在被挑釁的時候還能夠傾聽。需要有謙遜的態度，面對艱困的事實，持續學習並堅持下去。

可能主義者並非天真的樂觀主義者；他們預期到過程中會遇到挫敗。大家普遍認為不可能解決北愛問題，美國前參議員喬治・米切爾（George Mitchel）是這場衝突的調解員，他回憶道：

「我們經歷了 700 天的失敗，和一天的成功。」[2]

在那 700 天的日子裡，米切爾謙遜地坐下來傾聽雙方。而那一天的成功促成了貝爾法斯特協議（Good Friday Agreement），轉化了這場衝突。雖然衝突沒有結束，戰爭卻終結了，而這就是關鍵的影響。

可能主義者在完全理解阻礙並預期挫敗的同時，對於衝突又抱持著一個非常不一樣的心態。就如我從祖父那兒所學到的，就算是最艱難的工作，只要有正確的心態也能變得簡單許多，而這就是我們看待事情的角度。

在我處理衝突的工作中，我注意到如果我只是從問題開始著手，很容易就會迷失在細節及困難之中。所以針對衝突，我喜歡先畫出一個想像的可能性之圓。這個圓包含衝突可能發展出的所有正向方式。我發現如果我能從更大的可能

性情境中定位問題，就更容易處理這個問題。

　　在完全沒有低估困難的前提下，我假設有解決這個困境的可能性。我通常會問：

　　「這裡有什麼是可能的？不是非常有可能，而只是純粹有可能的？」

　　接著我們就能應用與生俱來的好奇心、創造力和合作能力。使用我們天生的好奇心，能試著理解衝突中對立的其他各方。運用我們天生的創造力，能打開新的可能性。藉由積極合作，我們能克服艱困的挑戰。這就像好的運動員或音樂家一樣，大家玩在一塊時能激發出意想不到的力量，發揮集體全部的潛能。

　　我發現要轉化艱困衝突，正需要我的祖父艾迪的可能主義者心態。不要忽略阻礙，但去尋找機會。

　　通往可能之路就從可能開始。

用一句話創造可能

　　「就從你在艱困衝突中談判所學到的事情，你覺得你是否能用一句話總結你所學到的，讓我們應用在現在這個艱困時局？」在那個晴朗、生氣蓬勃的一天，正當我和朋友詹姆‧柯林斯在住家附近的洛磯山脈一路健行到某個山峰時，他這樣問我。

「詹姆，這很難。」

「達爾文就做到了。在《物種起源》（*The Origin of Species*）中，他用一句話總結了他整個演化論。」

詹姆的挑戰戳中了我，我正好就喜歡言簡意賅。

「我不知道我有沒有辦法回答你的問題，但我會想想看。」

接下來幾個月，我檢視過去五十年來在衝突中尋找新的可能性的所有經驗。我回顧我試過的各種方法，想要用概念及比喻的形式呈現我所學到的東西。我覺得如果我能回答詹姆的問題，如果我能將我所學到的彙整成為一句話，就更容易能傳播出去幫助其他人，就算要花上一整本書的篇幅才能解釋這句話的意思。

對我來說，「三」一直是一個很神奇的數字，它能幫助人記得重要的事情。人類大腦會對模式有所回應，而「三」是我們能用來創造模式的最小數字。古羅馬人有句話說，「三件一組的事物皆完美」（Omne trium perfectum），「三」這個數字讓人感覺既簡約又完整。

我獨自散步時想著詹姆的問題，我一直想到三個關鍵概念，我覺得這三個概念是我從事衝突調解工作中所學到最有力量也最珍貴的概念。我開始在心中想像一條通往可能之路，邁向這條道路的過程中需要贏得三場勝利。

幾個月後，我和詹姆再一次健行時，我告訴他：

「記得你之前問我，過去幾十年來我學到什麼，能不能

用一句話總結？」

「當然記得。」

「我好好想了這個問題。」

「然後呢？」詹姆問道。

「問題是：我們無法擺脫衝突，我們也不該這麼做。但我們可以改變看待衝突的方式，改變我們選擇與之共存的方式。衝突會窄化我們的思考，我們將一切簡化為你輸我贏的鬥爭。往往衝突越大，我們的思考就越窄化。」

「所以我們可以怎麼做？」

「祕訣是做恰恰相反的事情。我們必須想得更寬廣，而不是更狹隘。我們需要一個完全不一樣的做法，與其從問題著手，我們必須從可能性著手。」

「繼續說。」

「如果我們想要處理像現在面臨的艱困衝突，我們必須開啟那些可能看起來不是那樣明顯的全新可能性。想像一下那個充滿挑戰的衝突就像是我們正在爬的一座山。我們必須找到一條路，一條通往可能之路，而那條路由三場勝利組成。每一次勝利都會改變我們對於衝突的看法。」

「然後呢？」詹姆期待地問道。

「我們所面臨的第一個也是最大的挑戰，並非我們一般所想的。那不是別人，而是我們自己，」我一邊說，一邊用手指著自己。

「在破壞性衝突中，我們懷抱恐懼與憤怒回應，最後阻

礙了自己。我們必須做不一樣的事情，我們必須從地下碉堡出來，走上包廂或陽台，走到一個平靜、視野開闊的地方，著眼於目標。」

我一邊揮舞手臂指著底下寬廣的平原，一邊說：

「現在，我們站在像劇院包廂一樣的地方，能看到更廣闊的全貌，就像我們眼前這片寬闊的景色一樣。走上包廂是我們要取得的第一階勝利，是我們和自己的勝利！」

「好，那第二階呢？」詹姆說。

「在破壞性衝突中，我們於所在位置一直深挖，並築起高牆。同樣地，我們必須做不一樣的事情。想像我站在這裡，你站在遙遠的那端，」我指著山谷另一頭的山峰說。

「我和你之間有一處巨大的深谷，充滿各種難以達成協議的理由，包括懷疑、焦慮、擔心自己看起來脆弱。如果我想和你見到面，就需要搭建黃金橋，邀請彼此跨越衝突的深谷。我必須讓彼此都更容易走向對方，黃金橋是我們要取得的第二階勝利，這是我們和對方共創的勝利！」

「聽起來並不容易，」詹姆說道。

「這很困難，」我回答道，同時想起艾迪和他公司的格言，「我們需要協助。」

「要從哪裡得到協助？」

「這就是拼圖的第三塊。在破壞性衝突中，我們只看到兩邊，我們與對方，為了單方面的勝利而對抗，我們需要打破這個陷阱。因為事實是，永遠會有第三方：代表所有人的

那一邊。具體來說，第三方是我們身邊可以幫助我們的人，像是家人、朋友、鄰居、同事，是周遭對這場衝突感到擔憂的社群。」

「他們可以怎麼做？」詹姆問道。

「他們可以介入，把我們拉開。他們可以幫助我們冷靜下來，走上包廂。他們可以幫助我們搭建黃金橋。第三方是我們要取得的第三階勝利，是所有人的勝利。包廂幫助我們看到新的可能性，黃金橋幫助我們創造新的可能性，第三方幫助我們針對新的可能性採取行動。這三階加起來，我相信能幫助我們轉化最艱困的衝突。」

「好的，」詹姆說。「那現在把這所有內容濃縮成一句話。」

「通往可能之路就是走上包廂、搭建黃金橋，並引入第三方，所有行動同時一起進行。」

「很好，」詹姆說，「去寫成書吧。」

釋放你的全部潛力

我在教學時最喜歡的一個故事，是來自中東的古老故事，內容描繪出通往可能之路的三階段勝利。[3] 在故事中，有一位老人過世，留給三個兒子遺產，一半給長子，三分之一給二兒子，九分之一給小兒子。但其中隱藏一個問題，遺

產包含 17 頭駱駝，這個數字無法被 2、3、9 除盡。

三個兒子每個人都覺得自己應該拿到更多。他們陷入爭吵，幾乎要開打了。整個家族都被磨耗至崩潰邊緣。

這則古老的故事讓人想到我們現在所面臨爭端四起的衝突。大家對於如何分享所擁有的都無法取得協議，沒有人開心，鬥爭激烈。每個人都輸了，尤其是整個社群。

故事後來怎麼走下去呢？

整個家族在絕望之餘，找到一位睿智的老太太，社區中大家都知道她能冷靜提供其觀點。三兄弟爭吵著，彼此生氣地抱怨另一方，而睿智的老太太只是聽著。她當場沒有提供任何建議，但要求用一天的時間思考這整件事。

隔天，她帶著自己的駱駝回到三兄弟的帳篷。

「我不知道是不是能幫到你們，」她對三兄弟說道，「但如果你們想要，我有一隻美麗的駱駝。牠對我很好，生下了許多強壯的小駱駝。這是我要送給你們的禮物，希望你們能收下。」

這三個生氣的兄弟很驚訝，對於睿智老太太的慷慨餽贈都嚇了一跳。他們看著彼此，努力一起吐出感謝二字。

「您人太好了。」

睿智的老太太離開，現在三兄弟共有 18 頭駱駝。

「我拿我的一半，」長子說，「那是九頭駱駝。」

「我拿我的三分之一，」二兒子說道，「那就是六頭。」

「我拿我的九分之一，」小兒子說，「那就是兩頭。」

　　九加六加上二，等於十七。他們還剩下一頭駱駝，也就是睿智老太太送給他們的美麗駱駝。

　　三兄弟將駱駝還給睿智的老太太，再次感謝她的協助。

　　大家都很滿意，包括三兄弟和睿智的老太太，還有整個家族。

　　一如古老的寓言故事，這個短短的故事蘊含許多智慧。我說這個故事說了將近 40 年，但直到現在才發現，故事中也蘊藏了三個勝利：包廂、黃金橋、第三方。

　　睿智的老太太做了什麼？她退了一步，走上包廂，從一個平靜且視野開闊的地方，她看到全局：一個家族能和平相處的務實價值與情感意義。她釋放了我們每個人內在既有的潛力。

　　從包廂上，睿智的老太太尋找能走向共同勝利的黃金橋。藉著提供第 18 頭駱駝，老太太釋放我們之間既有共同利益的潛力，在此例中，就是這三兄弟的潛力。

　　最後，因為深陷激烈衝突的各方可能很難走上包廂，並搭建那座黃金橋，所以需要第三方協助。作為第三方的其他家族成員，因為受到三兄弟關係惡化的影響，鼓勵他們尋求第三方建議，也就是睿智的老太太，我們周遭的潛能因此得以釋放。

　　我從這個古老故事學到：要成功轉化如我們現今面臨的破壞性衝突，必須要釋放我們所有的人類潛能。一場勝利還不夠，走上包廂釋放了我們內在的潛力，搭建黃金橋則釋放

了我們彼此間的潛力，尋找第三方協助釋放了我們周遭的潛力，我們需要這三個面向共同合作。

　　包廂是「第一人稱」的工作；著重在「我」。黃金橋是「第二人稱」的工作，著重在「你」，也就是另一方。第三方是「第三人稱」的工作，著重在「我們」，也就是整個社群。在艱困的衝突中，我們往往會跳過必要的「我」（自己），而直接去指責「你」（另一方）。「你就是問題，你一定要改變。」我們也常常忽略要尋求「我們」（社群）的協助，這說不定就是為什麼我們會面臨這麼多麻煩的緣故。要成功轉化衝突，需要有技巧地處理所有三個環節：我、你、我們。

用一場勝利演說開始

　　所以要怎麼開始通往可能之路呢？

　　我發現祕訣在於從有可能開始，然後逆向往前回推來進行。

　　要轉化一個艱辛的困境，有點像是要去爬一座高山。想像你在山底下往上看，山峰看起來非常遙遠，感覺不可能爬得上去。現在，想像你自己已經在山頂上，然後從那裡順著下山的路往下走。在你進行這個實際的想像過程中，山峰看起來就好像稍微沒有那麼難爬上去了。

　　就像爬山，在衝突中，可能會感覺沒有辦法從這裡去到

那裡，去到你想要到的地方。但透過想像力，你可能就有辦法從那裡回到這裡。然後你可以轉頭，找到回去的路。

在爭端四起的衝突中，我喜歡使用一個有創意的思想實驗，我稱之為「勝利演說」。這是我最喜歡的可能主義者練習。

這裡舉個例子，一切都從我和同事莉薩・赫斯特（Liza Hester）在我家飯桌上開始的非正式腦力激盪。當時是 2017 年 2 月，川普才剛就任美國總統，他的上一任總統歐巴馬已經警告過他，他最危險的外交政策挑戰會是北韓。

當時 33 歲北韓的最高領導人金正恩正忙著測試搭載了核彈頭的遠程巡弋飛彈。川普總統在推特上宣布，他要在金正恩有能力用飛彈攻擊美國之前，阻止對方。「這不會發生的！」[4] 專家對於戰爭風險的預測各有不同，但可能性最高則達五成。[5]

而預測的結果則難以想像：美國軍方估算在北韓發射傳統飛彈攻擊的頭幾個小時，光是在首爾就會有幾十萬人喪命。[6] 當時也認為北韓可能會再發動核子武器和其他大規模毀滅性攻擊，如果真的發生，傷亡人數可能會達幾千萬人。自廣島和長崎以來的核子禁忌將會被打破，全世界將會被廣泛的核放射雲所籠罩，世界將會陷入極端黑暗。

莉薩和我當時根本不太了解朝鮮半島衝突，但從新聞看到的內容讓我們深感憂心。繼我上一次投入哈佛談判專案中心降低美蘇核子戰爭風險的工作，距今已近 30 年了。一切看

起來如此不祥又有種恐怖的似曾相似之感。

　　媒體上最常出現的問題可能是「誰會贏？是川普還是金正恩？哪一位領袖會退讓？」

　　但莉薩和我坐在飯桌邊，我們想要問的是非常不一樣的問題：

　　「川普和金正恩的『下台階』在哪裡？這一場攤牌對決要如何以協議，而不是戰爭劃下句點？要怎麼讓兩位領袖最後能在自己和各自的人民面前看起來像是英雄？」

　　我們繼續這場思想實驗：

　　「川普可以向美國人民做一個怎樣的勝利演說，向大眾解釋他如何取得勝利？與此同時，金正恩又可以做一個怎樣的勝利演講，向北韓的人民解釋他如何贏得勝利？」

　　雖然我們不是政治專家，對於川普的了解僅限於新聞，對於金正恩的了解，除了讀過的幾篇文章外，幾乎一無所知，儘管如此，我們還是決定要試一試。在網路上搜尋了川普的幾篇推特和對於朝鮮半島的評論後，我們在飯桌旁擺了一個白板，針對想像的川普勝利演說寫下三句短語：

- 世紀交易。
- 我讓美國安全。
- 我沒有花一毛錢。

　　接著是金正恩的部分。金正恩還年輕，擔任領導人的時間還沒有很久。作為世界上最孤立國家的領導人，他常常被

視為是「瘋子」、無情，據報導他下令處決他的姑父與其親屬，並暗殺了同父異母的哥哥。[7]

　　大眾都不知道金正恩的動機，但從觀察朝鮮半島局勢的相關資料中推測，金正恩最關心的可能是安全問題。韓戰所帶來的巨大創痛，在西方幾乎已經被遺忘了，但在北韓，這樣的創傷每天都歷歷在目。死傷人數非常驚人：在北韓，將近兩百萬人喪命，是全國人口的五分之一。[8] 幾乎所有的城鎮都被夷為平地。

　　在思索著金正恩可能會有的勝利演說時，我們在川普的演說隔壁寫下：

- 安全：我的統治及我的國家都是安全的。
- 尊重：我們終於得到我們應得的尊重。
- 繁榮：我們將成為下一個亞洲四小龍。

　　我們退一步看著白板，突然有所頓悟。這兩個想像的勝利演講並非互不相容，是有可能想像兩位領導者會面，共同同意降低危機，並進行協商，這並非是不可能的。兩位領導者都無須退讓。事實上，兩人都可以看起來像是英雄，還能同時保住數以百萬計的生命。

　　在當時，儘管可能性看起來微乎其微，對於莉薩和我最初的目標來說，這個練習已經成功：我們將自己的想法從不可能轉換為可能。

　　我發現這就是勝利演說練習的魔力，它往往可以讓看似

不可能的變成可能。藉著提出一個吸引人的目的地，鼓勵我們起身前往這趟充滿挑戰的旅程。結果，那一個在飯桌上的小小練習，最後發展成一個團隊，花上數月、數年致力於避免美國與北韓爆發核戰的努力。

在我們踏上本書通往可能之路的旅程前，我要邀請你試著針對一個你自己的問題做一個勝利演說的練習。它可以是任何情況，任何你請其他人做某件事而對方不願意做的事。

想像一下，另一方接受了你的提議，這看起來很不可思議，但他們卻答應了。然後想像他們必須去到他們最在乎的人面前，像是他們的家人、同事、董事會、選民面前，向這些人解釋他們為什麼決定接受你的提議，把這想成是一場「接受頒獎」的致詞。他們的三個演講重點會是什麼？就像是莉薩和我為川普及金正恩在白板上寫下的重點。

勝利演講是可能主義者的經典練習，從一開始就能開啟新的可能性，雖然起初很難看到這些可能性。

可能性之圓的三大階段

在我們進行想像勝利的大膽之舉後，接下來的問題是：要怎麼實現勝利演說？這才是艱難工作的開始。我們需要想到一個方法能看到新的可能性、創造新的可能性，並針對可能性採取行動，這就是通往可能之路的方法。

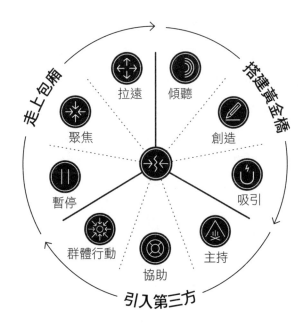

　　首先，想像圍繞衝突的可能性之圓（the circle of possibility），通往可能之路會帶著我們以順時針方向繞行一圈，這條路從走上包廂開始，接著是搭建黃金橋，最後是引入第三方。過程會不斷進展迭代，我們繞著圓走，直到中心的衝突被轉化。如同所有地圖一般，這張圖雖然將實際情況簡化，卻是非常有價值的導航工具。

　　我認為包廂、黃金橋、第三方就是我們人類內在的「超能力」，是每個人都能學會啟動、運用的與生俱來的能力，每一項都在通往可能之路上，創造一場勝利。

　　每項「超能力」包含每個人都擁有的三種力量，如同圓

形圖所示，透過運用暫停、聚焦、拉遠的能力，我們走上包廂。透過運用傾聽、創造、吸引的能力，搭建黃金橋。藉由運用主持、協助、群體行動的能力，引入第三方。

　　每項能力都是人類內在本有的，是我們老早知道如何運用，但需要進一步發展的能力。雖然每項能力都能打開新的可能性，卻需要集合所有力量，才能釋放所有人類的潛力，轉化艱困的衝突。

　　我們通往可能之路的旅程，就從走上包廂開始。

走上包廂

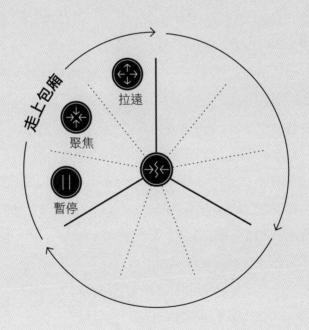

　　有上百萬人在委內瑞拉首都卡拉卡斯（Caracas）的街頭激烈抗爭，要求好戰的總統查維茲（Hugo Chávez）辭職下台，他們認為查維茲是一位獨裁的社會主義者，破壞人民的民主權利並威脅人民生計。街頭上另有上百萬的人民同樣熱烈支持查維茲，認為他是社會與經濟正義的擁護者。群眾間爆發打鬥，情況越演越烈，民眾都開始自行武裝。

　　「我很擔心這個國家會像我的國家一樣，爆發血腥內戰，」哥倫比亞前總統賈維利亞（César Gaviria）在卡拉卡斯一間室外餐廳用晚餐時，這樣告訴我。我從他的聲音中感受到急迫嚴肅的心情。哥倫比亞當時已有超過 21 萬 5 千人喪生，戰爭看似沒有結束的一天。[1] 賈維利亞那時擔任美洲國家組織（Organization of American States）的祕書長。他暫時將辦公室移到卡拉卡斯，以便專注阻止情勢惡化，變得血腥。

　　我那天下午才剛抵達卡拉卡斯。[2] 那是 2003 年 12 月。美國前總統吉米・卡特（Jimmy Carter）八個月前打電話給我，問我是否能與查維茲總統及其政敵合作，幫助他們找到方法化解不斷升高的衝突。那是我第四趟旅程，隔天晚上九點，我要和查維茲總統見面，與我同行的是兩位來自卡特中心的同事：經驗老道的阿根廷調解員法蘭西斯科・迪亞茲（Francisco Diez）與資深的前聯合國外交官馬修・霍德斯（Matthew Hodes）。

　　隔天，在一整天與政府官員及反對黨領袖一個接一個的會議後，當晚，法蘭西斯科、馬修和我抵達了總統府，我們

被帶到一間裝飾華美、掛有許多金邊畫框的巨幅歷史畫作的等候廳。

九點半過去了，接著是十點⋯⋯十點半⋯⋯十一點⋯⋯十一點半⋯⋯

我們直到午夜才進到總統辦公室，我們以為會像上一次一樣與總統單獨會面。那次，他在私人房間接見法蘭西斯科和我，一張 12 英尺長的委內瑞拉地圖就攤開在會議桌上。他指著地圖，告訴我們他的希望，以及他要如何解決全國各地嚴重貧窮的計畫。我們要離開之際，他給我們看他正在畫的一幅畫，完成後要送給他的女兒。這是一場非正式、輕鬆的對談，只有我們三人。

但這次，我和同事在午夜被帶進總統辦公室，發現整個委內瑞拉內閣約 15 人就坐在查維茲總統後方的平台。我沒有預期到會是這樣的情況，覺得有點不安。

查維茲很快地要我坐到他面前的一張椅子。他的語氣清脆簡短，彷彿他沒什麼時間，是我打擾了他的會議一樣，他對我說：

「尤瑞，告訴我，你對情況的看法如何？」

我停頓一下，看著他和後方的部長們。

「總統先生，我今天和貴國幾位部長交談過，」我一邊對著部長們點頭，「也見到了反對黨領袖，我相信我們正在取得一些進展。」

「進展？你這是什麼意思，進展？」他反擊道，因為憤

怒而漲紅了臉。

　　他向前傾身，對我大叫道：

　　「你到底在說什麼？你難道沒有看到另一邊那些叛徒要使出的骯髒手段嗎？你瞎了嗎？你們這些調停者都太蠢了！」

　　我呆住了，並想起 10 歲在瑞士讀書時，一位法文老師因為我作文裡犯的文法錯誤，在全班面前公開羞辱我。我覺得我在整個內閣成員面前受到攻擊，感到非常難堪。我感到自己滿臉漲得通紅，下巴緊緊繃著。

　　那個我從童年時期就很熟悉的內在評判大聲對自己說：「你為什麼要這麼做，用『進展』這個詞！真是大錯特錯！半年來的工作就這樣付諸流水。而且他竟敢說我蠢！」

　　但一瞬間，我注意到自己高漲的憤怒，我想起幾個月前向一位厄瓜多友人描述，我在充滿分歧爭論的衝突中的工作，那時他教了我一個自我情緒調節技巧。

　　「威廉，」他建議我說：「下一次你在一個困難的處境時，試著捏你的手掌。」

　　「赫南，我為什麼要這樣做？」

　　「因為這會讓你產生暫時的痛覺，讓你保持警醒。」

　　查維茲一邊繼續對我吼叫的同時，我一邊捏著自己的左手掌，這幫助我專注當下的挑戰。我深呼吸，放鬆，然後簡短地和自己對話：

　　「你現在的目標是什麼？」

「在場面引燃暴力行為之前，先讓局勢平靜下來。」

「如果你也開始跟委內瑞拉總統對吼，真的會有幫助嗎？」

在那一刻，我有了答案。

我努力忍住，再次緊捏我的手掌。我再度深呼吸，讓自己再放鬆一些。難堪、憤怒、自責的情緒開始消散。

我全神貫注在眼前這位憤怒的總統身上。他滿頭大汗，滿臉因憤怒而漲紅，大吼的同時口水都噴濺出來。他比著手勢，大力揮舞雙手想表達他的立場。我安靜地觀察他，彷彿我就站在一個想像的劇院包廂，而他則是舞台上的一個角色。

我覺得如果我有所反應並捍衛自己，他只會越來越生氣。查維茲總統曾因為在演說中慷慨激昂，講了八小時之久而聞名。我們可能一整晚都會困在那裡，或者他可能會直接把我踢出辦公室。

所以我選擇不要有所反應，而是聆聽。我一直捏著手掌，不時點點頭，耐心地等待一個可能的機會。我開始好奇他的行為背後的原因。他到底是因為什麼事情感到不高興？這個戲劇化的表現是不是故意用來表演給觀眾看的？還是兩者皆是？

30分鐘過去，總統繼續激烈地說著，然後我注意到他講話的節奏慢了下來。在沒有任何事情可以做反應的狀況下，他似乎開始越說越沒力。我從他的肢體語言中觀察到，他的

肩膀往下沉了一些，他疲憊地嘆了一口氣。

「所以，尤瑞，我該怎麼做？」

我的朋友們，這個就是人類心智打開的微弱聲響。我們都知道，人類的心智並非總是都能輕易向新的可能性敞開，尤其當這個心智的主人是像查維茲這樣一個很有主見的強人個性。直到這一刻之前，我所說的任何話所得到的效果，都像是拿自己的頭槌牆一樣。但現在他在尋求我的建議，我的機會來了。

那天稍早，法蘭西斯科和我在卡拉卡斯的街上開著車。我們經過了兩方的抗議者。我們討論到這場危機對於一般民眾造成的心理壓力。聖誕節就快到了，但大眾的心情似乎很低落。感覺大家需要從緊繃的衝突和對未來的不確定性中得到一點喘息空間。

我因此有了一個想法。不只是查維茲，整個國家都在憤怒中悶燒。在我之前處理狂暴的罷工經驗中，第三方有時候會提議一個冷靜期，讓激烈的情緒消退。現在的委內瑞拉是不是能有一個冷靜期？

「總統先生，」我說道，「現在是十二月。你也知道，去年的聖誕節，整個國家的慶祝活動都因為政治抗議活動而取消。您下一次上電視時，要不要提出聖誕休戰的建議？讓民眾可以和家人一起慶祝節日。一月的時候，可以再繼續談判，說不定大家心情都變得更好，更願意傾聽彼此。」[3]

我惶惶不安地提出這個想法，我不知道他會怎麼反應。

他會不會覺得很荒謬？他會不會再度在部長面前羞辱我？他會不會又再暴怒 30 分鐘？

查維茲停頓一下，撇著嘴看著我，時間感覺過了很久。我仔細地看著他，準備好迎接他再一次的暴怒，然後他開口說：

「這是很棒的想法！我下次演說時要提出這個想法！」

他朝我走了一步，開心地拍拍我的背，彷彿已經完全忘記剛才半小時的暴怒。

「你聖誕節的時候要不要來和我一起看看這個國家？你會有機會認識真正的委內瑞拉民眾！」他停頓了一下。

「啊，對，你可能無法這樣做，這樣做你就不是中立的了。我了解。

「但不用擔心，我會讓你喬裝，」他一邊開玩笑，臉上掛著大大的笑容。

他的心情已經完全改變。

我還是有點震驚，但也大大鬆了一口氣。

這次很驚險，我差點因為查維茲的憤怒攻擊而開始自我防禦，事情很容易就因此搞砸，斷送各種可能性。相反的，這場對話朝著完全不同的方向前進，開啟了新的可能性。

藉著讓自己走上包廂，我得以幫助總統也走上包廂，而他則幫助整個國家走上包廂，在節日假期間都暫時休戰。

是什麼造成了這個看似不可能的結果？

釋放內在潛力

那場風暴般的午夜會面距今已 20 年了，但就算現在，我還是持續從中學到許多。我從這場會面中學到，說不定我們在艱困處境下最強大的力量，就是能選擇不做反應，轉身走上包廂。

包廂是一個平靜、視野寬廣的地方，能讓我們著眼於目標。

自從合著《哈佛這樣教談判力》之後，我一直透過教學、練習談判這門學問，作為影響他人心智的練習。和查維茲會談的經驗讓我學到影響自我的重要性，包含自己的想法和情緒。如果我沒辦法先影響自己，又怎能影響其他人呢？

和查維茲總統的會面，讓我更加理解轉化衝突是一個從裡到外的過程。在通往可能的路上，要先進行自我內在的工作，然後才是和他人之間的工作。「第一人稱」的工作讓我們能做好準備，進行接下來「第二人稱」的工作。

面對現今挑戰重重的各種衝突，我相信我們需要將走上包廂這個步驟，再進一步拓展，不只是控制我們自然的反應而已，我們也要透過走上包廂去拓展視野。我重新檢視與查維茲總統氣氛火爆的會面，發現走上包廂後的視野打開全新的可能性，也就是聖誕休戰的提議，這個提議幫助我扭轉了情勢。包廂打開通往突破的大門。

所以，要怎麼釋放我們內在的潛力？要怎麼確保我們能

用最佳狀態應對艱困的衝突？

　　我和查維茲總統的那場會面讓我理解到，我們藉由使用三種與生俱來的能力，去走到包廂上。每一種能力都是人類內在既有，是我們早就知道該如何使用，只不過需要進一步發展並增強的能力。

　　第一種是暫停的能力，在做出反應前先停下來思考一下。不要當下立刻反應，給自己時間冷靜下來，讓自己能夠進一步看清情況。面對查維茲的暴怒，我緊捏手掌，記得深呼吸，好停下來讓腦袋冷靜一下。

　　第二種是聚焦的力量，把注意力集中到你真正想要的事物上，深入檢視你的利益與需求。在與查維茲會面氣氛最火爆的時刻，聚焦讓我有機會想起我為什麼在那裡，我想要達到什麼目標。

　　第三種是拉遠的能力，將注意力放在全局上。從包廂上，你可以看到舞台上更廣泛的全局。在查維茲的例子中，我將目光拉遠，看到疲憊的抗議者，想像和平的聖誕假期能為委內瑞拉的家庭和孩子們帶來的好處。

　　這三種能力是有邏輯的先後排序。暫停能打斷我們想做反應的狀態，讓我們可以聚焦，記得我們到底想要什麼。

　　拉遠可以幫助我們看到能如何達到想要的目標。一旦我們啟動了一個能力，就能持續使用。我們不斷視需要暫停、聚焦、拉遠。我們越是練習，就會越來越習慣使用這些能力。

　　最終，包廂不只是一個偶爾會去到的地方，而會成為一個總部，在那裡我們能持續綜觀全局，將目光放在目標上。走上包廂便能真的成為我們的「超能力」，讓我們能釋放內在轉化衝突的所有潛力。

　　走上包廂是我們通往可能之路的勝利第一階，是和我們自己的勝利。

第 3 章

暫停

從被動反應到積極主動

孰能濁以靜之徐清？[1]

—— 老子

這個暫停拯救了全世界。

1962 年 10 月，瓦西里・亞力山卓維奇・阿爾希波夫（Vasili Alexandrovich Arkhipov）是位於北大西洋上一艘蘇聯 B-59 號潛艇上的一名海軍高階軍官。此時正值古巴飛彈危機最緊繃之際，全世界隨時都將爆發核戰，一艘追蹤潛艦的美國戰艦投擲了深水炸彈，意在迫使潛艦浮出水面，暴露其確切位置。

美國人不知道的是，這艘潛艦裝備了一顆核魚雷。由於戰時通訊可能會遭到中斷，莫斯科授權潛艦上三位軍官獨立

決定，當潛艦遭受攻擊時是否要發射核魚雷。他們不需要等待克林姆林宮下達指令。

深水炸彈一爆炸，潛艦便開始打旋。

「感覺就像是坐在一個一直被長柄大錘敲打的金屬桶子裡，」高級中尉通訊官瓦丁・歐洛夫（Vadim Orlov）回憶道。[2]

蘇聯潛艦裡的人員並不知道深水炸彈只是警告，他們都以為自己要死了。雖然沒有人知道當時大家在潛艦裡確切說了些什麼，歐洛夫回憶起三位指揮官之間辯論的概要內容。

「核魚雷上膛！」[3] 潛艦艦長瓦倫丁・格里果里耶維奇・薩維茨基（Valentin Grigorievich Savitsky）下令道，「準備發射！」

「我們在這兒翻轉的時候，戰爭說不定早就爆發了，」他大叫說道。「我們要開始轟炸他們！我們會死，但我們會把他們都擊沉。我們不會成為整個艦隊之恥！」

政戰官伊凡・什曼諾維奇・馬斯蘭尼考夫（Ivan Semenovich Maslennikov）詛咒道：

「沒錯，來吧，該死！」

只剩下艦艇上另一位軍官同意，就能下令攻擊。34 歲、謙虛又談吐溫和的副艦長阿爾希波夫。

薩維茨基暴怒之際，阿爾希波夫很鎮靜，然後他說道：

「我認為不行，」他堅定地說，「要我們三個人都同意才能下令發射。」

「不要當個懦夫！」艦長大叫。

「你知道規定。除非船身遭到破壞，我們不得發射核魚雷，現在船身還很完整，」阿爾希波夫冷靜回答道。

「但戰爭已經爆發了！」艦長大吼。「我們還不能確定，」阿爾希波夫反駁道。

薩維茨基最終冷靜下來。

當這起事件在 40 年後的 2002 年被揭露時，在古巴飛彈危機時期擔任美國國防部長的羅伯・麥納瑪拉（Robert McNamara）驚叫道：

「如果核魚雷發射了，核戰很可能就在那一刻爆發。」[4]

「阿爾希波夫的腦袋冷靜，和其他人都不一樣。他控制住局勢，」[5] 他的好友、當時也在潛艦上的瑞昱里克・亞力山卓維奇・克托夫（Ryurik Alexandrovich Ketov）事後表示。

就在大家激烈爭辯的關鍵一刻，阿爾希波夫運用我們每個人都擁有的一種與生俱來的力量：刻意暫停，冷靜選擇下一步。

在全世界如同中毒般陷入兩極對立的時刻，我們往往會立刻以憤怒及恐懼做出反應，其實我們應該向阿爾希波夫學習，要不是因為他，有數千萬、數億的人現在都已不在人世。

選擇停下 vs. 停下來選擇

你抵達的地方取決於你開始的地方。如果我們能成功

轉化現今的艱困衝突，那會是因為我們從一個轉化性停頓（transformative pause）開始，就和阿爾希波夫所做一樣。

暫停其實指的就是「停下來選擇」，意思是要三思而後行。暫停能將刺激與反應分開，創造空間，讓我們能刻意進行選擇。停頓能轉換我們的想法，從被動反應變成積極主動，讓我們能做出有利於自己的行動。

阿爾希波夫和 B-59 號潛艇的驚人故事在 2002 年首度披露，我第一次知道這個故事時，想起了七年前在新幾內亞針對人類侵略行為及我們控制這些行為的能力所進行的一場對談。

1995 年秋天，我前往一個因為戰事不斷而廣為人知的地方：新幾內亞的高地。這座高地上的人，是地球上最後一批與現代世界接觸的主要族群。西方世界一直要到 1920 年代才知道這個族群存在，當時飛越這座島的駕駛很驚訝地發現底下蒼鬱山谷竟然有人類居住的跡象。當政府官員終於抵達這個高地社群時，他們發現當地戰爭不斷。

我抵達時，部落戰爭仍持續中，抵達高地的第一天，我剛好出現在「戰鬥區域」。在一片草木茂盛、蒼鬱的鄉間，我看到空無一人的學校建築被燒得精光，我在各處看到被破壞的果樹林。我和當地嚮導走在一條小徑上，突然間，出現了一群朝著反方向跑的年輕戰士。他們身上塗滿彩繪，頂著羽毛做的頭飾，一邊揮舞著弓箭，一位年輕戰士停下來問我們：

「你們有沒有看到哪裡在進行戰鬥？」

「沒有，」我的嚮導回答道。

「你能否告訴我們大家在吵什麼？」嚮導翻譯了我的問題。

「是關於土地邊界的爭鬥，」戰士回答道，「他們殺了我們的一位部落族人，所以我們也殺了他們的一位族人，然後他們殺了我們的兩位族人。」

「目前為止死了多少人？」「目前死了八個人。」

幾天之後，我剛好在和一位人道援助工作者講話。

「能遇到你也太巧了！」他驚叫道。「我正在為當地戰士上一堂關於衝突調解的課程，用的正是你其中一本著作《一開口，任何人都說好》。」

「真的嗎？」我說。

「你知道他們學到最多的是什麼嗎？是走上包廂的概念。他們從未想過，當一位族人被殺害時，不需要以憤怒自動反應，仇殺對方部落的人。他們學到自己其實可以有選擇的時候，真的很驚訝。他們可以停下來，讓憤怒消退，一邊決定到底該怎麼做。這是很正向的巨大改變！」

這些戰士發現自己擁有自主權，有能力可以選擇停下來，並停下來選擇。雖然我們大多都不是部落戰士，但我猜想每個人有時候可能都會發現自己被困在同樣的被動反應心態。我們往往會忘記自己擁有自主性和力量。但就如同部落戰士一樣，我們可以用這個簡單的體悟解放自己：在每一個

衝突中、每一刻，我們都有選擇。透過使用選擇，我們可以開始重新拿回自己對於衝突、人際關係、人生的控制權。

當然這並不容易。

幾乎在所有我參與調解的爭端中，不管是商業爭端、家族仇恨，或是內戰，衝突模式都是一樣的：一方做出反應後，接著是另一個反應，然後又是另一個反應。

「你為什麼攻擊他？」「因為他攻擊我。」然後一直持續下去。

我們人類是反應的機器。就像是新幾內亞的戰士或北大西洋上的蘇聯潛艦，當我們覺得受到威脅時，位於大腦底部小小腺體杏仁核的左半部便會被啟動。[6] 事實上，我們的大腦被劫持，被我們的反應所接管。我們的心跳加速、血壓升高、皮質醇增加，交感神經系統開始啟動。一瞬間，根據我們的自然傾向和過去經驗，我們已準備好要戰鬥、逃跑或呆立不動。

很久之前，我在人類學課學到過，這每一種反應都有其演化目的，為的就是要保護我們避開掠食者和其他危險。但在我們現今遇到的衝突情況中，這些自然反應可能會導致我們以不利於自身利益的方式去回應。

自從我在 40 多年前合著寫下《哈佛這樣教談判力》至今，我學到最棒的一件事大概就是：阻擋我達到目標的最大障礙，並不是坐在談判桌上另一端那個難相處的人；而是談判桌這一端的人，是我自己。當我沒有思考就做出反應時，

我就成了自己最大的敵人，我就是一直阻礙自己的那個人。

當我們攻擊時，我們便成為自己最大的敵人，羞辱並責怪另一方，或氣呼呼地離開，發誓自己再也不要回來。當我們一味躲避，沉默地坐著並忽視只會越變越糟的問題時，我們只是在跟自己對著幹。當我們姑息時，其實會傷到自己，只會引來更多的要求。在這類情況中，我們往往不是走上包廂，反而可能蹲在情緒碉堡裡，身上裝備著急著想丟出去的手榴彈。

「在你感到憤怒時說話，你會說出一輩子最後悔的話，」[7]我很喜歡引用這句話，這句話來自 19 世紀曾參與美國內戰的作家安布羅斯・比爾斯（Ambrose Bierce）。

30 多年的婚姻教會我，當我感到憤怒受傷時，很容易就會說出讓我立刻感到後悔的責怪言論。我在世界各地指導談判和自制力的技巧，但回到家卻仍會陷入這個我一直在警告他人的陷阱，這也讓我變得更加謙遜。這些時刻就像是一面鏡子，提醒我很容易就犯錯，成為自己的阻礙。不管挑釁的內容為何，我才是必須為我的反應負起責任的人。婚姻對我來說是很重要的老師，督促我持續學習，訓練我為更大規模的衝突工作做好準備。

在我最喜歡的一個希臘神話中，海克力斯走在路上，一個長相奇怪的怪獸突然豎起頭。[8] 海克力斯看到立即反應，用木棒攻擊怪獸。怪獸卻越變越大，海克力斯又再度攻擊怪獸。海克力斯每每用木棒攻擊，怪獸就越變越大。

　　突然之間，海克力斯的朋友也是智慧女神雅典娜出現並大叫說：

　　「海克力斯，停下來，你難道不知道這隻怪獸的名字嗎？

　　「這隻怪獸叫做『紛爭』。你越是攻擊牠，牠就會越變越大！不要再打了，之後牠就會變小。」

　　這個神話故事帶給我們重要且及時的教訓，我們越是對衝突做出反應，衝突就會越演越烈。衝突會變得具有毀滅性，因為每一方都一直來回不斷做反應，讓情況惡化，而且往往最終所有人都是輸家。

　　我第一次聽到這個關於海克力斯的神話時，我發現自己希望雅典娜也能在我身邊，對著我低聲耳語說：「停下來……然後選擇」然後我想起我的人類學研究，發現我們每個人內在都有一個自己的雅典娜。

　　以科學詞彙來說明，雅典娜就是我們的前額葉皮質區，大腦的這個區塊專門控制魯莽、衝動的行為。作為人類，自主性及自由意志是我們與生俱來的權利，我相信這就是這個神話背後想傳達的訊息。

　　就算是在最危急的衝突中，我們每個人都還是能使用我們的力量去停止並做選擇。與其被動反應，我們可以主動積極作出選擇。與其成為我們最大的敵人，我們可以成為自己最棒的同盟。

從停下來開始

這看起來很矛盾，但參與的最好方式就是暫時不要參與。從停下來開始，這與我們的直覺違背，尤其是在這個即時通訊的世界，大家都被期待要立即做出回應。但在我們面對的大部分衝突情況中，卻需要做相反的舉動。當你想要做出攻擊、迴避、姑息的回應時，停下來。就因為另一方可能正試著放出誘餌，不代表我們就真的要上鉤。

1997 年 5 月，我正在海牙一場氣氛火爆的談判擔任調停者，雙方分別是俄國總統葉爾欽（Boris Yeltsin）的國家安全顧問鮑里斯・別列佐夫斯基（Boris Berezovsky）與車臣共和國副總統瓦哈・阿爾薩諾夫（Vakha Arsanov）。[9]

幾年前，位於高加索地區的車臣共和國爆發了血腥內戰，車臣是俄羅斯聯邦的自治區。車臣獨立武裝軍隊正與俄國軍隊進行抗戰，已有八萬平民在戰事中喪命，其中包括超過三萬名兒童。[10] 兩方已同意休戰，但協議卻不穩固。

會議有了一個不好的開始。當車臣代表團搭著私人飛機從他們的首都格羅茲尼出發時，俄國戰鬥機逼他們迫降。車臣政府一怒之下，命令所有俄國人民離開該國。俄國當局終於允許車臣代表團通過其領空後，代表團又在阿姆斯特丹機場受阻，因為他們拒絕使用他們的俄國護照，堅持使用自己的車臣護照。當障礙終於排除，代表團抵達位於海牙一間具有歷史意義且優雅的德斯因德斯飯店，此時成員都處於極度

不滿的情緒。他們覺得俄國人一定拿到了飯店裡比較大間的房間。最後被允許看一眼對方陣營的房間後，他們才同意進到各自的房間內。

我們在和平宮進行會議，和平宮也是國際法院所在地，當時南斯拉夫戰爭罪法庭正在召開。車臣代表團在保鑣的陪同下，姍姍來遲。他們拒絕與俄國人握手，氣氛緊繃。

在一開始，車臣副總統阿爾薩諾夫進行了長達一小時砲火猛烈的攻擊，抨擊俄國壓迫車臣人民。他先從兩百年前的歷史開始說起，俄國當時首度侵略並佔領車臣。他難遏怒氣，從那時俄國對車臣人民施加的暴行，一路說到現今暴行。結尾時，他戲劇化地用手指著桌子對面的俄國代表團，大吼道：

「你們應該直接待在這個房間，因為你們很快就要接受戰爭罪的審判！」

阿爾薩諾夫全力猛烈攻擊俄國人之際，環顧桌子並指著我說：

「你們這些美國人，你們的總統柯林頓是葉爾欽的朋友，協助他在車臣犯罪，你們都是共犯。你們不只支持俄國在車臣的殖民壓迫，也壓迫波多黎各人民！你們對於這點有什麼要說的！」

房間裡所有目光都聚焦在我身上。我突然變成目光焦點，嚇了一跳。

此時房間很悶熱。[11] 當車臣副總統指責我時，我覺得我

的臉頰通紅，血壓升高。這已經是很漫長的一天，我很累了。會議看似毫無進展，賭注很大，能成功的機會非常渺茫。我腦袋快速打轉：「關於波多黎各，我知道些什麼？」

我的腦袋一度陷入空白。我本來準備要含糊說點關於波多黎各的回答，突然之間我停住，發現車臣領導者其實是要讓我上鉤。

幸好，逐步口譯給了我額外的時間能夠停下來，好好深呼吸。我發現自己的胸口很緊，腸胃不適。隨著我吸了幾口氣，觀察這些感覺的同時，那些不適感也逐漸消退。在那天會議裡說的所有憤怒言語中，我試著想起我的目標，我想要達到什麼目標？

接著，幸好有那簡短的暫停時刻，我想到了一個或許可行的轉化式回應，我直視這位車臣領袖並回答道：

「謝謝您，副總統先生。我剛才聽著的同時，非常同情您說到您的人民所遭遇極度痛苦的歷史。誰能不為之動容？您對我的國家如此直接的批評，我認為這代表我們是朋友，所以能彼此坦誠以待。所以我想說，我們在這裡不是要討論波多黎各的問題，不管這個問題多麼重要，我們是要想辦法停止車臣人民所遭受的巨大苦痛，這些折磨已經拖太久了。讓我們一起專注在當下。」

我的話被翻譯的同時，車臣領導者開始點頭。我環顧房間內眾人的神情，可以感覺到緊繃的狀態開始緩和。

出乎意料，這場會議又回到正軌。一兩天之內，雙方取

得協議，做出一份聯合宣言，至少暫時穩定了政治局勢。

　　我要離開時，受邀與副總統私下會面。我完全不知道他想要什麼，他一臉嚴肅地接待我，接著給我一把古老的車臣劍，這把劍以罕見工藝製成，搭配一副精緻的銀製劍鞘，他要透過致贈這把劍，代表車臣人民向我表達感謝之意。

　　我認為這個微小但重要的轉圜關鍵，要歸功於我暫停了一下，沒有因為對方放出的誘餌受到影響，雖然當時很容易就上鉤了。

　　25 年之後，從集體創傷的視角重新審視，我對這個故事有了更深一層的理解。[12] 從家族紛爭到內戰，我所調解過的許多難解衝突都根源於過往根深蒂固的創傷、痛苦的事件，還有我們神經系統難以承受的苦難折磨。創傷可能會導致我們的情緒麻木，很快就做出反應。

　　我無法確定，但我只能想像這位車臣領袖的謾罵回應，至少有一部分根源於過往的創傷。他對我的指責在當下感覺是個人的攻擊，但跟我一點關係都沒有；他只是在表達他的憤怒及痛苦。

　　只有當我停下來，我才能理解，並讓對話重回軌道。只有當我找回自己的平衡，才有辦法幫助身旁的人。

　　在雙方都處於高壓的情況下，我學會暫停一下並保有好奇心，先是對我自己的反應感到好奇，然後是對於雙方感到好奇。讓我們對仇恨敵意保持好奇心。

呼吸並觀察

最快讓自己停下來的方式很簡單：記得呼吸。在緊繃的衝突情境中，我注意到我常常無意識地忘記呼吸，或者會呼吸又急又淺。深呼吸幾次，吸氣再吐氣，這能幫助緩和神經系統。呼吸能降低體內的皮質醇，也就是壓力賀爾蒙，減緩心跳及血壓。[13] 簡言之，呼吸能改變我們的想法。

「當一個人對於環境中的某件事做出反應時，」我的朋友，同時也是腦科學家吉爾・伯特・泰勒（Jill Bolte Taylor）博士告訴我說：「大腦會出現一個 90 秒的化學過程。任何更進一步的情緒反應，都是因為這個人選擇待在這個情緒迴路中。」[14]

她稱之為「90 秒法則」。在僅僅一分半內，恐懼與憤怒的生物化學要素就會完全消散，我們能找到情緒的平衡，以便有意識地選擇做出對我們最有利益的回應。如果我們不給身體完整 90 秒的時間去處理情緒，情緒可能會卡住，之後再以我們可能會後悔的方式反應釋放出來。

我發現稍微保持沉默，就算感覺有點奇怪，對於緊繃的時刻也可能有強大的幫助。這點也獲得我的談判領域同事賈里德・庫漢（Jared Curhan）所證實，他在麻省理工學院進行了一項很有趣的沉默實驗。[15] 他和同事針對幾場談判進行觀察，並估算在談話中間有多少次沉默的時刻。他們發現，沉默的次數和談判達成雙方滿意的成功結果之間，有個重要的

關聯。研究者稱沉默是「談判中最終極的權力之舉」。[16]

在那沉默片刻，我注意到發生了什麼事情。我觀察自己的感覺和想法；我察覺到恐懼、焦慮、憤怒和自我批評的老面孔。如果我花一點時間察覺它們，甚至在心中一一認出它們，我就開始降低它們對我的影響。

在一場極具挑戰的會議前，我會試著讓自己沉默幾分鐘，穩住自己。就算只是花一分鐘閉上眼，也能幫我專注在我的想法和感受上。當我讓自己的心沉澱下來，我就更能專注在對談上。我亂哄哄的腦袋就像一杯從水龍頭裝了水的杯子。一開始，充滿氣泡又混濁，但如果我停下來一分鐘，讓水沉澱一下，泡泡慢慢就消散了，水將變得澄淨。片刻的沉默能幫助我的腦袋沉澱，讓我能開始更清楚看到內在到底發生了什麼。

班傑明‧富蘭克林（Benjamin Franklin）是一位非常務實且重視科學的人，他曾經建議道：「觀察所有的人，花最多時間觀察你自己。」[17]

觀察自己要花點力氣。我把這件事看作是在培養我的「內在科學家」。我變成一位調查員，研究我自己的感覺、情緒和想法。我問自己，我嘴裡的酸味是什麼？肚子裡反胃是什麼樣感覺？胸口很慌的感覺是什麼？問問題能啟動前額葉皮質區，這是大腦中給予我們選擇的區域。

察覺我的感覺和想法，能讓這些感覺想法和我之間拉出一點距離。我不在是情緒本身，而是在體驗這些情緒。帶著

好奇心與同理心，我學到和這些一開始我想要壓抑的不舒服感受成為朋友。帶著友善的態度去給予關注，這些感受和想法開始消退，我開始更能夠傾聽並專注當下。

在衝突情況中，學習觀察自己並不是一件簡單的事情，但隨著不斷練習，我們會越來越熟練。這些動盪的時局給我們機會每天練習。

為自己做好準備

在爭議不斷的衝突中，像是我們現今面臨分化的政治鬥爭，很容易就會讓大家感到筋疲力盡。受到他人的挑釁時，我們會感到憤怒。當發現風險很高，甚至攸關生死時，我們會感到焦慮。我們的神經系統會被挑起，進入緊繃狀態。

但很難一直維持在這樣高度憤怒與焦慮的狀態。我們會感到難以承受，可能會掉入另一個相反的極端狀態，陷入憂鬱、放棄、絕望的情緒狀態。然後，我們直接放棄，乾脆都不管了。我們很容易就會在兩個極端間擺盪，直到我們都感到厭倦，最後徹底被耗盡。

在高風險、攸關存續的衝突工作中做了幾十年之後，我太了解這樣的情緒循環了。

有什麼其他的選擇呢？

在充滿憤怒、恐懼、焦慮等神經系統高度喚起的狀態，

以及絕望、放棄、憂鬱、麻木的過低喚起狀態，兩種狀態間有一個精神科醫師丹尼爾・席格（Daniel Siegel）稱為「身心容納之窗」（Window of Tolerance）的情緒最佳區域。[18]

處於這個理想區域時，我們會感覺更平靜、活在當下且放鬆，覺得事物都在自己的控制之中。我們還是會繼續感受到情緒的震盪，但感受沒有那麼激烈了。我們不再受到情緒的控制，反而開始可以控制這些情緒。我們做事能變得更有效率，且更有能力可以控制衝突帶來的壓力。

而我幫助自己待在這個理想區域的方式就是為自己做好準備。這其實指的就是進行一般活動，那些能幫助我停下來、放鬆神經的活動。衝突調解工作對第三方來說可能會是非常耗費心力的工作，對於處於衝突中的雙方又更是如此。做好準備的工作能幫助建立韌性，讓我們能待在這個理想的區域，不小心掉出去時也能很快就再度回到這個區域。

有很多方式可以為自己做好準備，以便應付衝突所帶來的情緒壓力，從做運動、聽音樂、練習培養正念到冥想和祈禱。花時間和親近的朋友家人或教練、諮商師相處也會有幫助。我全部都試過，我覺得這些方法在不同的時刻都會有幫助。透過不斷嘗試與失敗的經驗，你將會找到最適合你的方式。

我最喜歡為自己做準備的方式，是每天在住家附近的湖邊長距離的健行，一直走到附近的山丘。我在走路時靈感最多。走路能讓我的思緒變得清晰，萌生出創意和洞見。走路

能平衡我的情緒，建立情緒的韌性。當我從包廂「摔下來」時，走路能幫我回到包廂上去。

可以的話，我喜歡在大自然裡走路。我發現，大自然壯麗的美景是處理衝突帶來的壓力時最棒的解藥。大自然的美景及其引發的敬畏之情，能幫我將煩惱拋諸腦後。隨著我被動反應的思緒回到當下，我能看清衝突情況，發現新的可能性。

我最喜歡走路的地方是山上，我從小時候住在瑞士時就非常熱愛在山裡走路。我現在居住在科羅拉多州，這裡的山提醒著我，它們從遠古至今，一直到遙遠的未來都會一直在這裡，而人類的衝突相比之下即變得渺小。

山頂周遭不斷變化的舞動的雲朵，總令人看不膩。山能幫助我在面對要處理的衝突時，培養更宏觀的視野。它們就像是一個巨大的包廂。

在進行任何艱困的談判之前，我會試著去走走路，以便聽到可能的機會。十年前，有一次我到巴黎參與一次談判，兩位生意夥伴日漸疏遠，我要試著化解他們之間極度激烈的爭執。我代表其中一方，而這個人後來也成為我的朋友。這個歹戲拖棚的爭執不僅對主要雙方的財務及情緒都帶來嚴重影響，他們的家人和員工也深受其害。我為這場衝突感到擔憂。我前一晚跨海飛來，腦袋因為時差一片混沌，我決定當天早上到巴黎的街上走走。

這是一個美麗的九月早晨。陽光閃耀，明亮的藍天上有

一朵朵蓬蓬的白雲。我走在這座宏偉的城市中，思緒飄到了接下來的談判。我感到放鬆，精力恢復，思緒清晰。

散步快結束之際，我經過一個廣場正在展出一個來自中國的臨時戶外雕塑展。巨大的銀色及金色佛像被繩索吊在半空中。在陽光照耀下，佛像飛著、舞著、笑著，享受著生命之美。

我本來一直不確定要如何開始談判，如何為議題定調，突然之間，在這巧遇的藝術品中，我有了答案。我想到，生命如此珍貴又倏忽即逝，我們為什麼卻迷失在鬥爭之中？

一小時後，我和另一位很有名望的法國銀行家坐下來吃午餐，他是一位 70 歲初頭、文雅尊貴的紳士，在這場商業爭端中擔任另一方的導師。我介紹自己的同時，可以看見他臉上露出疑惑的神情。他從這場衝突的一開始就參與了，對於提出的任何做法，他也有理由感到深切質疑。

在一陣輕鬆對談後，他對我問道：「那告訴我，你為什麼在這裡？」

我想了一下，很快就有了答案，因為我想起那些笑著的佛像。

「因為人生太短暫了（Parce que la vie est trop courte），」我用法語回答。「因為生命苦短，不值得浪費在這種讓大家都受到折磨的衝突中，你的朋友、我的朋友、他們的家人和員工都在受苦。」

銀行家看起來有點吃驚。他沒有預期到我會這樣回答。

　　簡單的一句「人生苦短」為這場談判訂立了非常不同的基調。將一個極度敵對的衝突重新定調為雙方兩位朋友的一場合作協商，要解決一場不幸又代價高昂的爭議。

　　從漫無目的的早晨散步，因驚鴻一瞥美麗藝術品所啟發的簡單一句話，又延伸出許多其他的話語，四天之後，這兩位之前變得疏離的生意夥伴最後坐在一間法律事務所裡，兩人簽下協議，並祝彼此順利。

　　我由此學到的是在緊繃衝突中，轉化性停頓所能帶來的驚人價值。

　　為自己做好準備，有時候其實很簡單。許多年前，我有機會參與一場位於義大利特倫托的會議，主題是達賴喇嘛談人性的未來。在問答環節，一位參與者問了一個很冗長且複雜的問題，內容是關於他在做冥想練習時，在處理自己被動反應的想法時所遇到的困難。現場花了不少時間才將問題翻譯成西藏文，達賴喇嘛仔細聆聽，想了一下，接著用帶有西藏腔的英文簡短回答道：

　　「多睡一點。」

建造一個包廂

　　因為在衝突正激烈的當下，很難記得要暫停一下，這些年的經驗讓我學到可以用建造包廂的做法來補足。我竭盡所

能刻意尋找能暫停的空間與時間，提前準備總會有幫助。

　　建造包廂可能只是在一個可能很容易引發爭論的會議中，規劃一個中場休息，或好幾個中場休息。或者可能是預先規劃好，第一場會議只是要取得雙方協議，在大家都睡了一晚好覺後，第二場會議才會進入棘手的議題。又或者是在緊繃的工作會議中，安插散步的行程，讓大家可以到大自然中伸展一下，並肩走走路。對於很困難的會議，事先規劃停頓點可以作為安全網。

　　建造包廂也可以是找一位可以信賴的人，每當我們開始變得容易被動立即反應時，就能找這個人來幫忙。我所知道的專業人質談判絕對不會單獨進行，因為他們知道在攸關生死的情況下，自己很容易就會變得很情緒化。基於同樣的原因，在任何敏感或拖得很長的衝突中，我也傾向和同事一起進行調解工作。他們就像是我的包廂，我也是他們的包廂。

　　說不定以更有形的方式來說，建造包廂就是選擇並設計一個實體環境，讓雙方都能暫停一下。2005 年 10 月，有一場參與者立場高度分化的會議，共有 20 位美國公民領袖參與，我在這場會議中體會到選擇對的場所能帶來的力量。

　　我和一群同事因為很擔心我們的國家在政治上分化越來越嚴重，決定邀請主要全國性組織的領袖，從右派與左派、保守與進步派都邀請差不多數量的人參與。這些領袖每個人都將另一方的人視為政敵，他們針對選民的大眾募款訊息中，往往都會抹黑對方組織。

　　「我真的不知道要怎麼進行，」一位可能會參與的人在會前這樣跟我說，「我們沒有共通點，這場會議難道不會害到我們自己？」

　　除了在電視節目上辯論並彼此攻擊之外，這些領袖從來沒有見過面。其中很多人真的要鼓起勇氣才敢來，因為他們要面對自身陣營批評他們與政敵互動。雖然政治觀點差異非常大，他們倒是有一個共通點：他們都深切擔憂國家未來的走向。

　　他們都是大忙人，習慣整天塞滿倡議、組織、遊說等工作。我們規劃會議為期共三天，這樣才能創造出足夠的時間與心理空間讓他們各自不只是以政治目標的方式，而是以個人的方式去認識彼此。

　　我們想要盡量和華盛頓特區緊繃的氛圍拉出距離，其中大多數人都在華盛頓特區工作。我們選了一間老舊女童軍會館改造成的樸素旅館，地點就在丹佛附近的洛磯山脈。這是一處美景環繞的地點，一旁是波光粼粼的山邊湖畔。

　　地點有它的力量。

　　我們往往會將放鬆的意象和朋友家人相聚的時光做連結，但我發現，如果要有建設性地處理我們彼此的不同，這點幾乎是必要條件。我們可能沒有意識到，但當我們走進一個衝突四起的情境，我們的神經系統會呈現警戒狀態，持續警戒防備著威脅。一個友善舒適的環境則能幫助我們放鬆，覺得安全。

　　我所聽過最有智慧的建議是：「如果你有一件很困難的事情要做，那先從放鬆開始」，聽起來可能很矛盾，但真的有其道理。當我們壓力太大的時候，沒有辦法做到最好。放鬆是我們能發揮最大潛力的方式，而這也正是在處理困難衝突時所需要的。

　　當這些公民領袖抵達旅館時，開始降下早秋的雪。這是一趟漫長的旅程。他們又餓又累，對於即將要與政敵相處上一段時間完全不感到焦慮。他們受到親切的接待，被安排住在舒適的小屋中，也能享用美味新鮮的食物。身處美景之中，吃得飽飽又住得舒適，這些領袖開始放鬆下來。

　　隔天早上，大家在一個穀倉裡，以一個大圓形圍坐，開始進行討論。我的同事說：

　　「我們希望各位分享年輕時的故事，講講自己一開始是受到什麼啟發而投入政治工作。在思考這個故事的時候，看看你是否能找到這個故事喚起你的核心政治價值，像是自由、正義，或是尊嚴。」

　　我們將與會者分成四組，各自分享故事。然後全部的人再度聚集，一起找出這些故事的精髓。雖然每個故事都不一樣，很多故事的核心價值都重疊。這個練習讓我們所有人都大開眼界，不管這些與會者的政治歧異有多　巨大，他們深層的共通點卻非常清楚。

　　「現在，想要聽聽各位對於這個國家的希望與恐懼。各位希望自己的子女及子孫在什麼樣的國家中長大？」

隨著這些領袖談論自己和他們最在乎的事情，他們也開始放鬆下來。他們想起來大家都是這個自己深愛國家的公民。他們不再將對方視為是平面的滑稽人物，而開始像人類一樣彼此連結。像是詢問對方高海拔頭痛、替其他人拿杯咖啡等等這類的微小善意舉動開始越來越多。

那三天期間，我們都站在包廂上，而實際上也的確是海拔高達八千英尺的高山上。在美景之中延長的停頓，對所有人來說都有靜定人心的作用。而當我們談到緊繃的政治議題時，大家的反應也沒有那麼激烈了，傾聽的品質改善。

第三天，一位與會者對全體成員說：

「我要承認在抵達會場時，看到實際在現場的人，知道他們來自什麼單位與機構，我立刻想要轉頭回機場，搭下一班飛機回家。現在我的感受全然不同。」

另一位與會者大聲說道：

「還好有暴風雪把我們困在這裡，讓大家可以待在一塊。」

大家聽到都笑了。

最終，這群人在探索彼此共通點時有了明確進展，而他們也跨越政治界線，建立了原本幾乎不可能的關係，微小但重要的轉變開始發生。最迅速具體的結果來自其中兩位與會者，兩位都是女性，一位是極端進步派，另一位則是極端保守派。她們花了很多時間聊天，更認識彼此，她們決定要針對雙方都同意的議題一起和彼此的組織做點事。

　　她們很快就採取行動。聚會結束的三週後，美國參議院有一場關於私有化網路的聽證會上，參議員們看到兩個原本敵對的組織共同合作，都感到很震驚，這兩個組織一同作證，反對提出的措施。參議員們很快就打退堂鼓，他們意識到如果這個議題成功地讓這兩個組織結盟，那在政治上一定會大輸特輸。

　　從這場山中的會議，我清楚看到一個有益環境的力量及好處，在這樣的環境中，衝突中的雙方都能一起暫停一下。事前搭建一個穩固的包廂能幫助我們控制住人們自然的反應，打開我們都沒想到過的全新可能性。

大浪由小開始

　　就算是海上最強大的浪，都是從一個微小、幾乎難以察覺的小波浪開始。對於轉化衝突的過程來說，也是如此。一切都從一個安靜平穩的暫停開始。

　　如果我要舉個例子，找一個發揮所有人類潛力轉化看似不可能化解的衝突，那個人就是曼德拉。曼德拉就是可能主義者的原型。

　　曼德拉因為作為抵抗活動的領導人，被南非的種族隔離政府逮捕，他被關在獄中 27 年，大部分時間都被關在羅本島上狹小的牢房裡。1975 年 2 月 1 日，他從獄中寫信給他年輕

的太太維尼，而他的太太當時則被關在克龍斯塔德的監獄，
信中寫道：

監獄是一個認識自己的理想所在，讓你實際並頻繁地
搜尋你的思維過程及感受。如果其他什麼功能都沒有，監獄
至少讓你每天都能檢視自己所有的行為，克服缺點，培養內
在良善的自己。每天固定睡前花 15 分鐘冥想，會非常有幫
助。……別忘記，聖人其實就是一個不斷嘗試的罪人。[19]

年輕的時候，曼德拉火爆的性格眾所皆知；他曾是拳
擊手，出手很快。他在自傳《漫漫自由路》(*Long Walk to
Freedom*) 中回憶道，在那狹小的牢房內他學到很多關於自
己的事情，以及生命中哪些事情最重要。[20] 在一個極度不公
義、挑戰艱鉅的情況下，他大可感到憤怒痛苦，但卻勇敢地
決定要將他在牢裡的時間作為在包廂上的停頓。透過固定的
冥想練習，他學會停下自己迅速過激的反應。他運用我們每
個人與生俱來的重要能力，就算在最糟的情況下，也試著停
下來，選擇要如何反應。

藉著影響自己的想法和感受，他後來才得以發揮了不起
的影響力，改變周圍數百萬人的想法和感受。就在他獨自監
禁的牢房內，他協助建立了轉化南非衝突的基礎，透過核心
的停頓練習。

暫停是通往可能之路的第一個重要步驟。我們在這個階
段做出重要的選擇，決定是否以毀滅性或建設性的方式處理

衝突。

　　暫停是幫助我們不要被監禁在破壞性衝突中的關鍵。

第 4 章

聚焦

從立場到需求

向內探索，才會覺醒。[1]

—— 卡爾·榮格

這是一位五個月大的女嬰，因為脊椎神經受壓迫，這週稍晚要在芝加哥進行手術，」醫生用冰冷的語調向周遭的醫學生說道，「我之前看過許多像這樣的手術案例，病人最後會癱瘓。」

正在巡房的醫生說的就是我的寶貝女兒蓋比，我太太將她抱在懷中，我們一起在兒童醫院等候門診。醫生似乎完全沒有意識到他說的話對我的太太莉珊娜和我的衝擊，彷彿我們人都不在現場。

震驚之餘，我整個人僵住，感受到血液中充滿恐懼、難

以置信及憤怒。我差點要暴怒，但在我能說出話之前，醫生和學生們已經走遠。

　　一兩個月之後，我們又回到兒童醫院的診間。這場位於芝加哥的手術棘手且風險極高，幸好一切順利。接著，蓋比還需要一位兒科醫師為其器官做進一步的手術。

　　「說不定在蓋比的童年時期，能陪伴她走過這一切最重要的醫師會是兒科醫師。這裡最好的醫生就是湯姆‧坦納（Tom Tanner），」我的朋友愛德‧古德森醫師（Dr. Ed Goldson）說道。

　　「坦納醫生？」我覆述他的話，覺得這名字聽起來有點熟悉。

　　結果我發現，這就是那時和學生巡房時，毫不在意又冷漠評論的同一位醫生。

　　「絕對不可以！」莉珊娜聽到我轉述愛德的建議後，這樣對我說。

　　「我認同，絕對不可以。不可以是這麼冷漠的人，他不會照顧蓋比！」我也表示同感。

　　但就算這件事看似底定，我心底深處還是有股懷疑。

　　我決定到附近的峽谷，來一趟我最愛的健行，想想哪件事才最重要。我們到底想要什麼？答案很快就出來了。這是我的直覺，一切都很清楚：我們想要讓女兒接受最好的治療，這關乎她的生命與福祉。

　　我回去之後決定再多做一點調查，我打給手術診間的護

理師，問她關於坦納醫生的事情，問她坦納醫生到底是一個怎麼樣的人。

「我覺得他是一個非常有愛心的醫生，」她這樣跟我說，「他真的全心奉獻給他的病人。」

我決定再次跟莉珊娜談談這件事，基於她對於坦納醫生的感受，我需要有點謹慎地進行這件事。我跟她講到我去走走時的想法，以及和護理師的對話：

「我對護理師說的話感到很意外，但她聽起來很誠懇。我們想要給蓋比長遠來說最好的選擇，我覺得我們應該去見坦納醫生，就我們兩個人，去看看他到底是怎麼樣的人。你覺得如何呢？」

莉珊娜也同意了。

我們去到坦納醫生的辦公室，沒有提到我們第一次遇到的情況，我甚至不確定他記得這件事。我們花了很多時間跟他談到蓋比的狀況及預後，他花了超過一小時仔細回答我們的問題，我們感覺他很有能力也很和善。莉珊娜和我離開後，對坦納醫師的印象和最初印象截然不同。

我們決定試試看，最終，坦納醫生成為蓋比的醫生，長達超過十年之久。他密切追蹤蓋比的狀況，為她進行了四次複雜且高風險的手術，其中一次手術長達九小時。每次手術前後，他會跟我們會面，回答我們所有問題。在我們女兒痛苦的治療過程中，他成為我們緊密熟悉且信賴的同盟。

很不幸的，兩年後他和太太經歷一場心碎的悲劇，當時

他們六歲的女兒被診斷得到危及性命的癌症，並在一年後過世。坦納醫生的心門因此打開，變得更有同理心、有愛心。我們和坦納醫生的關係最初如此唐突開始，後來卻打開許許多多的可能性，這是我們一開始難以料想的。

當然，如果我和太太照著最初的衝動決定，這一切都不可能會發生。在女兒進行治療的過程中，莉珊娜和我面臨了許多困難與不堪重負的醫生及護理師；我們學到，我們很容易就會因最初的反應而分心，忘記在衝突情況中最重要的是什麼。在這個例子中，我們最在乎的就是為女兒找到最好、最專業的照護。

專注在重要的事物上

「我最想要的到底是什麼？」

聽起來是個簡單的問題。但就我的經驗而言，答案往往不是很清楚，尤其是當我們深陷衝突中的時候，我們可能知道我們想要的是什麼，但真是如此嗎？

因為不知道我們真正想要的是什麼，很容易就會以一種與切身利益相左的方式去反應。這就是為什麼我們常常會遇到所有人全盤皆輸的結果。

我們第一個與生俱來的能力是暫停，能為我們打開時間與空間去練習我們的第二個與生俱來的能力：聚焦。這裡的

聚焦，指的就是將專注力放在你真正想要的目標。

　　以談判語言來說，聚焦指的是將注意力放在表層「立場」底下的「利益」。立場是我們表示我們想要的東西，利益則是表層之下的動機，包括我們的渴望、抱負、擔憂、恐懼及需求。「立場」是我們嘴上說我們想要的東西，而「利益」則是我們為什麼想要這些東西。

　　要說明這兩者的區別，我最喜歡用的故事來自我在超過四十年前合著的《哈佛這樣教談判力》，書中舉了一個例子：兩名學生在圖書館裡爭吵，一個想把窗戶打開，另一個想關起來。第一個學生把窗戶打開；第二位學生接著把窗戶關了起來。兩人爆發爭吵，圖書館員於是上前了解狀況。

　　「你為什麼想要把窗戶打開？」她問第一位學生。

　　「想要有一些新鮮空氣。」

　　「你為什麼想要把窗戶關起來？」她問第二位學生。

　　「因為風把我的紙吹得到處都是。」

　　圖書館員接著走去隔壁房間，把窗戶開起來，讓第一位學生有新鮮空氣，也不會讓風吹到第二位學生。

　　這個簡單的故事中發生了什麼事？兩方的立場很清楚。一個學生想要把窗戶打開，另一位則想要把窗戶關起來。但是當圖書館員問了神奇的問題「為什麼？」之後，便轉化了衝突。她試著了解兩位學生各自到底想要什麼。一位想要新鮮空氣，另一位則不想要有風吹進來。發現表層底下的利益能帶領我們開啟新的可能性，在這則故事中是打開隔壁房間

的窗戶。

請注意，這並不是妥協，把立場對立的兩人歧異一分為二。如果是那樣，把窗戶打開一半可能會讓兩位學生都不滿意，對一人來說流通的新鮮空氣並不夠，對另一位來說吹進來的風還是太多。把隔壁房間的窗戶打開是一個整合式的解方，能滿足兩方的利益。

這個故事是受到我找到的一篇開創性文章〈開創性衝突〉（Constructive Conflict）其中一個段落所啟發，這篇文章是在近一個世紀前的 1925 年，由一位來自波士頓優秀的老師暨作家瑪麗・帕克・傅麗特（Mary Parker Follett）所寫。[2] 著名的商業管理大師彼得・杜拉克（Peter Drucker）很貼切地稱她為「管理預言家」[3]，傅麗特遠遠領先她的時代。

我想用圖書館的故事說明立場與利益的重要差異所在。就算立場完全對立，像是開窗與關窗的例子，彼此的利益可能也非完全對立。可能只是利益「不同」，比如例子中一個想要新鮮空氣，另一個不想要風吹進來。就像故事所言，立場會阻絕可能性，利益則能打開新的可能性。

多年來，我向各行各業數千萬人講授專注在立場底下利益的重要性，教授的對象從法學院學生到外交官、從經理到聯合國維和人員，從小一生到退休人士都有。這個簡單的差異能讓人產生頓悟之感，就算是那些已經知道這個道理的人，而這點總是會讓我感到驚訝。

我從寫《哈佛這樣教談判力》開始投入衝突調解工作，

我在這些年來學到，我們可能需要比平常更深入探究我們的利益。

想像一個冰山，立場就是冰山在海水面以上看得見的部分，利益則在海面下。我們看不到的比我們實際看到的還要更龐大。現在想像一下，我們辨認出的利益是冰山在海平面底下的中間部分。如果我們想要在看似不可能化解的衝突中，成功開啟新的可能性，我們可能需要潛到更深處，潛到冰山最底下的部分，也就是我們的核心需求與價值所在之處。在那冰山深處，我們可以找到轉化艱困衝突的祕密。

要找到那些更深層的動機，我們必須聚焦並將注意力放在立場底下的東西。

專注在表層底下的事物

2000 年 1 月，我人在日內瓦，當時我與人道主義對話中心（Centre for Humanitarian Dialogue）合作要一同協助印尼政府與游擊運動「自由亞齊運動」（Free Aceh Movement, GAM）調解訂出和平協議。[4] 25 年來，GAM 一直在為亞齊獨立奮戰，亞齊是蘇門答臘島上的一個地區。

我的同事馬丁‧格里菲思（Martin Griffiths）是中心主任，他成功說服雙方坐上談判桌。游擊運動的領導者率先抵達，本來的規劃是由同事和我單獨和他們相處一天，協助他們為

接下來和印尼外交部長的會面做準備。

我們前一晚在日內瓦一間很不錯的餐廳一同吃晚餐。

GAM 代表團中，領頭的是自由亞齊運動的發起人哈桑·狄·提洛（Hasan di Tiro），他是亞齊貴族，其祖先是亞齊君主，統治這個強大王國長達好幾百年。狄·提洛出生顯赫，非常了解亞齊漫長且了不起的歷史，很可惜他先前中風，因此大部分時間都很沉默，雖然在會中仍保持高度關注。他由 GAM 的總理馬利克·馬哈茂德（Malik Mahmud）所代表，馬哈茂德是一位聰明且誠懇的工程師。

隔天，我們在作為中心總部的莊園會面。這個莊園座落在令人驚艷的水藍日內瓦湖岸邊一個美麗的庭院內，另一邊即能看到巍峨且山頂白雪皚皚的白朗峰。

GAM 的領導人圍坐一桌，身穿正式西裝。

我站著面對他們，旁邊還有一個掛紙白板。

「讓我一開始先問些問題。我知道各位的立場，你們希望脫離印尼獨立。現在請告訴我，你們的利益，換句話說，你們為什麼想要獨立？」

我站著，手裡拿著馬克筆，準備要記錄他們的答案。

他們一臉茫然看著我，空氣中有一股奇怪的沉默，他們似乎不知道要怎麼回答這個問題。他們獨立的立場如此明確，是大家一直以來共同的目標，似乎也因為如此，他們感覺沒有必要再進一步探索。

我在此刻突然頓悟。這場戰爭打了 25 年，許多人喪生，

有男有女、有孩童。房間裡的領袖們知道自己的立場，但他們真的知道自己的利益是什麼嗎？他們是否仔細想過、清楚表達、將表層底下的渴望及最深的擔憂進行優先排序？

他們到底為什麼要為獨立而戰？

仔細想想後，我發現那些領袖其實跟我在處理其他衝突時遇到的各方都一樣。他們被困在自己的立場，忽略了自身的利益，因此錯過了一個真的能打開全新可能性的機會。

在一陣尷尬的沉默後，我又繼續問其他問題，幫助他們聚焦到自己真正想要的：

「你們是否能跟我解釋獨立能帶給各位什麼嗎？」

「你們是因為政治的因素所以想要獨立嗎？因此能夠自治？有自己的國會和自己選出來的領導者？是這樣嗎？」

「對，我們當然想要這些東西，」總理回答道，「但我們還想要更多。」

「我們想要控制亞齊海岸的天然能源資源，」其中一位亞齊領袖補充道。

「我們想要我們的孩子在學校能用自己的語言學習，」另一位說說。

「我們想要用自己想要的方式去實踐我們的信仰。」

我注意到當與會者開始參與挖掘自己更深層的動機時，氣氛也越來越活絡。他們跨越了立場去聚焦，專注在表層底下的利益。我請他們依照重要順序排列這些利益。他們因此開始發展出一個策略性的議題，為隔天的會議做準備。

　　「告訴我，」我繼續說道，「在不要放棄獨立的渴望這個前提下，在明天與印尼政府對談時，你們是否有辦法進一步推動列出來的這些利益？」

　　「你是說我們保持獨立的目標同時，也能就我們的政治、經濟、文化利益進行談判？」總理問道。

　　「沒錯。談判不代表你就必須放棄未來獨立的夢想，談判指的是在現在改善你們人民的生活。」

　　這些領袖們因此獲得很大的啟發，不管是對於談判的理解以及談判能帶來的目標，都因此改觀。

　　接下來，在日內瓦的談判最終促成以人道目的暫時停火的決議。更重要的結果是開啟了對獨立運動更深層的策略檢視，探索他們在表層底下的利益，以及達到這些目標最好的方式。

　　五年之後，在亞齊地區發生嚴重海嘯之後，在芬蘭前總統阿提沙利（Martti Ahtisaari）的調解之下，GAM 與印尼政府談判達成協議。[5] 他們獲得廣泛的自治權，能滿足他們提到的許多政治、經濟、文化利益。亞齊接著舉行選舉，驚人的是，獲選的總督與副總督都是 GAM 領袖。[6]

　　這個經驗告訴我聚焦的真正力量。問問神奇的「為什麼？」問題，能幫助人進一步探索內在動機。就像 GAM 領袖學到的，就算你的立場無法達到，你或許還是能找到其他方式達成表層底下的利益。但這只有在你努力找出那些利益後，才可能做到。聚焦表層底下的動機能打開真正的可能

性，達成雙方都滿意的協議，能滿足所有人的利益。

不斷問為什麼

通常只問一次「為什麼？」並不夠。要去到冰山最深層，我們可能需要一直問「為什麼？」問兩次、三次、四次，甚至到五次。

「我有問題想問你，」幾年前我到一間軟體公司做談判主題的工作坊，當時公司內的一位業務主管這樣向我問道。他的聲音聽起來很挫敗絕望。

「我們最大的客戶一直要求對軟體做調整改變。他們想要我們為其需求客製化，但這成本很高，也很花時間。他們不想付錢，而這對我們的營收傷害非常大。這情況很困難，我必須說不，但我卻無法這樣做，畢竟他們是我們最重要的客戶。」

我意識到如果這個企業要成功，他正在逃避一個必須發生的衝突，一個有建設性的衝突。為了提供協助，我問了他一系列「為什麼」的問題：

「為什麼你想要拒絕？你試著想保護的是什麼？」「維持營收，」他回答道。

「好，沒問題，但為什麼你想要維持營收？」我問道。「因為我們需要有利潤，」他斷然說道。「當然，但告訴我為

什麼你們要有利潤，」我問道。

「這樣我們的公司才能生存下去！」他大聲說道。

「我知道了。現在請容我問，你到底為什麼希望公司生存下去，」我繼續追問。

「這樣我們才有工作！」他惱怒地回答道，一邊對著房間裡的同事示意。

「但你為什麼想要有工作？」我問道。他停下來看著我，一臉疑惑。

「這樣我才能養家！」

他語氣中充滿情緒。我從他的語氣中知道，我們已經挖掘到底部了，養家是他最基礎的根本需求。

這個過程對他來說很不自在，每回答一個問題的時候，他都覺得自己已經做出了定論，但隨著他繼續回答，他的語氣也越來越堅決，這樣不自在的過程是值得的。

我對他說：

「那回到你問我的問題，下一次你發現自己處於這樣的處境，需要拒絕非常重要客戶，想像這樣拒絕才能讓你養家。你不只是在維持營收；你是在保護你的家人。在你需要拒絕的時候，這能帶給你力量。」

反覆問自己為什麼，能帶給你策略上的清晰洞見，而這樣的洞見能帶給你決心與力量。這就像是樹根：

樹根越深，樹木就越強壯，就算在暴風的天氣下也能挺

立。對於這位業務主管，相較於維持營收或創造利潤的利
益，養家有更深層的意義及力量。

發覺基本人類需求

「感覺我需要和這個人對戰到死，說不定這就是我的命
運，我應該接受這樣的命運，」我的朋友阿比里奧・狄尼茲
（Abilio Diniz）這樣跟我說。我可以感受到他語氣中強烈的挫
敗與憤怒感。

阿比里奧是巴西最出名的企業家，當時與他的法國生意
夥伴陷入激烈糾紛，已長達超過兩年之久。這場衝突已經深
深影響到他的生活，他因此深陷憤怒之中，無法和家人好好
相處，也危及到公司數千名員工的生活。

我參與處理這場危機時，董事會的會議已經變得相當火
爆，有十幾家法律事務所和多家公關公司介入，引發無數訴
訟案件、媒體上的人身攻擊，並懷疑有商業間諜活動。就連
法國與巴西總統都曾通電話討論此事的影響。《金融時報》
（Financial Times）稱這場紛爭「說不定是近代歷史中最嚴重
的一場跨海董事會攤牌事件。」[7]

衝突的焦點在於生意夥伴雙方爭奪巴西領導超商品牌
Pão de Açúcar 的控制權。[8] 這間超市從阿比里奧父親經營的一

間當地麵包店發跡，阿比里奧還小的時候，就開始在店裡的櫃台幫忙，他協助父親將麵包店拓展成為龐大的超市連鎖店，Pão de Açúcar 是他的認同與血脈。

多年後，因為需要資金拓展企業，他讓知名法國商人強・查爾斯・納烏里（Jean-Charles Naouri）加入公司，成為生意夥伴。阿比里奧將比他年紀小許多的納烏里納入羽翼下，也很樂於指導他。

「我們之前關係很好，」阿比里奧這樣回憶道，「他會帶著禮物到我家，我也會到他在巴黎的家去拜訪。」

阿比里奧熱愛商業交易，這是他成功的其中一個祕訣。但在 2011 年，他想要將公司與另一家更大的零售商合併，納烏里反對並提起訴訟。兩位夥伴都覺得被對方背叛，一場火爆爭奪戰於是展開。

大家情緒高漲，立場分立，毀滅性的鬥爭爆發。攻擊會引發反擊，這場爭端就像我們現在面臨的許多其他爭議。

「所有通往談判的大門都關起來了，」阿比里奧的女兒安娜・瑪麗亞（Ana Maria）第一次寫信向我求助時這樣寫道。雖然這封電子郵件的內容禮貌又節制，卻包含許多艱困衝突中常見的憤怒與痛點。顯然她和她的家族都已經束手無策，他們希望自己的父親和丈夫回來。

我不確定自己是否能幫上忙，提議至少先聽聽他們的狀況。我下一趟去巴西時，阿比里奧邀請我到他家，和他們一家人一起吃飯。這是個美好的早晨，陽光從窗戶灑進，我受

到他的太太吉薩熱情款待。我可以感覺到家人對他的愛和擔憂，但他在家人的溫暖之下卻無法放鬆。

　　阿比里奧最小的孩子是一個活潑的三歲男孩，他在房間裡跑著，但他的爸爸因為深受這場爭鬥所困，無法感受到小兒子的活潑精力與快樂。我看著那個男孩和他精力旺盛的六歲姊姊，然後再看看阿比里奧，他當時 76 歲，他的時間寶貴，我記得自己當時想著：「這些孩子的父親被鬥爭所困，這場衝突正在消耗他的生命，那這些孩子過的又是怎樣的生活呢？」

　　我同時也可以感受到他內心的巨大憤怒，他以脾氣火爆聞名，我覺得他需要面對的第一個對手是他自己，如果我要提供協助，我會幫助他走上包廂。

　　他和我坐在客廳，圍繞客廳的玻璃窗能看到花園和游泳池。我才結束一場為期數日的課程，每一天的課程時間都拉得很長，我的聲音聽起來很緊繃。我想要確保他能聽到我的聲音，我才能和他建立起關係。我每次講話之前，就往嘴裡噴一些蜂蜜，雖然我的聲音因為過度使用，聽起來很疲憊，他聲音中的疲憊感則反映這場鬥爭帶來的沉重情緒。

　　所以一開始，我先從慣例使用的問題開始問他：「阿比里奧，你從這場談判中真正想要的是什麼？」

　　一如所有聰明厲害的生意人，他知道問題的答案，他立刻急著說出他想要的。

　　「我想要所有的股票都變成可轉換股票，我才能變現。

我想要刪除三年的競業條款，我想要公司總部，我想要公司的運動團隊。」

「我知道這些對你都很重要，但你真正想要的是什麼？」我追問道。

他停下來看著我。「什麼意思？」

「你看起來似乎擁有了一切，你想做什麼都能做到，你有這些很棒的孩子，年紀都還小，你在人生的這個時刻真正想要的是什麼？」

他停頓一陣，思考這個問題，最後他深呼吸。

「Liberdade（葡萄牙文的『自由』之意）」他嘆口氣說道，「自由，我想要自由。」這就對了。當我聽到他說出「自由」這一詞的語氣及濃厚的情緒，我知道他已經觸探到自己最底層的需求。這觸動了他，也觸動了我，畢竟，誰不想要自由呢？

在我們那天會議進行之前，我在阿比里奧的自傳中讀到童年和成年的他。自由對我們所有人都很重要，但對阿比里奧來說又有另一層特別的意義。1989 年 12 月的一個早晨，他正要離開家時，被一群城市游擊隊綁架。他被槍抵著上了車，被作為人質塞進一個像棺材的箱子裡，只有一些孔洞可以呼吸，他不斷受到吵雜的音樂轟炸。他覺得自己一定會死，直到一週後突然在一場警方攻堅中意外獲救。

多年之後的現在，他發現自己再度成為人質，這次被一場耗盡元氣的衝突所綁架。當然，他需要了解自己，但如果

我要幫忙，我也需要了解他。

　　直到那一刻，我都不確定自己是否是正確人選，能幫助他拿到他想要的那些物質東西。但當他說出他想要「他的自由」時，我開始覺得自己說不定真的能幫到他。

　　我發現這不只是一個普通的商業衝突，伴隨其中的心理複雜度與各種可能性，這是一場關於人性的衝突。這是我們現在在家裡、職場和整個世界所遇到的那種衝突。

　　「對你來說什麼是自由，阿比里奧？」我問道。

　　「和家人共處的時間，」他一邊說，一邊指著自己的孩子，「這是我人生中最重要的事物。」

　　「還有進行我喜歡做的商業交易的自由。」

　　他大可以回答說：「脫離我的敵人的自由」或「從這場夢魘逃離的自由。」這些都是負面的自由。相反的，他強調正向的自由，「做……的自由」。他不是強調他想要從什麼逃離，而是強調他想要向前邁進。

　　在衝突中，我們常常被困在堅持立場，而忽略基本的人類需求。但在我的工作中，我發現真正困擾我們的衝突，無論大小，通常都不只是關於表面的利益，而關乎更深層的動機。在一開始關於我的女兒蓋比的例子中，我和太太最在乎的基本需求就是蓋比的安全和福祉。對於亞齊領袖們，基本的需求包括政治自主及文化認同。我的朋友阿比里奧的基本需求是自由和尊嚴。其他基本的需求包括安全、賴以為生的經濟、歸屬感與尊重。需求是比想要和渴望更深層的需求。

祕訣在此：相較於表層的立場，或甚至是中段的利益，在更深層的階段你會發現衝突變少，可能性增加。在阿比里奧的糾紛中，雙方的立場天差地遠。在利益階段，衝突變少，但還是相當緊繃：對阿比里奧更好的交易，通常對納烏里來說比較不好。在需求的層次，一方得到更多自由，不代表另一方的自由就減少。一方得到更多尊嚴，也不代表另一方的尊嚴就減少。相反的，我們達到的協議都能給雙方尊嚴和自由去追尋更大的夢想。

我從這類的衝突中學到：我們越是深入發掘動機，就能找到更多可以轉化衝突的可能性。所以不要在立場或甚至利益的層次就停下來。一直聚焦，直到你找到你的基本人類需求。

注意情緒和感受

情緒和感受說不定是我們挖掘到基本需求的最準確指標。阿比里奧在說出「liberdade」（自由）一詞的語氣中，透露了一點什麼，讓我覺得我挖到寶。這就像是大鐘裡的鈴鐺，如果敲對位置，一切都剛剛好。

語氣可以告訴我們很多，往往比實際說的話還多，這正是因為語氣會帶有情緒。阿比里奧說自由一詞的時候聽起來悲傷又渴望，彷彿自由對他來說是難以觸及的夢。我問他真

正想要什麼時，如果他回答我的第一個答案是出自理性，清楚又有邏輯，那第二個答案就彷彿來自他的內心與直覺。

　　在談判中，我們常常覺得情緒會阻礙我們。但情緒以及伴隨而來的感受能提供關於我們深層動機的重要資訊。恐懼、憤怒和挫敗都可能反映出我們有些基本需求還沒有被滿足。如果我們能停下來，傾聽內在情緒和感覺，我們會發現它們正在跟我們說：

　　「請注意。這可能危及一件重要的事物。」

　　在衝突情況中，我發現聚焦並注意我出現了哪些情緒及感受很有幫助。當我感到生氣，這告訴我可能有某個重要的界線被逾越。

　　「這是什麼界線？」我會問自己。

　　當我感到反胃或胸口微痛時，我會很好奇。我已經開始了解這些感受和情緒就像可能的路標，指引我朝著我的基本人類需求方向前進。

　　「我有哪些需求還沒有被滿足？」

　　暫停一下能幫助我聚焦在自己身上，注意我的情緒及感受。因為我停了下來，我不需要對這些情緒做出反應，只需要觀察它們。停頓能讓我拉出必要的情緒距離，讓我消化關於自身需求的重要資訊，而不是立刻做出反應。

　　這不是很有趣嗎？我可以這樣跟自己說。

　　當我觸碰到內在最深層的需求時，我通常感覺情緒釋放，胸口開闊起來。我感覺到肩膀放鬆。我感覺到腸胃在對

我說「對」，而現在有些科學家就將腸胃稱為我們的第二大腦。這些情緒和感受告訴我，我在正軌上。

多年來，我開始領會我們的情緒及感受可以是很棒的朋友及同盟，提供了解自己和周遭他人的重要線索。

在通往可能之路上，情緒及感受是指引通往表層下基本人類需求的路標，像是安全、自由和尊嚴，我們如果想要在這些混亂時局中轉化衝突及關係，就必須滿足這些需求。

眼光放在目標上

那個關於自由的啟發性洞見，帶著阿比里奧和我一起踏上可能之旅，原本和生意夥伴納烏里的激烈衝突因此轉化，再次化為友好的關係。這感覺完全不可能，但事實上真的發生了。

聚焦於阿比里奧真正想要的，是關鍵突破點，帶領我們走下去。從那一刻起，當我和他對話時，以及在和另一方談判時，自由成為標準，自由成為指引我們的光。每當阿比里奧又陷入憤怒及絕望，躲回苛刻極端的立場時，我會提醒他當初他意識到什麼才是最重要的。這幫助他放手，一點一滴地放手。

自由才是他想要的，而他也得到自由。

阿比里奧和納烏里簽下協議的那一天，他對我說：

「我得到所有我想要的，最重要的是我拿回了我的人生！」

其中鬆了最大一口氣的，當然就是阿比里奧的家人。

「我今天早上從紐約抵達巴西，」他的女兒安娜・瑪麗亞在簽下協議隔天寫信給我。「我飛來就直接去見我的父親，我沒法再多等一分鐘，我想要看看他怎麼樣。在與納烏里的糾紛解決後，我發現他很平靜，對未來和全新生活都感到很興奮，我很開心看到他這樣的狀態。」

但說不定如此改變得到最強烈的反應，來自吉薩和阿比里奧三歲的兒子米格：

「爸爸不會一直在講電話了，」他跟他的母親說道。

我很感動阿比里奧和他的一家人在被這場衝突折磨這麼久之後，選擇慶祝這場衝突戲劇化的轉化。他們一起旅行，跨越大海飛到義大利的卡夏，向不可能目標的守護聖者聖女莉塔表達感謝之意。聖女莉塔成功終結奪走丈夫和許多其他人的家族仇恨，之後成為修女。[9] 就像阿比里奧一樣，她的故事提醒著我們，就算在衝突看似完全不可能解決時，我們都有能力可以找到有創意的方式向前邁進。

我在寫這本書的時候去拜訪了阿比里奧，我和他們一家人成為好朋友，此次是去參加他 85 歲的慶生會。在妻子與孩子們、家人與朋友面前，他感動地談到他的人生，回顧了他如何轉化與納烏里的衝突。他說說過去九年來是他人生中最快樂的一段時光，他終於能夠真正享受得之不易的自由。他

談到和家人相處的時光,每天早上載孩子們去上學,每天下午去接他們的時光。他也提到這些年做出的新交易,為他帶來的收穫。

然後我開始想。

如果阿比里奧沒有經過衝突中的學習及成長,他會如此享受現在的自由嗎?這會不會是衝突所隱藏的禮物?藉由讓我們探索自己最深層的需求,給我們機會去滿足這些需求,如果沒有遭遇衝突,我們可能也不會去挖掘這些需求?

所以我要問你,在你思考自己的衝突時,請捫心自問:

你真正想要的是什麼?對你來說,與自由和尊嚴同等的是什麼?什麼對你來說最重要?一直問你自己「為什麼」這個神奇的問題,直到你觸及到最深層的答案。傾聽你的情緒與感覺,將它們作為線索,專注在你的基本人類需求上,保持好奇心,你可能會發掘到你從未想像過的全新可能性。這是聚焦的最大力量,這是我們每個人隨時隨地都有的能力。

把目光放在目標上。

第 5 章

拉遠

從狹隘觀點到綜觀全局

世界的花園無邊無際，局限僅存在你的腦中。[1]

—— 扎拉爾丁・魯米（Jalāl al-Dīn Rūmī）

這是我作為一位調解員的第一次重大失敗。

一切始於一場夢幻的邀請。「我要給你一個非常棒的提議，」哈佛法學院客座教授史蒂芬・哥德堡（Stephen Goldberg）一天在教師俱樂部吃晚餐時，這樣對我說道，「我剛和全國礦工工會一位高層，以及煤礦雇主協會的執行長通完電話，他們要處理在肯塔基州東部一個煤礦場爆發的棘手衝突。

「是關於什麼事情？」我好奇問道。

「我只知道礦工一直發動野貓罷工，管理階層因此裁了

三分之一的員工，」史蒂芬回答道，「一切越演越烈。兩位高層都擔心罷工會蔓延到其他的煤礦場。他們擔心可能會引發全國性煤礦罷工，危及整個國家的經濟。」

「他們想要你做什麼？」

「他們要請我去調解，」史蒂芬說，「但問題是：我是仲裁人。我會聽所有的事實狀況，然後由我來做決定。我沒有任何協助多方達成協議的經驗。你想要加入我，協助我思考該如何做嗎？」

我當時是一位研究生，想要找任何機會離開圖書館，實際練習調解工作。我一直對朋友說：「我需要把手弄髒，我需要實際經驗。」但我沒想到會得到這個機會，要實際到礦場真的把手弄髒。

「算我一份，」我這樣告訴史蒂芬。

隔週，史蒂芬和我飛到肯塔基州。在當地機場，他租了一架直升機直接帶我們飛到礦場。我很興奮，不只因為這是我第一次搭直升機，還因為我終於能參與一場實際的大型調解工作。

當我們飛過阿帕拉契田園般翠綠、綿延起伏的丘陵時，我往下看，丘陵上有許多裂縫和龐大的礦渣堆，這些都是挖採煤礦的證據。

我們抵達礦場，直接到辦公室和礦場經理及工頭會面。

「我們按照合約很堅定也很公平運作這個礦場，製造麻煩的是工會會長，」礦場經理麥可‧強森（Mike Johnson）[2]

說，他是一位三十幾歲聰明誠懇的年輕人。「如果我們可以擺脫他和幾個爛蘋果，問題就可以解決了。我保證！」

接著，我們和工會領袖比爾‧布朗特（Bill Blount）及其他工會幹部見面。

「這些老闆把我們當狗看。他們會監視我們，還想要恐嚇我們。我告訴你：把礦場的領班還有幾個人都開除，情況就會變得更好，我向你保證！」比爾說道，他是一個聰明又有企圖心的礦工，四十幾歲，剛成為工會領袖。

其他工會幹部都猛點頭。

「要不要大家坐下來談談？」史蒂芬問道。史蒂芬散發著前海軍陸戰隊的氣魄與威嚴。

「我們絕對不要跟他們坐下談，跟他們講沒有用，他們只知道權力，」工會領袖這樣回答說。

我們學到：當一位礦工覺得沒有受到公平對待，他會把自己的水壺倒過來，把水倒掉。其他的礦工就知道他要回家了。為了保護這位不滿的礦工不要被炒魷魚，其他的礦工也會把自己水壺的水倒光後回家，他們覺得管理階層不會把他們所有人都一次開除。

這被稱為野貓罷工，因為這種做法違反合約規定。隨著這類情況不斷發生，管理階層把當地工會告上法院，要工人禁止罷工。當礦工不理會法院禁令，持續罷工，「非常有智慧」的法官決定將所有工人都關進監獄裡一晚。

一如預期，這個做法惹怒了工人和他們的家人。

　　他們開始帶槍去工作，礦場的接線生開始接到匿名的炸彈威脅。在充滿甲烷氣體的煤礦場裡，炸彈可能會讓整座礦場失火。就算只是收到威脅，礦場也需要關閉，進行仔細搜索。

　　史蒂芬和我面對一項艱鉅任務。接下來六週，我們在八位工會領袖及礦場管理階層間來來回回。我們見了雙方很多次，也對他們稍微更了解一些。我們仔細聆聽，試著了解造成野貓罷工的原因，以及要如何讓整起事件落幕。作為一位剛起步的調解員及人類學家，我在過程中深深著迷。

　　從得到的建議中，史蒂芬和我起草了一份合約調整建議。我們將重點放在改善申訴處理流程上，我們想說，如果工人知道有更好的方式可以「說出」他們的不滿，就不用「走出」礦場了。

　　基於這個基礎，雙方最終同意進行為期兩天的會議，將細節談好，工會和管理階層各派出八位代表，史蒂芬負責主持會議。大家都很意外最終達成了協議，全都欣喜狂歡。每位談判代表走到桌子最前方，嚴肅地在文件上簽下他們的名字，彷彿是代表兩個對戰的國家簽署和平協定。

　　「哇，」史蒂芬這樣跟我說。「我們做到了！」對於調解生涯中第一個重大成功，我感到有點暈眩，尤其因為成功的機會本來看似如此渺茫。

　　我們收到來自全國工會及雇主協會的道賀電話，其中包括一開始打電話給史蒂芬請他幫忙的兩位高層。大家對於結

果都鬆了一口氣，對於我們成功調解這場棘手衝突也感到印象深刻。

至此還有一點流程要完成：需要工人正式批准這份協議，因為有了工會領袖的支持，大家都覺得這個步驟只是形式上的流程。

結果也的確如此，投票幾乎毫無異議：投票結果徹底反對工會領袖耗費心力協商完成的協議。

我第一場重要調解徹底失敗，我覺得呼吸困難。我最初的興奮之情都轉為令人反胃的失望感受。

發生了什麼事？

我們後來才知道，工人們純粹覺得管理階層簽署的任何東西一定有詐，所以對協議投下反對票。[3] 他們不相信這份協議，就算提議的這份協議處理了許多他們提出的不滿內容，但震耳欲聾地大聲拒絕，感覺上還是比較安全，也比較大快人心。

史蒂芬和我，以及雙方的談判代表都沒有預見問題所在，因為我們假設衝突發生在兩個整體的雙方之間，也就是工會和管理階層之間。我們以為工會領袖是代表工會的成員，也就是那些基層的工人說話。我們以為工會領袖同意的事項都會受到支持，我們大錯特錯。

這是因為我們蒙上了眼罩，沒法看到全局。我們沒有看到情況的混亂複雜。其中包含了許多方，不只是兩方，領袖散落各處，不只是集中在最頂端。我們在過程中忽略了最

重要的利益關係人：礦場工人，是他們決定要幾乎每週都罷工，並不是工會領袖。如果他們決定罷工時不是因為工會領袖的指令，那談判時又為什麼要聽工會領袖的話？

我在反思這場失敗的談判時，從中學到最多的或許是在任何衝突中，拉遠的重要性，拉遠到你能看到全局，了解實際真正發生了什麼事。

專注在大局上

我們每個人都有拉遠的能力。這裡說的「拉遠」指的是拓展你的聚焦點，看到全局。將相機的鏡頭焦距拉遠，從包廂上，你可以看到整齣劇所有演員在你眼前上演劇碼。拉遠能幫助你看到之前沒看到的新的可能性。

我很久之前有一次拉遠的經驗，至今印象深刻。

那是我六歲生日的一週前，我的家人和我待在高山上坡度較緩處的瑞士小村莊。那是個週六清晨，我很早就起床了，我的父母週末時喜歡睡晚一點，我有股衝動想要到外面走走，探索環境。

我換上衣服走出門，走上一條通往山裡的小徑，途中經過木造農舍，農舍的百葉窗漆著鮮豔的顏色，花箱裡都是鮮紅的天竺葵。很快地我就走到小徑底部，我繼續走上一條髒兮兮通往草地緩坡的步道上，一路走經簡陋的木造穀倉和養

著牛隻的牧草地。牛兒們吃著草，牛鈴緩緩但響亮的發出聲音，新鮮空氣中帶有點淡淡糞肥的味道。

我越爬越高，村莊變得越來越小。我站在高山的坡上，環顧四周並往下看，滿眼是遼闊的山谷，山峰崎嶇的高山則環繞四周。我可以看到底下整個村莊：房子、街道和流經的河流。我突然覺得喘不過氣，感到渺小又很振奮。我轉身往回走，發現所有人都還在睡。

在過去五十年間我處理過的衝突工作中，我發現我們的視野可以變得非常狹隘。我們看到的僅限於村莊裡一間房子的一個房間裡，而沒法看到更寬廣的視野，無法看到所有的房子和整個山谷。

我發現限制我們眼界的，是在協調衝突時常見的假設：有兩方坐在談判桌前，目標是達成協議，要在短期內達成。而這是一場零和遊戲：一方得到比較多，就代表另一方得到的比較少。

向前邁進的可能性因此變得非常有限。

但如果我們能夠看到更宏觀的全局，新的可能性就會開始出現。我們可能會發現我們沒看到的許多方。我們可能會發現，除了協議之外，之前沒想到過的選擇。我們可能會看到之前沒想到過的長期情境。我們可能會發現這個議題不是一場零和遊戲，而是正和遊戲，每個人都可以得到更多。

這就是拉遠的強大力量，是我們每個人與生俱來都擁有的能力。

看到三張桌子

從我在煤礦場的失敗經驗中，我學到一個道理，在此後的四十年中都對我很有幫助。就是從拉遠開始，詢問哪些利害關係人沒有出現在談判桌上。我遺漏了誰？誰可以影響結果？誰能阻礙可能的協議產生？誰的聲音沒有被聽到？

我常常看到家族糾紛越演越烈，因為決定過程中遺漏了一些家族成員。我曾看過一些公司急著蓋新廠，卻忘了和當地居民討論，最後發現整個當地社群組織起來提起訴訟，延誤建廠計畫，有時計畫甚至還永久終止。就如我在煤礦場所學到的，我們有時候會遺漏關鍵對象，後來他們會出其不意地破壞協議。

在衝突談判中，我們的注意力自然會落到談判桌上參與各方的位子上，這裡的談判桌包含實際及隱喻的桌子。可能會有一張主桌，但這不是唯一的桌子。從包廂上將眼光拉遠，能讓我們看到至少三張桌子，這要視實際有多少方在現場。除了主桌之外，至少還會有兩桌內部利害關係人。對於工會領袖來說，他們代表的是煤礦工人。對於管理階層來說，利益關係人是董事會及雇主協會。

我從多年來的經驗學到，要讓大家都點頭同意的真正困難之處，不只是雙方之間的外部談判，還有各方的內部談判。

在我的工作坊中，我會問：

「如果有兩種談判，一種是與組織或家庭之外的人進行的外部談判，一種是組織或家庭裡的內部協商，對你個人而言，哪一種比較有挑戰性？有多少人會覺得外部談判比較困難？」

有些人舉起手。

「好，那有多少人會覺得是內部談判？」

絕大多數的人都舉起手。

大家環顧四周，對於兩次舉手的人數差距很大，大家都感到吃驚。

「這不是很有趣嗎？」我問道。「兩種顯然都很有挑戰性，但我們大部分人覺得最困難的，是跟我們關係最密切的人，是跟我們的家人和同事，這些我們覺得應該跟我們站在同一陣線的人。」

別誤會，外部談判也很困難，但內部協商往往更棘手。一個原因是，相較於外部談判，我們在處理內部協商時，不會一樣用心、做一樣多的準備。我們通常會即興發揮，假設同一隊的人都會跟我們想法一致，就像是工會領袖和煤礦工人的例子一樣。忽略了內部利害關係人將走向失敗。

在處理衝突時，我學會在一開始做一張包含所有利害關係人的圖表，先畫出三張桌子。我問我自己和其他人：

「誰坐在談判主桌？誰坐在另外兩張內部談判桌？如果爭議中超過兩方，誰會坐在另一張內部談判桌上。」

「還有哪些利害關係人？誰會受到衝突影響？誰能阻擋

協議的執行，因此需要被諮詢？誰能影響爭端中各方以有建設性的方式參與，需要被找進來？」

　　這張圖上開始出現許多利害關係人。在一開始要了解情況的複雜性可能會讓人卻步，但就我的經驗中，這樣做往往能揭露出沒有預料到的阻礙，還能開啟新的可能性，能因此轉化艱困的衝突。這就是站在包廂上拉遠的好處，能一次看到所有角色站在整個舞台上的演出。

找出你的最佳替代方案

　　在衝突情況中，拉遠也能用另一種很重要的方式幫助到我們：告訴我們就算無法與另一方達成協議，要如何滿足自己的需求。

　　我在工作坊時會問一個簡單的問題：

　　「談判的目的是什麼？為什麼要談判？」「達成協議，」學員通常會這樣回答。「這是我們的假設，但真的是這樣嗎？」我問道。

　　我認為談判的目的並不一定是要達成協議。真正的目的是與另一方探索，相較於沒有談判，透過談判是否更能滿足自己的需求，也就是說，是否比使用自己的最佳替代方案（BATNA）好。BATNA 是 Best Alternative To a Negotiated Agreement（談判協議的最佳替代方案）的縮寫，這是我和共同作

者在撰寫《哈佛這樣教談判力》時創造的詞。最佳替代方案
指的是，如果你無法達成協議，你為了滿足個人利益的其他
最佳選擇。

　　想像眼前有岔路，一條會帶領你走到協議，另一條則是
最好的其他選擇。把你的最佳替代方案想成是你離開談判桌
的選擇，是你的備案。

　　發展出自己的最佳替代方案能讓你有自信，不管談判中
發生什麼事情，你另外都會有一個好的選擇，能讓你不要這
麼依賴另一方來滿足你的需求。

　　我回想我的朋友，也就是巴西企業領袖阿比里奧，他當
時深陷激烈衝突，正在爭奪他和父親打造的超市連鎖店的控
制權。當阿比里奧告訴我他真正想要的是自由，我問他：「不
管和納烏里發生什麼事，你可以做什麼讓你獲得一直渴望的
自由？」

　　這就是最佳替代方案問題。

　　阿比里奧看著我，呆滯了一陣。所以我又再度闡明問
題：

　　「當我問自由對你的意義是什麼時，你說這代表能跟家
人相處和追求新的商業交易的自由。而我要問你的問題是：
你是不是真的要等到爭議都落幕了才能去做這些事情？還是
你可以現在就開始？」

　　我看著他的眼睛，看見他眼神裡開始出現一道光。「更
深一層的問題是，誰能真正給你這個你所追尋的自由？是納

烏里？還是到最後，只有你可以給自己自由？」

這對阿比里奧和我都是一大領悟。

他理解到，要完成自己最深層需求的力量就在他手中。並不需要倚賴其他任何人或任何特定結果，他並不需要等到爭議落幕。

幾天內，他就規劃了一趟和家人坐船航行的假期。幾週內，他就成為另一間他很有興趣的公司董事會會長。他也找到公司總部之外，另一個新的辦公空間，他在那可以自己進行商業交易。簡言之，他又奪回他的自主權、權力和選擇。

顯然，這些行為都讓他從心理上倚賴對手的狀態，以及必須展現特定行為等狀況中解放。阿比里奧為自己贏得自由感，為自己創造一個能夠放手的情緒空間。矛盾的是，他的放手卻讓我們談判協議的工作變得更容易，最終結果很戲劇化，反而給他更多能力可以用自己想要的方式生活。

我們可能會拒絕思考我們的最佳替代方案，因為感覺這是很負面的思維。但阿比里奧發現，最佳替代方案能給你自由與信心，能讓協議更有機會達成。可以將最佳替代方案理解為「另一種正向思考」，它能打開新的可能性。

我在礦場事件後學到這一課。在經過一開始煤礦工人拒絕協議的震驚後，史蒂芬和我又重新振作起來，試著想接下來該怎麼做。協議批准失敗後，我們能做什麼來彌補呢？

「我們能試著再重新談判嗎？」史蒂芬問道。

「我問過工會領袖比爾，」我回答，「他完全不覺得再協

商會有用。我覺得他和其他工會領袖真的都感覺非常洩氣。」

「有別的想法嗎？」史蒂芬問道，「還是我們已經到最底線了？」

我停頓一會兒。我在想我們是否有最佳替代方案，一個獨立於協議之外的行動做法。

「我有一個瘋狂的問題。我們真的需要工人批准協議嗎？」

「什麼意思？」

「嗯，我們一直假設大家都要同意，才能開始進行新的流程。但因為彼此間完全沒有信任，那要不要乾脆一點一點嘗試，看看這些做法有沒有用？」

「但我們不需要工人的同意嗎？這不就是一開始的問題所在嗎？」史蒂芬反問道。

「你說得沒錯。但就我看來，工人反對的不是協議本身，因為內容基本上對他們有利。我懷疑很多人根本就沒有讀過，問題感覺更偏向情緒感受。他們很憤怒，他們完全不信任管理階層，他們為什麼要相信管理階層？」

「所以你現在建議的是？」

「我建議，針對協議中如何處理不滿申述的提議，試著以非正式的方式執行。直接要管理階層執行他們所負責的部分，看看礦工對於這樣改變是否會有正面反應。」

「這不容易。確切要怎麼執行？」史蒂芬懷疑地問道。

「嗯，你跟我必須花更多時間在礦場，傾聽工人的想

法，在他們去罷工之前發現他們的不滿。然後必須要讓管理階層注意到問題，以令人滿意的方式處理不滿，才不會讓人有機會發動野貓罷工。」

史蒂芬看起來還是沒有完全被說服，而且也不是只有他這樣。管理階層和工會都因為協商批准失敗而疲憊不已，但他們沒有反對我想做的嘗試。畢竟，目前無路可走，而且全國工會和雇主協會高層都還是非常擔憂這場爭議會延燒成為全國性危機。

「那就照你說的做吧，」史蒂芬說，「我下週要和我的家人飛到法國，這是我們家夏天的旅遊。」

而這就是為什麼在 1980 年那一年，我會在肯塔基州礦場度過夏日。

我之後會再詳細敘述我在礦場驚悚的旅程，但重點是這個：我記得要拉遠，這讓我能質疑基本的假設，比如是否一定要大家都批准協議後才能執行新的做法。

當其他人都看不到的時候，拉遠讓我能看到新的選擇，這就是一種最佳替代方案。

不管在任何衝突中，我覺得一直問關鍵的最佳替代方案問題很重要：

「如果不能與另一方達成協議，我要如何滿足我的需求？我的備案是什麼？要怎麼改善這個備案？」

面對你的最差替代方案

「我不只想要知道我的最佳替代方案，我也想要知道我的最差替代方案（Worst Alternative To a Negotiated Agreement, WATNA）：我的『談判協議最差的選擇或退路』，」一位企業領袖曾這樣和我說過，「當交易過程中，一切感覺都可能失敗、成為泡影時，我會提醒自己，最糟的情況可能是什麼。我告訴自己，如果另一方沒有真的要殺死我，那我就可能活下來。不管你信不信，這樣做能讓我感到安心，平靜下來。」

他說得有道理。有時候，我們太陷溺於情況中，感覺一切都至關生死。拉遠看到最糟情境，竟意外能幫助我們獲得所需要的視野。

但有時候，負面情境真的重要到攸關性命。

1980 年代，多數時間我都在處理如何避免意外爆發核戰的問題。基於哈佛法學院的談判專案，我的同事理查德・斯莫克（Richard Smoke）和我在美國政府的要求下寫了一份報告，內容是關於如何減低美蘇之間意外爆發核戰的風險。[4]

在我們進行的其中一場訪談中，前外交官高層班傑明・里德（Benjamin Read）告訴我們世界上都不知道的一次驚險事件，他有很多年都籠罩在這個陰影之下：

「一個週六早晨，我在國務院上班，收到來自國家軍事指揮中心的緊急電話，告訴我一顆美國核子飛彈誤射，且正射向古巴。我跑到國務卿迪安・魯斯克（Dean Rusk）的辦公

室，告訴他這個消息。」

「是武裝飛彈嗎？」魯斯克焦急地問道，「抱歉，我們不知道。」魯斯克盯著里德。

「立刻打給蘇聯大使，告訴他這件事。」

里德打給蘇聯大使館，但被告知大使外出午餐，聯繫不上。他告訴魯斯克這個消息。

魯斯克又盯著里德。

「打給哈瓦那的瑞士人，「他們會幫我們傳遞消息，」他說，「要他們告訴古巴。」

里德打給哈瓦那的瑞士人，但訊號不好，電話另一端的人聽不懂要傳達的訊息。

這場試圖在危機中進行的通訊工作非常失敗。幸好，這枚後來發現是沒有武裝的飛彈越過古巴，射進海裡。本來可能釀成一場人道危機及超級強國核子危機（或更慘）的事件，最後只是靠著運氣好而躲過。

「政府有沒有調查這起事件，了解未來要如何避免再次發生？」我問里德。

「沒有，」他回答道，「我覺得大家就只是繼續過日子，遺忘了。」

核子飛彈誤射只是我和理查德在交給美國政府報告中提到的眾多千鈞一髮事件之一，這起事件後來延伸出另一本書《熱線之外：危機控制如何避免核戰》（*Beyond the Hotline*，暫譯）。[5]

　　我沒有因為絕望而束手無策，我發現面對這個例子中，超級強國衝突的可怕負面可能性（最差替代方案），能驅使我再進一步探索，尋找可能避免這些危機的方法，我將之視為一個機會。

　　我從中學到很多。自小我就在原子彈的陰影中長大，很擔心核子威脅。採取具體行動是讓我免疫的解藥，行動能讓焦慮消散，不僅如此，還能進一步給人冒險探索及打一場好仗的開心感覺。

　　只有透過拉遠，看到負面情境時，我們才能找到正向可能性：實際要做什麼才能降低意外爆發核戰的風險？

　　理查德和我想到一個感覺很有希望的創新點子：何不設立一個核子風險降低中心，24 小時排班，像是在飛彈不小心誤射的情況，美蘇兩方專家都能隨時準備好進行溝通並降低風險？

　　我接著繼續協助美蘇雙方的政策專家交流，針對如何避免兩國核戰的問題進行討論。我去了華盛頓及莫斯科許多趟，同行的是布魯斯・埃琳（Bruce Allyn），他是一位說得一口流利俄文的年輕學者。

　　當時正值美蘇關係最緊繃之際。1983 年 3 月，雷根總統公開稱蘇聯是「邪惡帝國」以及「現代世界的邪惡中心」。[6] 六個月後，一架從紐約飛往首爾的大韓航空班機不小心飛進蘇聯領空，遭到蘇聯飛彈擊落。機上所有 269 位乘客都因此喪命。

在我們前往莫斯科的第一趟為期三週的拜訪，布魯斯和我遭到蘇聯國家安全委員會（KGB）尾隨，但仍成功見到政策專家及政府官員。對於我們提出的核子風險降低中心，許多人都抱持著懷疑的態度。難道不會被另一方用來作為間諜活動？如果被誤用拿來散播錯誤資訊怎麼辦？領導者會不會因為有這個中心的存在，在危機情況中的行 變得更加魯莽？

我的同事和我在華盛頓也被問到同樣的問題，但我們堅持下去，和兩位倡議這個想法的參議員共同合作：來自喬治亞州的民主黨參議員山姆‧納恩（Sam Nunn），與來自維吉尼亞州的共和黨參議員約翰‧華納（John Warner）。

除了透過內部管道進行，我們決定要讓大眾支持這個想法。《巡禮》（Parade）雜誌邀請我寫一篇關於核子風險降低中心的文章，一位藝術家則畫了一幅栩栩如生又誇張的圖，內容是美國與蘇聯官員並肩一起降低意外爆發核戰。[7] 這張圖登上雜誌封面，送到四千萬名讀者手中。

幸好，負面可能性也給了政治領袖動機。雷根總統剛上任之時，簽署了一項總統命令，要求美國發展能「贏得」核戰的能力，這個選項不能被排除。但上任近三年，他的想法也改變了。他看過正式發布前版本的電視劇《浩劫後》（The Day After），這是一齣關於核戰的虛構電視影集，透過描述堪薩斯州一個小鎮上普通人的生活，刻畫出經歷核戰撕心裂肺的慘烈故事。

這部片首播時，美國有一億人收看，讓觀眾以更貼近生

活的方式了解核戰的愚昧及毫無意義。在看完這部片之後，
雷根在日記中寫道：「效果非常好，讓我覺得非常沮喪，」並
補充寫道未來「絕對不能發生核戰。」[9]

1985 年 11 月，雷根在日內瓦首度與蘇聯領導人米哈伊
爾‧戈巴契夫（Mikhail Gorbachev）會面，他們共同簽署一份
簡短但令人記憶深刻的宣言，至今仍是國際協議之一：

「沒有人能贏得核戰，絕對不能爆發核戰。」[10]

在峰會上，雷根與戈巴契夫同意許多實際的措施，其中
一個就是探索是否可能在華盛頓與莫斯科成立核子風險降低
中心。在雙方都體認到核戰的負面可能性之後，兩位領導者
討論了一個能避免核戰爆發的正向可能性。幾個月之後，我
受邀擔任白宮危機中心的顧問。我的工作是針對成立中心，
撰寫詳細的提案。

一年後一個美好的晴朗日子，我站在白宮後方的玫瑰
園，空氣裡都是玫瑰芬芳的香味。我看著雷根總統與蘇聯外
長愛德華‧謝瓦納茲（Eduard Shevardnadze）共同宣布成立核
子風險降低中心的協議[11]，我自己都感到難以置信。這就是
對「可能」的明證。

這是邁向冷戰終結過程中一個微小但具體的一步，而冷
戰的終結則戲劇化地降低核子風險。

我由此學到：面對負面可能性，利用這個刺激去創造正
向可能性，避免最糟的情況發生。

成為未來的考古學家

「想像二十年後。如果和平社會到來，你會看到什麼？如果你是一位未來的的考古學家，你正在進行挖掘研究，你會找到哪些文物？」

這個指示來自我的朋友羅伯・埃文斯（Rob Evans），他是一位經驗老道的集體創造力引導師，這是位於科羅拉多州一場為期一週的工作坊，由同事和我主辦，主題是一直都極具挑戰的以巴衝突。

在衝突中，當某個解決方式在短期內看似不可能達成，我們可以拉遠去看一個正面的未來，我們便能將想法從限制想像力的假設中解放出來，這讓我們可以開啟更長期的全新可能性。

來自以色列、巴勒斯坦、埃及的與會者被打散，以小組進行活動，大家將想法記錄在紙上。一個半小時過後，他們很自豪地分享成果。一張圖上畫著一張在特拉維夫與加薩之間通行的高速鐵路車票，另一張則是高科技加薩 Google 校園的徽章。

我們的一位巴勒斯坦同事隔天早上走進來，看到滿牆關於未來的想法，他聞到濃郁美味的中東菜餚沙卡蔬卡（shakshuka）的香味，這道菜是由一位巴勒斯坦及一位以色列與會者一同準備的，這位同事高興地宣布說：

「這是希望的博物館！」

接下來幾天充滿創意的對話在與會者心中激起一股可能性，他們說，直到今天這種感覺仍是激勵他們的一股動力。

這讓我不禁想到，對於我們現今面臨的許多看似不可能的挑戰，從化解政治對立到避免災難性的戰爭，一直到轉換成使用乾淨能源，未來考古學家的練習能向我們揭露出什麼。舉個例子，想想我們作為人類，成功大幅降低極端氣候以及其他毀滅性氣候變遷帶來的風險。[12] 未來的考古學家在挖掘工作中會找到哪些文物呢？

像是，他們會不會發現到處都是太陽能和風能發電站？他們會不會發現整個地球都遍布高壓直流電電網，創造強大能源效率？換句話說，他們會不會找到龐大普遍的證據，發現我們正從太陽、風等無限的資源中汲取電力？往前推估，他們會不會認為我們面對龐大的挑戰，勇敢地一同化解彼此歧異，使用了與生俱來的創意與合作能力，找到豐沛乾淨能源的正向可能性？

我發現透過像是這樣的想法實驗能夠真正讓人產生希望，啟發人去採取實際行動。

改變遊戲

最後，拉遠看到全局能讓我們往後退一步，思考說不定是一切最重要的問題。如果可以將衝突視為是一種有選手、

規則、目標的遊戲，那我們可以自問：

「我們玩的是對的遊戲嗎？」

在這樣分裂的時代，我們往往會將衝突簡化為一種「我們」和「他們」之間非贏即輸的零和爭鬥，但這是能讓我們達成真正想要目標最有用的方法嗎？

為了釐清這個問題，我會給來參加研討的與會者一個挑戰。

「找一個人，準備比腕力。」

每個人將手臂放在桌上，緊握住對手的手，準備將對方的手壓制在桌上。

「這個遊戲的目標是盡可能增加點數，點數最多的人就贏了。每次你把對方手臂扳倒在桌上，就能得到一千點。」

「大家都準備好了嗎？預備。開始！」

我環顧房間內，每個人都努力要將對手的手扳倒。一分鐘左右過去，我說：「好的，可以停了。我看著大家，看到有很多勢均力敵的狀態，兩個人都沒有得到分數。在某些例子中，我看到有人成功把對方的手扳倒，他們得到一千分。

「但我看到有少數人嘗試一種完全不同的做法。你們雙方的手臂上下來回，好像雨刷一樣，可以解釋一下？」

一位與會者大聲說：

「嗯，在嘗試把對方手扳倒失敗後，我們發現最好的方式就是合作。所以我把手放鬆，他們就得到一千點；然後他們也把手放鬆，我就得到一千點。然後我們看著彼此，發現

我們沒必要就停在這裡，我們可以一直這樣比下去，得到更多分數。」

「我給你們的一分鐘內，你們得到了多少分？」

「好幾萬分。」

大家都笑了，是一種認可的笑聲。

這就是祕訣。在這個拉遠的一刻，我們發現自己在衝突中最強大的力量，就是改變遊戲的力量。

在人生中，有多少次我們在面對衝突時，都將這些衝突視為是你輸我贏的比腕力比賽？相反的，就如這個練習所見，我們可以選擇玩一個更好的遊戲，所有人都能受惠，而且往往比贏下一個非贏即輸的遊戲所能得到的還更多。

在運動比賽或卡牌遊戲中，比輸贏可能很好玩。但如果是在人類互相仰賴的關係中，不管是家庭、工作或更大的社群，這樣的問題往往會導致一種所有人皆輸的結果。如果你問：「誰會在這個婚姻中獲勝？」你的婚姻大概陷入很嚴重的問題。

在激烈的衝突中，我們通常基本上會把議題設定為零和的狀態，一方得到多一點，就代表另一方拿到的少一點。但就像我處理過的任何真實世界中的衝突，問題不在於零和。只要用一點點創意，就像在比腕力的遊戲一樣，結果往往可以是正和，所有人都可以受惠。而且一如家族糾紛、企業鬥爭、戰爭等，結果可能是負和，所有人都得到更少。就算無法讓雙方每次都贏，但一定總是可以導致雙方兩敗俱傷，連

帶周遭的人都全盤皆輸。

　　我所見過改變遊戲機會的例子中，最戲劇化的絕對是南非的種族隔離抗爭。1995 年早期，曼德拉總統新上任，我有一次機會聽到他和他之前的政敵前總統戴克拉克（F. W. de Klerk）描述彼此從國家戰爭走到和平的旅程。

　　曼德拉談到他相信他那一方最終將會獲勝，但自問在數十年的內戰及經濟崩壞後，他們接手的會是怎樣的一個國家。戴克拉克則提到他意識到，沒錯，他的陣營在接下來一個世代說不定還可以鞏固住勢力，但最終他們必須臣服於人口組成的現實，以及來自外來世界在經濟與政治上的壓力。

　　換句話說，兩位領導人都拉遠看向未來，了解到他們努力試著打敗對方所贏得的勝利，最終會是兩敗俱傷。這是他們的第一個洞見：這場衝突在策略上陷入僵局。

　　然後他們得到第二個洞見：如果雙方不斷陷入暴力衝突會兩敗俱傷，說不定雙方反其道而行，改採對話與協商的方式會從中獲益，他們能達成妥協。

　　最終，他們得到了第三個洞見：轉化的可能性。一如代表南非國民黨的談判員魯爾夫‧梅耶爾（Roelf Meyer）當時解釋給我聽，雙方慢慢開始相信會有第三種結果的可能性，不是其中一方大獲全勝，也不是互相讓步的妥協。

　　正如曼德拉所宣稱：

　　　　我從來沒有要暗中損傷戴克拉克先生，理由很實際，他

的地位越脆弱，談判過程也越脆弱。要能與敵人和解，一定
要與敵人合作，敵人也必須成為你的夥伴。[13]

雙方領袖所想像的全新結果是一種對兩方來說真正帶來
轉化的勝利，一個和平、民主、種族多元、兼容且繁榮的南
非，每個人都有立足之地。

談判很困難，過程中受到政治暴動破壞，但最終南非人
創造了歷史，他們在國家歷史上第一個兼容民主的選舉中投
下自己的一票。說不定轉化最明顯的跡象，就是曼德拉邀請
他之前的敵人、前總統戴克拉克擔任副總統，而戴克拉克也
答應了。現在雙方領袖都能讓南非人民安心，向世界展示一
段全新的關係是可能發生的。當我在 1995 年 1 月聽到他們分
享時，他們兩位都剛就任新職。

正如曼德拉所說：

在這場最嚴重的種族災難中，大家都以為我們會摧毀對
方和我們自己。相反的，我們作為一個民族選擇協商、妥協
與和平的道路。我們沒有選擇憎恨與報復，我們選擇和解與
國家建構。[14]

拉遠看到全局能讓我們發現並改變衝突的基本遊戲。我
們不必困在一個所有人全盤皆輸的非贏即輸遊戲。相反的，
我們可以選擇玩一個所有人最終都能受惠的遊戲，這就是可
能主義者做的事。

看見可能性

在這一個高度分化的世界，拉遠去看到全局可能是我們最重要的能力了。如果我們要用好奇心、創造力、合作能力去解決當今的挑戰，我們需要解放自己的思維，不要再用狹隘的假設去想「什麼是可能的」、「什麼是不可能的」。

當我在城市中抬頭望向夜晚的天空，因為周遭光害的影響，我能看到的星星很少。而身處我現在正在寫作的山中，遠離都市的光源，我看著黑漆漆天空中閃亮的繁星，感到驚艷。就如星星一樣，衝突中的可能性也是存在的，問題是：我們看得到嗎？

我邀請你來思考人生中的一場衝突。花點時間拉遠，找出不同的利害關係人，包括直接參與的人和那些間接受到影響的人，問問你自己：我沒納入哪些人？我遺漏了哪些人？我該加進哪些人？誰會阻礙我，能如何阻礙？誰能幫助我，能如何協助？拉遠並問自己：我的最佳替代方案是什麼？如果不能達成協議，我要如何滿足我的需求？要如何發展我的最佳替代方案，變得更好？我的最差替代方案（談判協議的最差選擇）是什麼？要如何避免最糟的情況，並朝著最佳結果努力邁進？

拉遠到未來，二十年或五十年或甚至到一百年後。如果在這過程中，可能主義者很努力，而你是未來的一位考古學家，你會找到哪些文物？在你想像這樣一個未來的同時，你

接下來要採取哪些步驟才能朝著這個方向前進？

　　最後，拉遠並想想你在玩的這個遊戲，這說不定是最棒的機會。你能做什麼去改變這個遊戲，從非贏即輸的鬥爭，變成一個有建設性的衝突及合作？

　　如果你拉遠並想想所有這些問題，你很可能會發現你之前沒想過的全新可能性。

　　拉遠是走上包廂的最終目標，而走上包廂則是我們在通往可能之路的勝利第一階。從包廂上，我們開始看見黃金橋的輪廓。這是我們要取得的下一個勝利，和另一方的勝利。

Part 2 勝利第二階

搭建黃金橋

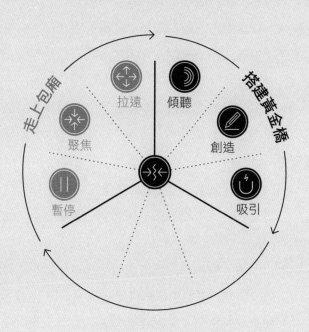

「等我的右眼掉出來，右手也脫落了，我才會同意拆除單一猶太屯墾區。」[1] 以色列總理貝京（Menachem Begin）當時對於談判沒有給出太多空間。

那是 1978 年 9 月，美國總統卡特邀請貝京與埃及總統沙達特（Anwar Sadat）到大衛營會面，這是位於馬里蘭州美麗的茂密山丘的總統休假地，距離華盛頓特區一個半小時的車程。

卡特希望在這個非正式的放鬆環境裡，兩位領導人能達成協議，終結兩國的敵對關係，這兩個國家在三十年間已經打了四次毀滅性戰爭。但在三天的激烈對話後，雙方陷入僵局。

貝京堅持保留位於西奈半島的猶太屯墾區，這是以色列從 1967 年第三次以阿戰爭（又稱為六日戰爭）開始佔領的埃及領土。

對於貝京的要求，沙達特立場堅定地回答：

「絕對不可以！如果你不同意從屯墾區撤退，就不會有和平。」[2]

兩位領導人要自己的團隊成員都去打包行李，對於中東和平協議的所有希望似乎都將付諸流水。

一如全世界的人，當我看到卡特總統 13 天後出現在電視上，左右各有沙達特和貝京在側，一起在白宮的東廳簽署歷史性的和平協議，那一刻我深受震撼。[3]

當時，我是哈佛的人類學博士生，正和費雪教授一起

工作。我之前讀過以阿衝突，不久前才剛從該地區一趟為期較長的旅程中回來。我覺得很痛苦，因為這延燒了數十年之久、關於土地與認同的衝突，在全世界的眼中已經成為不可能解決的象徵。

這個驚人突破背後的故事是什麼？我猜想著。領導者如何在這根深蒂固的衝突深淵間，搭建黃金橋？也就是說，他們如何達成協議，終止這場沒完沒了的戰爭？對於我們所有想要轉化看似難解衝突的人，又能學到什麼？如果阿拉伯人和以色列人能學習轉化彼此的衝突，說不定我們其他人也能看見希望。

我一直密切關注峰會進行。幾週前，費雪教授從法學院辦公室打電話給我，當時他從瑪莎葡萄園島過完暑假回來。他臉上露出大大的笑容，口氣聽起來很興奮，彷彿才剛釣到一條大魚。

「上個週末，我跟賽勒斯‧范錫（Cyrus Vance）一起打網球，他剛好到我鄰居家作客。打完球，范錫問我對於大衛營的談判有沒有什麼想法，所以我就邀請他到家裡來，給他一本我們寫的書。我請他看關於單一文本程序（one-text process）的部分，告訴他應該想想如何應用這個方法在下週和沙達特及貝京達成協議。你可以立刻安排和路易斯‧索恩（Louis Sohn）還有其他人的會議，一起討論，然後在週五之前把建議備忘錄提供給范錫嗎？」

范錫是當時的美國國務卿。「我們寫的書」指的是《國

際調解：實務指南》（*International Mediation: A Working Guide*，暫譯），這是我前一年和費雪教授一起寫的書，內容是關於談判的實用想法。這本書從未正式出版過，是《哈佛這樣教談判力》的前身及靈感。在這本書中，我們寫到單一文本程序，這個談判流程在聯合國討論海洋法的多方會議時曾使用過，效果非常好。我們一開始是從哈佛法學院教授路易斯・索恩這邊得知，他當時就是美國談判代表團的成員。

我們所講的單一文本是在一般針對對立立場討價還價的做法外，另一種巧妙又簡單的談判替代方案。與其要求對方讓步，在這種做法中，第三方會草擬一個可能的協議，並請雙方評論，第三方接著繼續針對雙方擔憂的部分修改內容，直到達成協議。單一文本是搭建黃金橋的方法。

隔天晚上，我在哈佛教職員俱樂部安排了晚餐，作為「設計研討會」（Devising Seminar）的會議。這個研討會是費雪舉辦的一系列會議，他會邀請教授和客座外交官一起討論一場特定的國際衝突，藉此「設計」一個有創意的解決方案。這是一個實驗，有點像是一個實驗室。

實驗我們是否能用不同的對話方式，在看似陷入僵局的衝突中協助創造全新的可能性？

「設計」（devise）是費雪喜歡用的詞，因為帶有實際創造的意涵，在字典上的意思是「在腦中形成想法或原則的全新組合或應用」。[4] 對於我們要嘗試做的事情來說，這是很不錯的描述。

「我們能提供范錫最好的建議是什麼？」

費雪對餐桌前大約六、七位參與者提出這個問題。我在掛紙白板上記下他們的想法。費雪和我接著從這些點子寫出一份三頁的備忘錄，著重在單一文本程序上，並寄給范錫。

在峰會過程中的頭三天，備忘錄一直被放在范錫的公事包裡，動都沒動。接著，就在談判失敗，大家準備要離開大衛營之際，卡特總統決定要再試一次。他把范錫叫到他的房間，詢問他的建議。范錫想起這份備忘錄，提議使用單一文本程序。卡特同意，並請范錫準備一份提案。

在傳統的談判流程中，第三方會提出介於兩方立場中間的提議。雙方通常都會激烈抗議，反對提案。既然在政治上讓步如此痛苦，沒有人會想當第一個讓步的人，他們深怕退讓會顯示自己的弱點，一旦退讓就必須做出更多讓步。

但單一文本程序採用的是非常不同的做法。沒有人被要求讓步，至少表面上是這樣。重點不在實際立場，而在於如何創造能滿足表層底下利益的選項。

所以美國的調解員各自去找以色列及埃及代表團，告訴他們：

「我們不是要你們改變立場。只是要你們再多告訴我們一點你們的利益及需求。你們真正想要的是什麼？以及你們最擔心的是什麼？」

美國人認真傾聽雙方分享各自的渴望及恐懼。

埃及人強調他們最重要的利益是主權。

　　這塊土地自從法老王時期就屬於他們，他們想要拿回這塊土地。以色列則聚焦在他們最重要的利益，也就是安全。

　　埃及的坦克車曾經三度開上西奈半島攻擊他們，以色列希望確保這樣的事情不會再發生。

　　埃及人提出了一個將西奈半島部分地區非軍事化的創意想法。美國人決定將這個想法納入單一文本的第一版草稿，將西奈半島非軍事化，為以色列創造安全緩衝區。基本上，到處都可以插上埃及國旗，但埃及的坦克車哪兒也不能去。這是一個非常好的想法，一方面處理以色列對於安全的擔憂，同時也保住埃及的主權。

　　但在衝突談判中，有一個好的想法還不夠；還需要雙方都買單。人們通常不會相信不是出自於自己的想法。

　　單一文本程序讓提案草稿保持非常不正式的狀態，很容易就能修改，加入來自雙方的想法與建議。草稿上沒有信頭，沒有歸屬人或地位。這張紙什麼都不是，上面說不定還有咖啡漬。

　　「這不是美國的提案，」美國人向雙方說道。「只是一個想法。我們不是要請各位做出決定。事實上，在這個階段我們不想要做決定。我們只是希望你們能讓我們知道你們怎麼想，請盡情批評，越多批評越好，這份草稿哪處沒有處理到你們的核心利益？哪裡不公平？」

　　在激烈的衝突中，我發現「沒有人想要做出痛苦的決定，但大家都喜歡批評。」

以色列對美國提出的草稿大肆批評。埃及人也是。

美方接著回到房間，重新草擬內容，試著在不會傷害到另一方的狀況下，改善另一方的條件。

為了處理以色列擔憂埃及會突襲的擔憂，卡特總統在草稿中增加了內容，提議美軍和美國承包商可以參與監控非軍事化的行動。最新科技連一隻山羊跨越空無一人的沙漠都能追蹤到。

接著，美方調解員又帶著草稿回來。

「我們又針對你們說的進行一些調整。同樣的，我們在現在這個階段不想要做出決定，只要再給我們批評和建議，讓我們再調整得更好。」

每一次單一文本的內容都經過改善，雙方不僅看到己方的需求被處理到，也看到他們的想法及語言被納入其中。他們開始買單。

調解員重複同樣的流程，一次又一次地修改草稿，與雙方討論。在這漫長的一週，他們共生出 23 份不同的草稿。

當大家的耐性開始被消磨殆盡，雙方抱怨他們像是犯人被關在這裡時，卡特總統將最終草稿各自交給沙達特總統及貝京總理，並對他們說：

「我知道這不完全是你們想要的，但這是我們能做到最好的結果。在這個階段，我要請你決定什麼對你是最好的。」

現在，相較於傳統談判中討價還價的過程，對立的兩方面前是一個更簡單且吸引人的決定。他們不必在不知道整個

談判會如何結尾的情況下，一開始就做出許多痛苦的讓步，他們只需要在最後能看到確切能得到什麼的狀況下，做出一個決定就好。

沙達特總統可以看到，他能為埃及拿回整座西奈半島。

貝京總理可以看到，他能獲得史無前例的和平。

兩位領導人各自表示同意，卡特和他的同事都欣喜若狂，大家準備好回到華盛頓，在白宮進行正式簽署儀式。

然後，就像在艱困衝突中常常會發生的，事件總是在最後一刻爆發。黃金橋搭好了，但雙方對於要真的踏上去卻感到很緊張。

貝京因為卡特承諾要給沙達特的另一封提案信件而大為光火。在那封信上，卡特重新確認美國一直以來對於耶路撒冷狀況都保持中立，而這正是以色列的痛處。貝京中斷談判，命令他的代表團撤出。

卡特感到非常失望，他走到貝京的房間要向他道別。他帶著貝京、沙達特和他自己三位領導人的合照，照片上有他的簽名。那週稍早，貝京要求要給他八個孫子女一人一張合照。卡特在每張照片上都簽了名，但他寫的不是平常慣用的「祝好」，而是「愛你」，並加上每位孫子女的名字。他特別留意，因為他知道這些孫子女對貝京來說非常重要。

「總理先生，我帶了你要的照片。」[5]

「總統先生，謝謝。」

貝京冷靜地看著卡特，但當他低頭看到最上面一張照片

上寫著：「給阿伊雷特」，他整個人僵住。

他又看了下一張：「給奧斯納特」，他的嘴唇顫抖，雙眼滿是淚水。他大聲唸出八個名字：「歐里特」、「梅拉夫」、「米迦爾」，接著哭出聲來。

卡特開口，聲音哽噎。

「我希望我能說『這是你們的祖父和我一起為中東帶來和平的那一刻。』」

兩人開始對話，這次以全新的聲調說話。貝京很安靜，甚至有點友善，但對於他的決定仍非常堅決。他請卡特撤掉那封信，卡特溫和但堅定地解釋，他寧願讓談判失敗，也不能打破他對沙達特做出的私人承諾。

但就在卡特準備要離開的時候，他平靜地對貝京提到，他重寫了那封信，引述美方立場「一如哥德堡大使於 1967 年 7 月 14 日在聯合國大會所述」。[6] 他拿掉立場到底為何的內容，並請貝京以開放的心態再讀一次。

卡特帶著沉重心情，一邊思索一邊走回他的房間，他遇到沙達特並告訴他壞消息。幾個小時之內，全世界都會知道大衛營的談判失敗，也非常有可能再度爆發新的戰爭。然後電話響了，是貝京打來的。

「我接受你草擬的那份關於耶路撒冷的信。」[7]

幾年後，吉米．卡特親自告訴我這個故事，我至今仍印象深刻，當時我陪同他進行一項任務，要阻止蘇丹和衣索比亞的內戰。我深受感動，並因此真正感覺到就算在如此複

雜、高層級的談判中，也能將一切化為人類試圖處理彼此感受，看見彼此的人性光輝。

歷史性的大衛營協議於是簽訂，全世界都感到非常驚訝。

當然，這只是一切的開始。要解決以巴衝突，路還漫長。協議中未能處理巴勒斯坦人的合法性需求問題。幾年後，沙達特遭到槍擊暗殺。但在接下來超過 40 年中，該區域經歷了革命、政變和數場戰爭，而那 13 天所鞏固住的和平仍得以延續。儘管困難重重，大衛營的談判成功將破壞性衝突轉化為和平共存。

衝突沒有結束，但戰爭終止了，而一切都因此變得不同。

在我投入衝突調解這個畢生工作的一開始，大衛營戲劇化的故事便深深影響了我。這項協議非常清楚地展現，就算在最不可能化解的衝突中，都能產生轉化性的結果，也因此讓我確信我們人類的潛能，讓我自此投身成為一位務實的可能主義者。

搭建黃金橋

我六歲的時候，和家人一起從歐洲搭船到舊金山度假。當時船從金門大橋下開過時，我們的船就在高聳的橋塔、巨

大的墩距和纜繩間開過，我印象極其深刻。我們搬進城市另一端距離金門大橋不遠的一間房子裡。小時候，我搭車經過金門大橋無數次，有時有會走路或騎腳踏車經過這座大橋。我慢慢愛上這座橋，它也是我在工作時常常會在心中浮現的影像。

在試著讓敵對雙方達成協議、建立關係的過程中，搭建一座橋可能是最常使用的譬喻。比如埃及和以色列這類棘手的衝突中，雙方之間有一道巨大鴻溝，充滿著不滿、不信任、未能滿足的需求和不安全感。我們要怎麼才能在這樣的鴻溝間搭建一座橋呢？

在衝突中，我們傾向爭取自己的立場。畢竟，我們的立場對我們來說看起來完全合理。但當我們奮力爭取時，另一方通常會如何？想當然，對方會回擊。我們最終陷入僵局，就像大衛營的頭三天一樣。

我們要如何脫離這樣的陷阱？根據我長期觀察，成功的調解員會做完全相反的事：與其推進壓迫，不如「吸引」。與其讓情況變得更不利對方，把情況變得更容易，盡可能更吸引對方，讓他們同意你希望他們也能認同的決定。

在 2,500 年前寫下的經典兵法著作《孫子兵法》中，中國的將軍及哲學家孫子強調了為敵人留下活路的重要性。[8] 這句話通常被翻譯成「為敵人搭建一座能撤退的黃金橋。」在我幾十年前寫下的著作《一開口，任何人都說好》中，我重新調整這項原則，變成搭建能讓另一方往前邁進的黃金橋。自

此，我一直在教導這項原則。

一座黃金橋能歡迎衝突中的雙方跨越衝突的深淵。

在現今看似難解的衝突中，我相信大衛營的故事為我們帶來了很重要的一課。雖然情境不同，但相似度卻很高。現在就像當時一樣，人們被恐懼、憤怒、驕傲所蒙蔽。許多方都陷入僵硬的意識形態立場，貝京當時宣稱寧願沒有右眼與右手，也不願意改變其立場，現在有許多人都像貝京一樣拒絕退讓。除了訴諸毀滅性的爭鬥，似乎沒有其他方法了。

面對如此挑戰，目光很容易就變得狹隘。但在轉化艱困衝突時，我學到要大膽無畏。如果我們錯失目標，不是因為我們瞄準得太高，而是我們瞄準得太低。我們必須更努力做得更好。我們不僅需要搭建一道橋樑，還必須是一座黃金橋。

如果我們想成功，就必須釋放各方之間的全部潛力。黃金橋不只是個妥協罷了。在大衛營，一個妥協的美方提案，可能會加深最初以色列與埃及之間立場的歧異，導致雙方都很不滿。黃金橋是滿足所有各方重要需求的整合結果，因為各方都感到滿意，協議將能長長久久，會比一份在脆弱妥協下訂出的協議更好。

聽起來也許很奇怪，但我的經驗告訴我，黃金橋通常會比一般的橋樑來得容易搭建，也穩固。

黃金橋超越經典的雙贏協議，目標是要轉變關係。大衛營協議不只是要解決一個長期爭端的協議而已；這份協議為

埃及和以色列的關係帶來驚人的轉變。敵對的兩方並沒有因此成為緊密的朋友，完全沒有，但他們不再是不共戴天的敵人了。他們成為和平的鄰居，一同合作確保共同的安全。

如果我們的目標更為大膽，做法也必須同樣大膽。這就來到本書的重點：當我回想小時候經過金門大橋下方時，我一直記得兩座聳立的塔橋在寬闊的入海口兩側支撐著橋樑。同樣的，一座黃金橋需要有兩個重要的支撐：包廂和第三方，需要有這三個結構性元素，連結雙方通常存在的巨大鴻溝。

在埃及與以色列和談的故事中，包廂指的是大自然圍繞的休假地大衛營，是我們可以想像距離中東最遠的地方。會選擇這個地點是受到羅莎琳·卡特啟發。[9]一個月前，她和丈夫獨自在大衛營享受了一個放鬆的週末。她和丈夫同樣都希望中東能夠和平，她也了解丈夫的挫敗感，因此她向丈夫提議再試一次。她建議說不定像是大衛營這樣簡樸的鄉間，遠離世俗的鎂光燈，能提供一個適當的氛圍，讓雙方都能有所突破。她是對的。

和包廂一樣的另一個元素是第三方。如果沒有像吉米·卡特這樣一個充滿決心、經驗老道又具有影響力的第三方，沙達特和貝京這兩位領導人應該幾乎不可能達成協議。

對於如何在巨大的深淵間搭建黃金橋，我學到矛盾的一課：如果想要讓事情變得簡單一點，就從讓事情變得困難一點開始。預定一個大膽的結果，採取同樣大膽的方法，我

們通常可以達成比原先以為可能做到的還要了不起的事情。不要只是建造橋樑，搭建黃金橋，用包廂和第三方支撐這座橋。這三者共同合作，才能讓看似不可能的目標變得可能。

釋放其中的潛力

我們藉由使用三種自然力量來搭建黃金橋，每項能力都是人類內在既有，是我們早就知道如何運用，只是需要再進一步發展與增強的能力。

第一股力量是用心傾聽：聆聽並了解另一方真正想要什麼，先放下你的主觀想法，以他們的想法出發，開始對話。試著了解他們的需求。在大衛營，卡特和他的團隊仔細傾聽了 13 天，了解雙方對於主權與安全的更深一層需求。傾聽代表尊重及建立信任感。

第二股是創造的力量，為了共同利益創造選項。一旦你了解另一方的看法和需求，就能開始設計有創意的方法，消除彼此的差距。在大衛營，卡特和他的團隊發展出有創意且讓雙方都滿意的西奈半島非軍事化解決方案。

第三股力量是吸引，讓另一方更容易表示同意。創造好的選項通常不足以說服別人，過程中往往會有阻礙。在大衛營，雙方遇到了一個艱困的僵局，已經準備要離開。卡特採用單一文本程序來化解僵局，將做決定的過程簡化，增加雙

方買單的機會。

　　這三股力量有邏輯的先後排序。傾聽的重點是「人」，能因此產生有利於創造選項的心理氛圍，能將重點放在「問題」上。吸引則讓雙方更容易接受選項，其重點在「過程」。我們啟動了一股力量，就能持續使用這股力量，接著我們持續視需求去傾聽、創造、吸引。

　　這三股力量結合起來，能將沒有彈性的對立立場轉變成有創意的可能性。三股力量同時運用，能幫助我們搭建黃金橋，釋放各方彼此間的全部潛力。

　　這座橋是通往可能之路的勝利第二階。

第 6 章

傾聽

換位思考

如果我們能閱讀敵人的祕密歷史，我們會發現彼此生命中的傷痛與苦難，足以讓所有的敵意都因此化解。[1]

—— 亨利・華滋沃斯・朗費羅

（Henry Wadsworth Longfellow）

「太糟了，實在太糟了！」丹尼斯・羅德曼（Dennis Rodman）在電話中對我咆哮。

「我想問你有關金正恩的事，」我對他說，「你似乎是唯一一位認識他的美國人。」

「你到底想要什麼？」

「我真的非常擔心北韓的狀況，我相信你的洞見能幫助避免災難性的戰爭爆發。」

「我會處理好的。」

他聽起來很惱怒，接著把電話掛了。

我嘆了一口氣。這是很漫長的一天，我開始覺得自己在做一件徒勞無功的爛差事。羅德曼的一個朋友安排我跟羅德曼在他自己位於洛杉磯的家裡吃晚餐，要介紹我們認識。羅德曼當時在他家作客，我搭飛機抵達，要去赴約一起吃晚餐，但羅德曼卻沒有出現，所以才有那通電話。

那是 2017 年 5 月，一如我先前提到的，美國和北韓正激烈交鋒。北韓領袖金正恩正在測試射程能到達美國的核子飛彈 [2]，川普總統則決心要阻止他。沒有人知道這場危機會如何落幕，大家都避之不談的問題是：誰會退讓？專家預測爆發戰爭的機會高達五成。

大家都知道川普是怎樣的一個人，但對金正恩的了解卻近乎零，他在美國媒體的報導下，被描繪成一個「不理性」、「無情」、「偏執」的形象。幾週前我在網路上搜尋，想尋找一些線索，結果發現一個令人興奮的資訊，有一個人認識金正恩：退役籃球球員丹尼斯·羅德曼。

1990 年代中期，羅德曼是世界冠軍隊伍芝加哥公牛隊的明星球員，他曾到北韓四次，和金正恩結下看似不可能的友誼，原來金正恩是忠實籃球迷，小時候最喜歡的就是公牛隊。[3] 雖然在媒體上遭到大肆批評及嘲諷，羅德曼仍捍衛他和金正恩的關係。

金正恩的目的是什麼？我猜想著。他到底想要什麼？到

底要怎樣才能讓他停止現在極度危險的行為？我想說如果有機會和羅德曼見到面，聽聽他和金正恩的故事，說不定就能一窺金正恩的想法，找到如何化解核子危機的線索。

搭建跨越深淵的黃金橋第一步，是傾聽。

傾聽的勇氣

傾聽是人類關係中最基本的行為，我們提到談判時，想的都是對話。我們說到一名有效的談判員，往往想到的都是很會說話、總在說服他人的人。但就我的經驗而言，有效談判不只是傾聽和談話。有效的談判員是具說服力的傾聽者，他們聽的比說的多。

如果我要選一項搭建黃金橋的重要人類能力，那會是「同理」，這項能力能讓我們暫時放下立場，換位思考。傾聽、同理，並且了解另一方，了解他們的渴望、需求、夢想及恐懼。他們眼中的世界長什麼樣子？用他們的身分生活感覺怎麼樣？如果我們要過他們的生活，我們會如何行事與反應？當然，我們可能永遠都無法徹底理解他們，但如果我們簡單使用與生俱來的同理心，會發現這個練習的效果非常強大，不管練習過多少次，我每次都還是會感到驚喜。

同理通常會和同情混淆，但這兩者並不相同。同情的意思是「對他人產生憐憫的情緒」，是為他人的困境感到遺憾，

但不一定真的能理解。相反的，同理的意思是「感同身受」，指的是了解身在那個處境下，是何感受。

如果在對立情況中，感覺要做到同理太難，你可以選擇將其想成是「策略性同理」，了解他人，讓你能進一步達成你的利益。

在現今分化的世界中，傾聽可能是我們最不願做的事情。這代表要傾聽我們可能不喜歡的人，傾聽我們不想要聽到的事。這需要耐性和自制力，控制我們自然的反應。

和你站在同一邊的其他人可能會批評你去傾聽另一方。

「我們為什麼要傾聽他們的話？」你可能會聽到這樣的說法，「他們又不會傾聽我們！」

但如果我們不傾聽他們，又怎能期待對方會傾聽我們？必須有人先開始做起。

傾聽可能不容易做到，但在我的經驗中，傾聽能讓一切都變得不同。我們試著要改變其他人的想法，但如果我們不知道他們的處境，又怎能有辦法改變他們的想法跟心意呢？就算你認為對方是你不共戴天的敵人，記得戰爭中的第一條法則就是要認識你的敵人。

曼德拉在獄中時，他首先研讀的科目就是南非荷蘭語，他的敵人的語言。[4] 他在獄中的戰友對此感到非常意外，甚至震驚，但他非常認真地學習這種語言，也鼓勵其他人照樣做。

他接著讀阿非利卡人的歷史，以及波耳戰爭對他們造成

的創痛，當時有數千名兒童、婦女、長者被關在英國的集中營裡。在這過程中，他對阿非利卡人追求獨立的精神、對宗教的奉獻、戰鬥的勇氣產生了深深的尊敬之情。後來他要說服政敵同意終結殘酷又不公平的種族隔離制度時，這樣的理解幫上了大忙。

我們現在需要的，正是曼德拉展現出來的傾聽的勇氣。如他所展示，傾聽具有改變心意和想法的強大力量。如果我們要轉化威脅到家庭、職場、社群和世界的破壞性衝突，沒有比這個更重要的練習了。

傾聽是打開人類關係大門的黃金鑰匙，我們隨時都能使用。但在日常生活中，我們往往會忘記要使用這個珍貴的能力。我記得之前我在工作時會練習傾聽，但回到家，有時卻會聽到女兒對我說：「爸爸，你沒有在聽我說話！」，這讓我倍感羞愧。這是非常珍貴的提醒，告訴我傾聽是一輩子的練習。

傾聽是我在和丹尼斯・羅德曼見面時打算做的事。透過傾聽他，我希望能傾聽到金正恩的想法。

傾聽他們的夢想

要找到羅德曼並不容易。當我知道他是唯一認識金正恩的美國人時，我問了身邊的朋友，想知道有沒有人有想法。

有一位朋友認識的人，曾見過芝加哥公牛隊前教練菲爾‧傑克森（Phil Jackson），但嘗試未果。

　　有一天，我在山裡走路時，突然想起來住在芝加哥 90 歲的舅舅伯特和公牛隊曾經有商業往來。我打給伯特，他建議我跟表姐凱倫聊聊，結果發現凱倫曾經在派對上見過羅德曼的朋友，對方是住在洛杉磯的硬幣收藏家德懷特（Dwight）。在凱倫的介紹下，我打給德懷特，向他解釋我的請求以及情況的急迫性，他慷慨同意協助：

　　「丹尼斯有時候會來洛杉磯，都待在我家。他下個月會來，你要不要過來跟我們一起吃晚餐？」

　　我立刻同意，並安排在那天晚上飛到洛杉磯。

　　德懷特的家是座落在山丘上一幢有鐵柵欄、好萊塢風格的豪宅，我抵達時，親切的管家布蘭卡領我入內。德懷特和丹尼斯都不在。德懷特從默片時代開始收藏的電影海報佔據了幾乎所有的椅子和沙發，已經沒有什麼位子可以坐。巨大的電視螢幕上大聲播放著福斯電視台的新聞。

　　德懷特半個小時後帶著披薩出現。

　　「丹尼斯不在嗎？嗯，他人不是那麼可靠。他會去酒吧，通常很晚才會回來。」德懷特打給羅德曼，提醒他家裡有訪客。

　　「他說不定會回來，我們再等看看，」德懷特帶著不確定的語氣說道，接著就消失了。過一會兒，布蘭卡對我說：

　　「你要不要吃點披薩？」「沒關係。我等德懷特。」「喔，

他比較喜歡自己在樓上吃。」「喔。」

過一會兒，布蘭卡決定打電話給丹尼斯，提醒他有訪客在等他。她讓我在電話上等，那就是我跟他說話，然後他又掛我電話的那次。

我開始覺得自己陷入死胡同。我在想是否要回機場旅館，搭早班飛機回家，然後德懷特突然出現。我簡要地告訴他，我和羅德曼在電話上的對話，或沒有進行到的對話。他說道：

「嗯，你要不要今晚待在這裡？我可以讓你待在他樓上的房間。有時候他會在凌晨三點或四點回來，說不定你可以堵到他，跟他講到話？」

這聽起來不太可行，但我面臨的賭注很高。我嘆了口氣，接受德懷特的好心提議，打給旅館並取消班機，同時也取消回家隔天的約會。

我睡不著覺。我一直想聽羅德曼是不是回家了，但什麼也沒聽到。最後我睡著了，大約六點醒來時，聽到車子開走的聲音。

「可惡，我錯過了。」

但我進到主屋時，布蘭卡跟我說：

「剛剛那是德懷特離開的聲音。你運氣很好，丹尼斯昨晚一定有回來，因為他的車在這兒。問題是，他通常會睡兩到三天。」

正當我一面消化這個訊息，她看到我臉上失望的表情，

於是問道：

「你想要我把他叫醒嗎？」

我遲疑一下，想起前一晚不愉快的對話，但又提醒自己這整件事情的嚴重性。

「應該叫他一下。好的，謝謝你。」

她消失幾分鐘後又回來，「他說他會出來。」

然後她便出門去看醫生，留我一個人等待。

45 分鐘後，大門被甩開。丹尼斯・羅德曼笨重地走進來，他身高 223 公分，雙手雙腿都是刺青，帶著耳環和鼻環，重複著前一晚說過的話：

「兄弟，這太糟了。」

「我知道。很抱歉這樣打擾你，但這關係重大。如果我們要避免核戰，一定要了解金正恩的想法。你似乎是唯一一個認識他的美國人，我希望能聽聽你的想法。」

羅德曼從冰箱拿出一瓶水，然後我們坐在外頭的游泳池畔。

他開始描述他第一次去北韓的經驗。他告訴我他去看一場球賽，很驚訝地發現金正恩就突然坐在他旁邊，那晚他們一起出去吃晚餐、喝酒。那是他們第一次見面變熟的方式。

「有一次金正恩帶我回家，我抱著他的寶寶，」羅德曼一邊說，語氣變得有點激動。

羅德曼答應金正恩他會回來幫金正恩慶生，帶一些籃球明星一起去。當羅德曼完成他的承諾後，金正恩對他說：

「你是唯一對我守承諾的人，你是我一輩子的朋友。」

「其他人可能都不會相信，」羅德曼說道，「但金正恩告訴我他不希望發生戰爭。他告訴我他想要和平，我相信他是認真的。」

我對於羅德曼說話時展現出的信念感到印象深刻，他繼續說道：

「金正恩有次告訴我他的夢想。他的夢想是走在第五大道上，到麥迪遜廣場花園，和我坐在場邊的座位，一起看公牛隊對上尼克隊的比賽。你相信嗎？」

這個關於金正恩夢想的小小寶貴資訊，就值得這整趟旅程了。我心中的小小警鈴作響，就像我先前提到過的巴西朋友阿比里奧，當他告訴我他的夢想是自由時，當時我心中的警鈴也作響。我微微瞥見這位誇張滑稽人物背後人性的一面，也就是一位兒時公牛隊的狂熱粉絲。我在腦中天馬行空地思考著要怎樣才能讓金正恩的夢想成真。

為什麼不去找找答案呢？由於負面可能性如此之大，我們需要尋找任何正向可能性的蛛絲馬跡。羅德曼和金正恩的對話給了我們一絲機會，說不定金正恩會願意與美國及西方交涉。如果他和川普能碰面，雖然當時看起來非常不可能，但如果假設，只是假設兩人真的能碰面，一觸即發的危機或許就能化解，避免核戰爆發。

我一邊聽著羅德曼講話，突然想到他之所以能跟金正恩發展出私人的交情，或許可能是因為他們都有同樣「世界與

我為敵」的感受。他們兩人似乎都覺得被誤解、低估、污名化，被趕之於外。他們是反叛者，他們要證明批評他們的人都是錯的。

　　而就我對川普的了解，他也具有同樣的個人特質。如同金正恩和羅德曼，他樂於證明全世界都是錯的。就心理學的角度來說，他們三人都很相似。

　　那天聽著羅德曼分享他的看法，激勵了我在接下來兩年投入處理北韓衝突的工作。幾個月後，在和白宮一位高層專家見面時，我詢問政府單位有沒有人曾經跟羅德曼談過話，他是唯一認識金正恩的美國人，答案是沒有。羅德曼被認為不是個正經的人，所以被排除掉了。但我覺得我和他的對話能洞見金正恩的心理狀態，非常有見地。

　　2017 年的夏秋之際，川普和金正恩猛烈攻擊彼此。川普說金正恩是「小小火箭人」，以「全世界都未曾見過的怒火」威脅北韓。[5] 金正恩回擊說：「我一定會用一把火讓那個精神異常的美國老糊塗安靜下來。」[6] 但出乎大家意料之外（說不定只有羅德曼例外），一年後，敵對的兩人在新加坡首次歷史性會面後成為朋友。

　　兩位領導人在舉辦的三場高峰會後並沒有簽署和平協議，但他們的確改變了這場衝突中的心理狀態。[7]

　　雖然衝突尚未化解，還差得遠，但衝突卻被轉化了。專家認為，核戰的風險從原來的五成大幅降低至不到百分之一。我發現自己晚上睡得更安穩了。

　　我和丹尼斯・羅德曼的經驗提醒我，在試著了解另一方
的需求和夢想時，要堅持到底。誰能預見川普及金正恩後來
發展出超乎人們想像的友誼？川普提到新朋友金正恩給他的
「情書」時，被譏笑了。[8] 但幸虧有和羅德曼聊過，對我來
說，這樣的發展就特定心理層面而言是合理的。

　　這種傾聽有點像是偵探工作。我們試著觸及到故事的最
深層處，一直深掘和傾聽，直到挖到寶：挖到他們的夢想及
恐懼，這就是你如何能開始搭建黃金橋的方法。

傾聽是為了連結

　　在衝突中，我們自然會從我們的想法是什麼、我們的立
場、我們覺得什麼是對的開始進行。仔細傾聽代表要拋開我
們的想法，從他們的想法是什麼開始進行對話。這代表要從
他們的參考框架開始傾聽，而不是我們的框架。

　　在仔細傾聽時，我們不只是要聽對方說了什麼話，還要
聽出對方沒說出的話。我們不只傾聽說出的話語，而是要聽
到言外之意。我們聽另一方的感受和看法，我們聽他們的渴
望與需求、恐懼與夢想。我們是真的對他們感到好奇，我們
傾聽，是為了與對方連結。

　　我學到用傾聽去連結這個道理，說不定最深刻的一次就
是第一次見到委內瑞拉總統查維茲那一次，那發生在我先前

提到狂暴的午夜會面的八個月前。

當時是 2003 年 3 月。在委內瑞拉，大家都很怕會爆發內戰。前總統吉米・卡特曾請我去見查維茲，探索如何能避免暴動發生。我很焦慮，深怕搞砸影響該國領導人的寶貴機會。我告訴自己我可能只有一個機會，很可能只會有幾分鐘的時間跟他講到話。我能給他最好的建議是什麼？我開始努力思考，開始演練我要說的話。

會面的一週前，我去拜訪位於巴西的家人，在雨林中，我聽到有人在唱一首古老的歌，其中一句歌詞如閃電般擊中我：

「不要給那些不想聽的人建議。」

我越是深思這句簡短的原住民智慧，越有共鳴：對方要聽的時候才給建議。我把所有想討論的議程都擱下，直接進入會議準備好傾聽對方。人要在當下，並傾聽查維茲的想法和心情。傾聽可能只會在當下出現的可能性，同時接受可能會失去傳達我準備好想法的機會。

擱下我的議程，不代表不用準備。恰恰相反。為了要在當下專注尋找所有的可能性，我需要對這個人進行研究。我閱讀關於查維茲的資料，深入研究他的演講，試著了解他的生命故事，傾聽他的動力及夢想。盡可能了解查維茲，能幫助我能更靠近他的想法。

會面的那個早上，我花了點時間坐在我待的賓客招待所前的花園裡。美麗的大自然幫助我將焦慮且快速運轉的頭腦

冷靜下來。

　　一小時之後，我搭乘的計程車抵達總統府前的柵欄，示威者擋住去路，用力敲著汽車車蓋。我被嚇到了，群眾憤怒與恐懼的情緒高漲，但計程車最終還是通過了人群。

　　我和來自卡特中心的朋友兼同事法蘭西斯科‧迪亞茲一進到總統府內，就看到走廊上排成很長一條隊伍的訴願者，他們都是想要見總統的公民。感覺我們的會面也可能是簡短的禮貌性拜訪，還沒開始就結束了。法蘭西斯科和我等待的同時，我又花了點時間停頓一下，清空我的思緒。我想要準備好盡可能仔細傾聽並全神貫注，以便遇到那個寶貴的時刻。

　　等了一小時左右，法蘭西斯科和我被引進一個巨大且裝飾華美的會客廳，這是總統招待訪客的地方。他以一個大大的微笑歡迎我們，扎實地和我們握了手，並請我們坐到他旁邊的沙發椅上，一臉期待地看著我。

　　「卡特總統請我向您問好，」我說。

　　「謝謝。也請代我向他問好。」

　　「會的，我的榮幸。」

　　我停下來，看著他：「我知道我們都有五歲的女兒。」

　　「啊，對，羅西納。」他笑著說出女兒的名字，「那你的女兒呢？」

　　「蓋比耶拉，我們都叫她蓋比。這個年紀真的很可愛。」「沒錯，」他同意附和道。

「非常可愛。」

「我進來的時候，」我繼續說，「我看到許多幅西蒙·玻利瓦（Simón Bolívar）的畫像。我在讀一本關於他的傳記，寫得很棒。真的是一位很有遠見及膽試的領導者！」

查維茲整個人亮了起來。從我閱讀關於查維茲的資料中知道，這位在十九世紀將拉丁美洲從西班牙殖民解放的偉人是查維茲的偶像，他常常以極度景仰之情提到這位領導者。我覺得查維茲的夢想是成為一位現代的玻利瓦。「我最喜歡的一幅他的畫像就在這裡，」他激動地說，一邊指著一幅巨大的玻利瓦畫像，就俯視著我們。

「你知道為什麼我在這裡嗎？」他問道，「1992年時我還是上校，我接到指令要鎮壓抗議食物價格上漲的抗議民眾。玻利瓦曾警告說：『永遠不要對你的人民開火。』所以我組織了一場起義行動，最終被關進牢裡。後來我因為民眾要求而被釋放，我開始競選總統。」

查維茲接著告訴我他的軍旅生活，他在軍營裡因為讀經濟、政治的書籍受到指責，還談到在獄中的日子，以及參選總統的政治活動。差不多一小時就這樣過去了。

當他講完故事後，他轉向我，好奇地問我：

「那尤瑞教授，你對我們委內瑞拉的衝突看法如何？」

這是換我上場的信號。只有被問到時，我才會提供建議。

「總統先生，我在許多內戰中擔任第三方的工作。一旦

血戰開始，要停止將非常困難。我相信你身為這個國家的領袖，你有一個絕佳的機會。說不定只有你能在這場內戰還沒爆發前就阻止戰爭發生。」

「我要怎麼做？」他問道。

「要不要開始和反對派對話？」我建議道。

「跟他們說話嗎？」

他的臉漲紅，眼睛明顯閃爍著憤怒，聲音開始變得尖銳又大聲。

「他們是叛徒，嘗試要軍變，不到一年前就在這個房間想殺死我！」

他指著房間角落裡那個之前他被扣留住的地方。我停了一下，深呼吸，不知道要如何回應。我沒有試著說服他，只是回想他說過的話。

「我完全理解。既然完全無法信任他們，那跟他們對話又有什麼用？」

「沒錯！」他回道。

然後我腦中開始浮現一個想法。

「既然你一點也不相信他們，讓我問你：他們現在有可能採取什麼行動，能作為一種可靠的信號，讓你知道他們是真的準備好要改變了？」

「信號？」他問道，並停下來思考這個意料之外的問題。

「沒錯。」我點點頭。

「嗯，首先，他們可以停止他們的電視台叫我猴子。」

他發出了不滿的笑聲，說出猴子一詞時臉上痛苦地扭曲在一起。顯然，他將之視為是針對他一半原住民血統的種族歧視批評。

我耳朵豎直，觀察到不管在哪兒，被羞辱的感覺都會大幅增加衝突升高至暴力行為的機會。

「這完全令人無法接受，」我說，「當然一定要停止。他們還可以傳達什麼其他的信號嗎？」

「嗯，他們可以停止讓穿著制服的將軍上電視，號召要推翻政府。這是叛國罪！」

查維茲開始喜歡上這個關於信號的想法。我們的對話快要結束之際，他指派就坐在另一邊的內政部長和法蘭西斯科及我一起發展出一份各方都能採取實際行動的清單，藉此建立信賴，並化解危機。他請我隔天回去報告進度。

一扇可能之窗意外地開啟了。

我向總統道別時，看了一下手錶。兩個半小時過去了。我相信如果照我最初想法，會面一開始就提出我的建議，他應該聽一下就會結束這場會面。相反的，因為我傾聽並與他連結，這場會面很有成效，也開啟了後續的諸多會面。一段關係開始建立，賭注成功了。

卡特總統後來打電話給我說，查維茲告訴他非常享受我們的會面。卡特感覺很驚訝，我也是。畢竟我是「洋基」（yanqui，美國人之意），眾所周知查維茲對於美國人諸多猜

疑。我只是一個沒有任何權力的學者，而他卻是有權有勢的政治領袖。這樣的連結很難得。

我因此學到很重要的一課。在我們要碰面之前，我犯下一個非常常見的錯誤，我把重點都放在要對他說什麼，而不是應該如何傾聽他。這是我們在衝突時很常陷入的陷阱，尤其是在現在的時局。

那首巴西歌曲的智慧提醒我，給那些不想要聽的人建議只是徒勞無功。這不代表要被動，相反的，這代表我必須努力準備，讓另一方想要聽取我的建議。

如果我希望查維茲能聽我說，我自然必須從傾聽他開始。

這個經驗教會我要冒風險，擱下自己準備好的議程，就算再難也要放下，而這次的經驗令我最印象深刻。我了解到，只有做到這樣才能期待能有所突破。

放下成見

要了解另一方最大的阻礙就是我們的成見。在衝突情境中，我們覺得受到威脅，自然會進入防禦模式。我們的思考變得狹隘，很容易就陷入刻板印象。我們會評判對方。

要換位思考，需要暫時停止評斷對方，放下我們的成見。就算身為一位資深調解員，我發現自己還是必須一再重

新學習這一課。

2012 年，我開始與同事大衛・萊施（David Lesch）一起進行調解敘利亞內戰的工作，萊施是一位著名的美國歷史學家，專門研究中東政治。他寫了一本關於敘利亞總統巴夏爾・阿薩德（Bashar al-Assad）的傳記，極具洞見。戰爭爆發一年，大衛向我嘆道，對戰雙方之間完全沒有進行對話。他們幾乎不了解另一方怎麼看待情勢，也不知道對方到底想要什麼。大衛試著安排一場非正式的保密對話，但恐懼、猜疑、敵意阻礙了一切。

所以我向他提議做非直接傾聽的練習。他和我以及其他同事將傾聽這場衝突中各方見識豐富且人脈很廣的領導者。我們會問他們全部的人一樣的問題，大約十幾個問題：衝突為什麼爆發？他們的擔憂和恐懼是什麼？他們對未來的夢想和渴望是什麼？我們將彙整所有的答案，然後分享給那些受訪的領導者。這個練習不會取代各方之間直接的對話，但我們希望能藉此提升彼此的了解，並作為未來談判的序幕。

為了進行這個練習，2012 年聖誕節前一週，大衛、他的同事和我相聚在土耳其城市加濟安泰普郊外，距離敘利亞邊境幾英里處。[9] 戰爭正如火如荼，數千人在戰事中喪命，數百萬難民朝四面八方逃去。

我們安排要訪問十幾位敘利亞反叛軍指揮官，以及反對派的政治領袖。他們會暫時離開戰場受訪，之後再回到人間煉獄中。氣氛沉重，每天都有許多人喪命。我們訪問的一位

反叛軍指揮官才在戰鬥中失去太太和子女。我一邊聽著血腥暴力的事件，心情感到沉重，胃在翻攪。

最後一天，我們的受訪對象年紀差不多快三十歲，是一位體型魁梧、蓄鬍的年輕男子。這位指揮官麾下管理超過三千人，是一位薩拉菲聖戰士。

我感覺到內心的刻板印象浮現，我想起911恐攻事件的悲劇與創傷。我看著他，決定偏離標準的問題，嘗試以更為私人的方式，挖掘表層底下的事實：

「你在戰前做什麼工作？」

「我在大學讀書。」「哦，你當時在讀什麼？」

「詩歌。」

「詩歌？」我很驚訝。

「我當時正修讀詩歌，我來自詩人家庭，說實話，我還曾經贏得全國詩歌競賽第一名。」

他以半吟唱的方式，用古典阿拉伯語吟誦幾行詩給我聽，詩聽起來很美，我很受感動。

「那你為何會成為戰士？」

「我十六歲時，曾寫了一首詩，暗指這裡的政治形勢，當局發現後，抓我去審問，在監獄裡我遭受刑求。」

「刑求？」我複述道，感到震驚。

「對。我被刑求三次。去年革命爆發時，情勢還很平靜。但當安全部隊開火，我看到我的朋友和同行示威者就在我眼前被屠殺。我別無選擇，只能加入反叛軍。」

我內心不禁本能地同理他的處境。

「我理解，可以的話，我想請教你另一個問題，我很好奇你有自己的夢想嗎？戰爭結束後，你想要做什麼？」

「嗯，我不太可能活下來。但如果能夠存活，我之前在埃及遇過一位年輕女性，我想迎娶她共組家庭。這就是我的夢想。」

他回答時眼睛閃爍著光芒。我們接著談到他的恐懼和希望：

「你想到國家的未來時，最擔心什麼？」

我想像他會講到國內外的政敵，但他卻說：

「我最擔心的是極端分子。」

我嚇了一跳！因為我在心裡就把他歸類為極端分子。「為什麼？」我問道。

「我當然偏好採用伊斯蘭教法，但我不認同以武力強制執行，我擔心那些和我們一起奮戰，但卻想用武力強制執行的人。那樣做會分裂我們的國家。」

最後我問他：

「告訴我，你有什麼個人訊息，希望我們帶回去讓西方人士知道？」

他停頓一下。

「有，當他們看到關於敘利亞的新聞時，我們在他們眼中就像是一堆數字。請他們想像他們的孩子、太太是那些數字之一，我們每一個人都是有生命、有靈魂的人。我們全都

擁有靈魂，就這樣告訴他們。」

　　我發現我一度無法言語，感到羞愧。我在對話一開始帶有的負面成見消失了。我帶著好奇及同理心聆聽他的話，因此得以拋下我的立場，換位思考。這不代表我同意他的觀點；這代表我理解他是一個人。

　　誰知道呢？如果我們像他一樣，也生在同樣痛苦的環境中，是否會走上和他一樣的道路？誰能真正曉得？

　　我們道別時，年輕指揮官說了令人動容的話：「你知道嗎，其他西方人，包括記者和外交官都來找過我們談話，但你是第一個真正傾聽的人。」

　　這對我是很重要的一課，讓我更加明白，如果我真的想要傾聽，一定要拋下個人成見。在衝突情況中要這樣做很困難，但開放的心胸、好奇的態度會有幫助。在難以想像的對話中，隨著一個接一個的提問與回答，我的理解及同理都因此加深。

　　我想起一句俗語：世界上最遙遠的距離，是心與腦的距離。這不代表要放棄我們的理性思考，而是要同時運用腦與心，開發自己全部的潛能。

傾聽是尊重

　　我有時會問處於衝突中的人以下問題：

「你可以想像過去有哪一刻，對你很重要的人沒有傾聽你說話？不被傾聽的感覺如何？」

我聽到的答案像是：

「不受尊重。」「不被看見。」「憤怒。」「變得渺小。」「不被信任。」「被排除在外。」

「現在回想過去某一刻，你覺得真正被傾聽、被聽見的感覺如何？」

大家回答：

「被重視。」「有歸屬感。」「被接納。」「受到尊重。」

就我的衝突經驗中，我很早就發現到，你能做到最便宜的讓步，對你來說成本最低但得到最多的就是傾聽，以及傾聽所給予的一點尊重。

在激烈的衝突中，尊重可能是我們最不想給予的東西。我們可能會覺得另一方的人並不值得我們的尊重。但記得，基本的人類尊重並不代表同意他們的行為，或甚至喜歡他們。

我這裡說的尊重，不是需要用好的行為**贏得**的尊重。每個人都純粹因為身為人類而值得這樣的尊重。就算是極端情況中的敵軍，往往都能展現出這種基本的人類尊重。

給予尊重不是因為脆弱或覺得沒有安全感，而是力量與自信的展現。尊重另一方來自你對於自己的尊重。你尊重對方，不是為了他們，而是為了自己。

尊重，簡單來說是對於另一個人作為人類的價值，給予

正向關注。英文「respect」來自拉丁字根「re」，意思是「再次」（比如 re-do，再做一次），「spectare」的意思是「看」。意思就是「再看一次」，注意那令人發怒的行為背後的人類。

　　尊重代表給予對方你也希望能獲得的有尊嚴的對待，尊嚴是每個人類與生俱來的權利，當我們尊重他人，我們就是在實踐內在同樣的人性。因此，尊嚴是不可分割的一部分。

　　有一次，委內瑞拉衝突正激烈時，我協助主持一場會議，安德烈斯・貝尤天主教大學的校長路易斯・烏加爾德（Luis Ugalde）神父介入並說了清楚且有力的一段話：

　　「先弄清楚三件事情。第一、其他人存在。第二、其他人有其利益。第三、其他人有力量。」[10]

　　他的介入切中要點，因為對其他人毫無尊重是衝突無法有所轉化進展的主要障礙。在現今面臨分化衝突的我們，校長說的這三點是很好的提醒。

　　最簡單展現基本人類尊重的方式就是傾聽。

從傾聽自己開始

　　傾聽往往不容易。

　　在激烈衝突中，我們的腦袋中往往會出現像是恐懼與憤怒的想法和情緒。沒有太多心理及情緒空間能去傾聽並了解另一方在說什麼。面對攻擊及威脅時，我們會自然反應，開

始捍衛自己並責怪另一方。就算想要傾聽也可能沒有辦法。

　　我發現好好傾聽另一方的祕訣，是從傾聽自己開始，從走上包廂開始。如果我不能找到一個方式暫停，並讓自己準備好，又怎能找到傾聽的能力？如果我不聚焦到我真正想要的事物上，又怎能聚焦去傾聽他們真正想要的是什麼？如果我不能拉遠看到全局，我又有什麼動機去傾聽？走上包廂是搭建黃金橋的前提。

　　人生就是這樣，我剛開始寫這章時，我的女兒蓋比和我之間出現了嚴重的歧異。最急迫的問題就是之前答應她的一趟旅行，因為新冠肺炎疫情而延後了好幾次。當終於訂下行程後，我發現我不能同行，並試著和女兒解釋原因。但對我來說合情合理的理由，對她來說卻是說話不算話，她覺得非常受傷，完全不跟我說話了。

　　我也覺得很受傷，感覺心中好像有個洞。她住得離我很遠，所以我寫了好幾次信向她道歉，試著修補父女關係，但對她來說並不夠。我得到的專業建議是給她一點時間，但隨著時間過去，我感覺到父女間的情感距離，卻越來越遠。我非常傷心，覺得困住了。

　　回顧這段痛苦的往事，我現在知道自己沒有真正傾聽蓋比說的話，沒有聽到她的感受和想法。我以為我有傾聽，但現在我知道我是用腦袋聽，而不是用心傾聽。我當時在保護自己的感受，而不是仔細傾聽她的感受。

　　在我能傾聽自己的女兒之前，我需要先傾聽自己，發

現自己在哪部分沒有完全處於當下。我需要停下來，上到包廂去。如果我想要更懂得她的感覺，我需要更了解我自己的心理模式。與其將問題怪在她身上，我必須負起全責，我必須放下任何覺得自己是對的衝動，我必須展現更多謙卑與脆弱。

傾聽我自己能幫助我傾聽我的女兒。我以為我了解她，但當我重讀她傳給我的訊息時，才發現我當時的理解不完全，也很膚淺。我必須放下自己，從她的立場思考。就算我的觀點對我來說合理，我也必須從她的立場開始。

為了讓她能聽到我的聲音，我在傳給她的一則語音訊息中，開始仔細逐項確認她對我說過的話。我對兩人關係破裂負起全責，誠心地向她道歉，並請她原諒我。而當我這樣做的時候，她便回應了。我們隔週見了面，待在一起。我們花了一整天，就只有我們倆，彼此傾聽，回答對方的所有問題。我們的關係開始改善。

這個經驗讓我變得謙遜，我從中學到很重要的一課。這次的經驗再次告訴我，要好好傾聽非常不容易。不管那些跟戰爭和政治鬥爭相關的工作多困難，我發現最困難的衝突都是家族內部的衝突。傾聽並因此修補與你愛的人之間的裂痕，沒有什麼比這更令人喜悅了。

帶著開放的心胸、好奇心與同理心，予以尊重的仔細傾聽對方。傾聽的簡單力量是逃脫衝突陷阱並開啟全新創意可能性的關鍵。

第 7 章

創造

從贏者全拿到雙贏

我們永遠都不該讓自己被非此即彼的選項脅迫。往往有比這兩種選擇更好的可能性。[1]

—— 瑪麗・帕克・傅麗特（Mary Parker Follett）

「要如何說服這些已經打了五十年仗的馬克思主義游擊隊員放下武器？」

2012 年 2 月，哥倫比亞總統桑托斯（Juan Manuel Santo）找了一小群和平調解員和顧問，想展開與哥倫比亞革命軍（Revolutionary Armed Forces of Colombia, FARC）的祕密探索式談判。這是他交付這群人的嚴峻挑戰。[2]

為了幫助自己和他的談判團隊，桑托斯組成了一個特殊的國際顧問團隊。

　　喬納森・鮑威爾（Jonathan Powell）曾任英國首相布萊爾（Tony Blair）的幕僚長長達 14 年之久。喬納森曾任北愛爾蘭的主要談判員，協助將 30 年的戰爭劃下句點。

　　本－阿米（Shlomo Ben-Ami）曾任以色列外交部長，於奧斯陸和平進程中與巴勒斯坦談判，此和平進程最初看似非常有希望，可惜後來未能成功。

　　華金・比利亞洛博斯（Joaquín Villalobos）曾經擔任薩爾瓦多一個馬克思主義游擊組織馬蒂民族解放陣線黨（FMLN）的指揮官長達二十年。他曾是和平協議的主要談判員，這場談判終結了分裂國家的漫長內戰。

　　道得利・安克森（Dudley Ankerson）是英國前官員，也是拉美政治與安全事務的專家。

　　在我職涯中從來沒有跟這樣一個團隊工作過。對於像哥倫比亞內戰這樣一個「不可能的任務」，每個人都帶來不同的強項和世界級的實務經驗，能和他們一起工作，我深感榮幸與謙卑。老實說，這感覺有點像是被邀請加入漫威英雄組成的復仇者聯盟。哥倫比亞陷入這場內戰長達將近半個世紀之久，世界上似乎沒有任何衝突如此難解。

　　那裡很少人還記得活在和平時代是什麼感覺。在那 50 年的期間，有 45 萬人在戰爭中喪命，有 800 萬人受害。[3]

　　其中最大的游擊組織哥倫比亞革命軍有來自因毒品交易和綁架行動而源源不絕的資金。反抗軍和他們的領導人在 1960 年代躲到叢林裡，他們的心理狀態從那時開始就沒有什

麼改變。在接下來的 50 年中，多次談判嘗試都以失敗告終。最近一次已經是十年前，是災難性的徹底失敗，在大眾眼中，政府和總統都受到極大羞辱。[4]

自此，游擊隊被正式歸為恐怖組織。與這類組織談判感覺會徒勞無功，對於任何想要嘗試的領導人不啻於政治自殺的行為。

曾任國防部長的新任總統桑托斯卻想要挑戰這個看似不可能的任務。儘管困難，但有什麼比和平是留給這個國家更好的禮物？ 20 年前，他在哈佛待了一年，擔任羅傑‧費雪談判工作坊的教學助理。他學到談判可能帶來的創造可能性。

2011 年 6 月，我受到桑托斯總統的邀請飛到波哥大。當時規劃要辦一場會議，提出一些談判點子。我們在總統府談話的時候，我對他的投入程度印象深刻。從我在其他地方工作的經驗中，我非常了解要轉化如此複雜、根深蒂固的衝突有多困難。但他感覺願意投入他享有的政治聲望，也就是他在擔任國防部長期間建立的可信度，將這全部都押下去，為了和平賭一把。這些無謂的苦難折磨觸動了我，我也被能將戰爭終結的可能性所啟發，就算機會渺茫。他請我協助時，我立刻就答應了。

我沒想到，我在接下來七年內會飛到哥倫比亞 25 次。就我之前處理像這類棘手難解衝突的經驗中，我知道：任何能永遠維持下去的結果不能是「非此即彼」的選項。「非此即彼」代表要不是一方單方面的勝利，就是另一方單方面的勝

利。我們要找到一個雙贏的解方：如果不是一個實際上的勝利，也是一個雙方都能宣稱是一大進展的結果。這必須是所有哥倫比亞人都共享的勝利。要完成這項挑戰，我們必須發揮創造的自然力量。

創造是人性

創造是人類與生俱來的能力，每個孩子出生即有的能力。從科學、藝術到音樂，我們所有人類的成就幾乎都是因為創意的實際執行，包括個人及集體的創意。

創造代表要找出具體的選項，能滿足各方的利益。創造力能將非此即彼的困境轉變成雙贏的結果。在我教學的過程中，我會讓學員做一個簡單的挑戰：

「想像這個日常情境：某天早上，一位員工到你的辦公室要求加薪。你告訴他們你很抱歉，目前沒有預算。他們非常失望地離開你的辦公室。你開始擔心，因為這個員工做得很好，他可能會因此士氣低落，並開始找新工作。」

「挑戰如下，」我告訴學員，「我要各位想像這位員工想要加薪的可能原因，除了金錢以外的利益。如果加薪是他們的立場，背後可能的動機是什麼？」

大家開始丟出各種想法：

「認可。」

「職涯晉升。」「個人價值。」

「對於其他做同樣工作的人感到不平等。」「更多責任。」

「物價上漲。」「孩子的學費。」「照顧年邁的父母。」「結婚。」

「離婚。」

「太好了，」我這樣對學員說。「現在，我想要各位用創造力想出至少十個具體選項。加薪只是一個選項。由於沒有預算，你能給這名員工什麼其他特定的東西，或許能滿足他的一個或多個利益？」

大家丟出各式各樣的想法：

「新的職稱。」

「升職但不加薪。」「代表組織出差。」

「能照顧年邁父母的彈性工作時間。」「在家遠端工作。」

「獎項。」

「邀請他們到董事會做簡報。」「職涯規劃。」

「能見度很高的專案。」

「解釋薪資級距的公平性。」「學貸。」

「承諾明年加薪。」「問他們。」

我很驚訝發現，一旦有機會能自由腦力激盪，很容易就能生出創造力。點子向爆米花一樣，一個接著一個爆出來。每個人很快地就能想出幾個想法，但大家一起想的時候，整個團體能想出更多點子。

「剛才的練習只花了五分鐘，」我告訴學員們，「雖然大

部分的利益可能不適用，大部分選項可能不可行，但只要找到一個利益和一個選項，你就可能讓員工更滿意。只要花一點時間，或許就能得到更多回報。」

藉由深入了解人們真正所想要的，我們或許會發現，即使雙方立場截然不同，但利益或許並非如此對立。這給我們機會在瓜分大餅前，先把餅做得更大。利用創造力，大家可能都能得到更多。

這個練習簡單展示人類發揮創意解決艱難問題時，所具備的力量。我們從生活中能取用的各種了不起新科技，就能看到這些創造力的應用。問題是：我們是否能應用同樣個人和集體的創造力，轉化現今雙方皆輸的衝突？

應用集體創造力

就在我準備飛去哥倫比亞和其他國際顧問首度見面的前一天，負責和平事務的高級專員塞爾吉奧‧賈拉米洛（Sergio Jaramillo）打電話問我：

「你在引導我們的談判策略會議時，會需要什麼？」

「兩個掛紙白板和幾支馬克筆，」我回他。

和哥倫比亞革命軍的探索式談判即將開始。桑托斯總統請我們準備一個談判策略。他冒了很大的政治風險，這些對話如果被外界知道，很容易就遭到破壞，因此會議必須保

密，看看就原則上是否能達成初步的協議。國際顧問的參與也必須保密。我們在總統維安人員的安排下，迅速進出哥倫比亞，在哥倫比亞的期間也都與外界隔離。

塞爾吉奧找到了一個安靜又隱密的地方開會，這是深入熱帶叢林裡的一座別墅，距離波哥大要開四小時的山路才能抵達。總統的哥哥安立奎・桑托斯（Enrique Santos）開車帶我到別墅去。桑托斯邀請自己的哥哥加入探索式談判的代表團，向對方展現出己方對此事的慎重態度。

安立奎在年輕時，與知名的作家加布列・賈西亞・馬奎斯（Gabriel Garcia Marquez）一起成立了左翼雜誌《選擇》（*Alternativa*）因此認識許多後來轉為地下繼續戰鬥的哥倫比亞革命軍領袖。

抵達別墅時，我發現掛紙白板被放在室外，就在游泳池旁。天氣非常熱，總統給予的挑戰感覺真的相當艱鉅。要怎麼說服游擊組織放下武器？

當時哥倫比亞軍隊每天都對游擊組織進行許多施壓。但橋在哪呢？那一座游擊組織能被邀請跨過去的黃金橋在哪兒呢？為了這一點，我們會需要許多創造力。

我們十個人聚在一起，有五位是顧問，五位是和平談判員，我決定從我最喜歡的可能主義者練習開始，刺激大家的想像力：寫出另一方的勝利致詞。如先前提到過的，勝利致詞是一個有創意的思想實驗，讓我們能想像成功是什麼樣子，然後由此回推。

　　我問團體中的大家：「想像一下，哥倫比亞革命軍接受了政府的提議。很不可思議，但他們基本上同意根據和平協議放下武器並解散。這將會是五十年來，他們首次同意針對這個議題進行對話。想像一下他們的領導者提摩申科（Timochenko）站在戰士面前，解釋為什麼哥倫比亞革命軍的領導階層決定接受政府的提議。他可能會說什麼？

　　「安立奎，我知道這不容易，但想像一下我們全都是游擊部隊，你要以提摩申科的身分跟我們講話，你會說什麼？」

　　安立奎試著反抗，但大家都鼓勵他試試看。於是，他起身面對我們。我請他用第一人稱，假裝他自己是哥倫比亞革命軍的領導人開始說話。

　　「同志們！」他說道，「我們為了社會公平的神聖目標，英勇地奮戰將近五十年。許多人離開了，我們在心中仍記得他們。現在我們有機會為了人民的權利，繼續用另一種不同的方式奮鬥，透過談判及投票的方式……」

　　安立奎又繼續說了幾分鐘。他在結尾說道：

　　「我們永遠不會投降！奮鬥會繼續，直到我們達成目標！」

　　大家都自動起立鼓掌。

　　我們再度坐下來後，我問大家有沒有問題要問提摩申科，也就是安立奎。第一個問題來自薩爾瓦多的前游擊組織指揮官華金。

「我們怎麼知道這不是他們的計謀？」

「我們準備好了，」安立奎以哥倫比亞革命軍的角色回答道：「我們不會卸下防備心，我們在同時間當然還是會繼續戰鬥。」

問題都很困難，但安立奎回答得很好。

現在，與會者都笑了，我們的創意開始發揮。我們正在開發人類與生俱來的玩耍能力，和平的可能性看來有望。

所以我翻了白板上的紙，問大家：

「你們聽『提摩申科』說話時，他提到的主要利益是什麼？對哥倫比亞革命軍來說，什麼是最重要的？」

「社會正義與土地改革，」塞爾吉奧說，「畢竟這是他們在 1960 年代開始拿起武器的最初原因。」

「政治力量，」前和平專員法蘭克‧博爾（Frank Pearl）表示，「他們希望有一天能入主政府，達成他們的政治目標。」

「個人安全，」安立奎提醒大家，「記得八零年代那些殺戮嗎？」

30 年前，曾與哥倫比亞革命軍達成協議，讓他們可以從叢林中走出來，競選公職。但在選舉期間和選舉後，許多領袖都被暗殺，超過四千名追隨者也被殺了。[5]

我把大家的答案記在其中一個掛紙白板上。十年前，上一次試圖進行談判時，發展出一個議程，其中包括超過上百項議題，內容複雜到令人感到絕望。[6] 這次，我們決心要盡可能簡單，讓取得和平有最好的機會。

所以我問大家：

「我們可以在談判議程上放哪四點或五點關於哥倫比亞革命軍的利益，讓提摩申科有機會做出這樣的演說？」

我在問他們這個協議的核心會是什麼。借用我談判工作同事威廉·札爾特曼（William Zartman）的話，怎樣的「公式」能包含這場談判的精髓呢？[7] 哥倫比亞革命軍要得到什麼，才願意解散並放下武器呢？

我接著用第二個掛紙白板，開始記錄下與會者的回應。我們都同意要開始進行土地改革：協助那些沒有土地的人取得土地、減少偏鄉貧困、擴大鄉村的公共服務。

「這能讓哥倫比亞革命軍的領導階層向支持者和戰士展示，他們得到了他們一直在奮鬥的東西，」安立奎這樣說道，「這能幫助他們合理化放下武器這件事，讓他們仍保持榮譽感。」

「這樣做是可行的，因為我們的政府也想要進行土地改革。我們知道這在鄉下是很嚴重的問題，需要處理，」塞爾吉奧解釋道，「事實上，我們即將針對這個主題，在國會提出一個很重大的法案。所以對我們來說，這個討論很容易進行，因為我們已經有很多提案成型了。」

「要不要延後提案，讓哥倫比亞革命軍也能攬點功勞？」法蘭克問道。

「好的，」我說，「土地改革之外，第二項可以是什麼？」

「如果要針對他們在政治權利的這項利益，我們可以討論政治參與，讓他們可以看到自己也能去競選公職，」桑托斯總統的貼身顧問露西亞‧哈拉米尤（Lucia Jaramillo）提議。

「這次，我們要跟他們密切合作，確保他們的人身安全。這對他們來說很重要，」安立奎補充道。

討論持續進行。提案議程上最後一項是解除武裝。只有當哥倫比亞革命軍能看到其他項目有所進展時，才會討論到關於解散及解除武裝的安排。

這份談判議程草稿是大家發揮創造力的結果，一切都從想像另一方的勝利演說開始。藉由深入瞭解另一方的利益和需求，代表團找出一個能達成雙贏的創意公式，將作為最終協議的核心，後來也果真如此。

幾週後，政府的談判員帶著這份議程草稿祕密前往哈瓦那。塞爾吉奧受到掛紙白板的啟發，在哈瓦那也準備了白板，在那將議程提案提給哥倫比亞革命軍的談判員。雙方花了許多時間進行討論並修改，但精髓不變。議程變成了一份五頁的框架協議，雙方在談判六個月後簽署。**8**

2012 年 9 月 4 日晚上，桑托斯總統在電視上對全國人民發表演說，宣布祕密會談的結果，以及和平談判正式展開：

我相信我們真的有一個機會能終止內部的武裝衝突。……如果成功了，將能終結半世紀以來的黑暗暴力……我們不能繼續讓下一代像我們一樣，從來都不知道和平的日

子到底長什麼樣子。[9]

框架協議成為接下來四年針對細節艱困談判的大綱。最終，雙方簽下歷史性的和平協議，終結世界上歷時最長的戰爭。[10]

在多年來充滿挑戰的談判協商中，和平專員塞爾吉奧‧賈拉米洛會提醒我在炎熱叢林裡，立在游泳池畔的掛紙白板：

「一切都從那個白板開始。那是協議的精髓。」

這是一個很不可思議的經驗，展現了集體智慧與創意的力量，轉化了看似不可能化解的衝突。

「明天早上誰能做些什麼？」

在我心中，我能從 2012 年 2 月在哥倫比亞鄉間游泳池畔的掛紙白板，回溯 35 年到 1977 年 2 月在哈佛教職員俱樂部的另一個掛紙白板。我能從一個白板畫出一條想像的線，畫到另一個白板。這是費雪教授召開的設計研討會，我當時學到如何在嚴峻衝突中，發揮人類的創意。

我當時是修讀社會人類學的研究生。如我在前面所提，費雪請我為教員和客座外交官及政策制定者，籌辦一個固定兩週一次的國際衝突會議。會議中，我的工作是協助想法的

開展，並把這些想法用馬克筆寫在房間前面的掛紙白板上。

每次開會的主題從以阿爭議、北愛問題、終止南非種族隔離，一直到美蘇之間的冷戰。

在這系列的會議中，我首先注意到的是問題都非常不同。通常在這樣學術研討的情境中，參與者會回答「發生了什麼事」、「為什麼」的問題。有時候會進行推測：接下來會發生什麼事？

相反的，費雪問的主要問題是：「明天早上誰能做些什麼？」也就是說，哪位領導人能做出什麼決定，能夠化解衝突或停止戰爭？

我們沒有只做分析，相反的，我們的重點在於建言。目標是以分析為基礎，產出非常務實的建議。我們沒有只做推測，我們的重點放在處理及預防。我們並沒有純粹警告情況即將惡化，重點放在想出能化解問題的方法。

我所知道的學術討論中，都假設我們沒有採取行動的能力，沒有力量能影響情勢。衝突難解，而我們基本上除了討論及分析之外，無能為力。我們的工作不是要做得更多。

在「明天早上誰能做些什麼？」這個問題的背後，預定的假設是衝突並非不可能控制住，而我們或許能發揮正向的影響力。這是我們的工作！

我覺得費雪的問題非常創新。衝突或許看起來不可能化解。但如果你從那樣的狀態開始，你很有可能最終也只會回到原點。不可能的假設是一個自我應驗的預言。如果你改從

可能性的觀點出發，雖然沒法百分之百保證，但你或許能找到一個實際有所幫助的可能選項。我們做出最初假設的出發點很重要。

我這些年來一直記著那個簡單但強而有力的問題：「明天早上誰能做些什麼」，這是可能主義者的經典問題。

設計研討會的目標是要提出能實際運作的具體提案，像是一份停火協議草案、總統演說的大綱，或聯合國安全理事會決議。

我會把研討會的結論寫下來，並協助費雪把這些內容變成備忘錄，我們很有企圖心，我們會將這份備忘錄提交給某位能對衝突有正向影響的關鍵決策人士。費雪希望提供決策人士一份他口中說的「能讓人同意的提案」（yesable proposition），這是一份具體能實際執行的提案，如果對方接受，將能直接帶來改變。他一方面對創意保持開放態度，另一方面也強調在思考實用性時的嚴謹態度。

為了鼓勵大家在設計研討會中能發想創意點子，費雪對於可行性的標準設得很低。對他來說，決策者至少有 5% 的機會會同意即可。他認為因為情況牽涉到人命及資源，賭注如此之高，如果提案的成功率只有 5%，也值得我們投注努力發想。

先投資，再評估

從根本上重新定義問題後，接著便要重新調整對話的基本規則。

在學術研討會中，我注意到主要的基調就是對想法提出批評。批評能檢測想法，將想法調整到更好，但同時卻會傷害創意的發想。充滿創意、蔓生的想法，往往會遭遇反對和譏諷，因此枯萎。我的同學和我都學會將最有創意的想法留在自己心裡。

但在設計研討會中，我們採納了一個來自創意領域的基本原則，能鼓勵大家發揮創意。

「我們想要各位最棒的想法，」費雪表示，「瘋狂的點子也非常歡迎。很多最棒的想法都來自瘋狂的點子。為了鼓勵創意，我們要採用腦力激盪的黃金準則，所以晚餐的前半部分，不能批評，想批評請留到後頭。」

我的工作是要一直提醒參與者這個禁止批評的基本原則，一開始必須要一直提醒大家。有趣的是，對教授和外交官來說，他們比較能接受由我給的回饋，我當時只是研究生，他們反而比較難接受由同儕費雪給的建議，重點是沒有人會因此失了面子。

不同顏色的馬克筆寫下了各式各樣的想法，很快就越變越多，佔滿了白板。我會把紙撕下來，掛在與會者都看得見的地方。我們不能碰到牆壁，因為房間內的牆壁上貼著類似

絲質的精緻壁紙，還掛著已逝教員畫像的金邊畫框畫像。所以我即興發揮，想辦法用遮蔽膠帶將紙貼在窗戶和門上。我也學到要多帶一些紙來。走進這個正式的房間，大家會被房間內布滿的大型、色彩鮮豔的紙嚇到。我注意到有人忍住微笑。

結果很驚人。大家沒有讓彼此閉上嘴，相反的，都使勁發揮創意。他們彼此激勵，想法變得越來越好，越來越有創意。

想想看，在職場和家中，我們日常生活中的創意想法為什麼停住了。我們在會議中聽到的批評是最大的阻礙，而且往往來自我們自己，當有創意的想法出現時會出現這些聲音：

「那不可能會成功。」「認真一點。」

「之前試過了。」

「我們之前沒有這樣試過。」「太可笑了。」

我把這些視為是「扼殺的詞語」，會扼殺有創意潛力的詞句。

我從設計研討會的經驗中學到最簡單的祕訣就是將發想點子的過程，和評估想法的過程分開。評估很重要，但最好在大家有機會提出自己的創意想法後再做。

與會者提供初步的想法之後，我們請他們提供有建設性的批評。與其直接攻擊創意想法，我們建議大家先從找出他們喜歡這個想法哪一點開始：

「我覺得這個想法不錯的點在於⋯⋯我的一個擔憂是⋯⋯

可以改善這個點子的一個方法是⋯⋯

瘋狂的點子開始成形。特定幾個想法自然而然吸引了我們的注意，我們作為一個團體再一起把這些想法想得更完整。

點子上沒有寫上任何人的名字。在學術的情境中，這樣的做法很創新，通常在學術場域中，每個點子都會仔細附上姓名，往往以繁複的引用方式記錄下來。掛紙白板上是整個團體的智慧結晶。這是一個集體解決問題的練習，而不是我所習慣的個人發想過程。

進到教員俱樂部時，與會者會把大衣外套寄放在門邊，再上樓進到用餐空間。我發現如果將這視為是一個隱喻，我們其實是默默地請大家將自負的態度也寄放在門口。

大家在彼此的想法上不斷腦力激盪，我們掌握了這個團體的集體智慧，讓提案越變越好。在其他的學術研討會中，我常常看到與會者摧毀其他人的想法。而在這裡，大家是基於其他人的想法繼續發展。集體的智慧超越了任何一個個人。

最終，大家都能具體從白板紙上看到，他們提供的點子都成了這個過程的一部分。沒有人可以說這全是他們自己想出來的。我注意到有些人會因為這樣有點揣揣不安，但最終對大家來說結果都更為滿意，我們為了和平的共同目標一起

努力。

在晚餐時間進行也很有幫助。氣氛和會議室裡進行的會議很不一樣。一起分麵包的行為有助於這些在衝突中往往處於對立面的陌生人建立連結：巴勒斯坦人和以色列人、巴基斯坦人和印度人、北愛爾蘭的天主教徒與清教徒。在自己的國家時，面對面接觸可能會有風險，但在這裡，在一個遠離家鄉、無關政治的大學場域中，他們能聚在一塊講話。

可能的話，我們會邀請對立方的與會者坐在彼此隔壁，而不是面對面坐在桌子兩端。這樣的座位安排鼓勵一種「並肩」的觀點。我們請他們解決的問題都寫在掛紙白板上，所以我們其實都面臨同樣的一個挑戰。

現在可能比較常見到這樣的會議形式，但在過去這樣的做法很創新，尤其是在哈佛這樣神聖的殿堂。我對於現場創意想法源源不絕感到興奮。

派「巫師」出來

美國軍備控制談判代表愛德華・羅尼（Edward Rowny）將軍是我們在設計研討會的一位與會者，1983 年，他邀請費雪和我前往參訪美國與蘇聯在日內瓦進行的戰略武器裁減條約談判（Strategic Arms Reduction Talks, START）。我很高興能來到這裡，因為核武超級強國之間的衝突是一個關乎生存的

問題，從我還是個男孩在學校讀書時，我就一直擔心這個問題，而談判地點就在我以前就讀學校不遠處。

在為美國談判員上了一個早上的談判工作坊後，費雪和我跟他們一起吃午餐，使我有機會問他們：

「我很好奇，過去幾年都沒有任何軍備控制的協議。但在更早之前，卻有非常多的類似協議。為什麼之前有，現在卻沒有？可以幫我釐清一下嗎？」

我一問完問題，就發現這問題問得有點欠缺考慮。談判員彼此互看，觀望誰要先回答。其中年紀較長的一位一直很沉默，他開口說：

「嗯，我們之前能達成協議有很多原因，但其中一個原因是那時有一個很有趣的流程，我們稱之為『巫師』。」

「喔，巫師是什麼？」我好奇問道。

「巫師是兩位美國人和兩位俄國人，有四種特徵：他們都是會說英語和俄語的雙語人士，彼此很容易就能溝通。他們也對這個主題具備專門知識，層級比外交官低，所以他們算是『可拋棄的』。」

他說出「可拋棄的」這一詞時，擠出了一點點笑容，「當談判陷入僵局時，這幾個人就會安靜地聚在一起，有時候一起到餐廳吃晚餐，有時候搭船到日內瓦湖中央。他們會自由自在、不受拘束地聊天。

「他們會問很多假設性的『如果』問題：如果我們這樣數彈頭會怎樣？如果那樣數怎樣？

「有趣的是，我們從巫師那裡找到許多能突破僵局的好點子，勝過任何其他來源。巫師永遠都不能因此掛名居功，這是重點。」

他的幾位同事甚為了解地點點頭。我不禁想，不知道這個人之前是不是曾經擔任過巫師的角色。

「太棒了，」我回應道，「我很好奇。你說他們是『可拋棄的』，是什麼意思？」

「喔，」他回答道，「如果那些對話內容走太遠、太超過，可以送他們回華盛頓或莫斯科，說那些對話從來沒有發生過，可以否認他們的存在。」

從中我學到一課。我發現在談判中，有創意的想法和可能的突破往往都不是在正式會談中出現，在正式會議中，雙方都謹慎提防彼此。創意的想法和可能的突破最常發生在彼此認識並信賴的人之間。發生在走廊上、中場休息、吃飯時，或搭船遊湖等休閒時刻。

當大家走上包廂，創意的想法更容易出現，他們有機會暫停一下，聚焦在真正想要的事物上，並拉遠看到全局，發生在當大家能仔細聆聽彼此的時刻。前面的步驟提供了創意生成的條件，順序很重要。

巫師像是「祕密管道」，是雙方非正式溝通的方式。他們都在幕後進行，遠離鎂光燈，謹慎低調，其存在也能被否認。在激烈衝突中要找到能突破僵局的創意想法，這些都有幫助。

就如同軍備控制談判中，通常是那些沒有正式決策權力的人，在實際工作層級中最容易生出創意的想法。高層領袖往往太綁手綁腳，沒有辦法有創意。一旦巫師想出來並測試這些想法後，他們可以將建議提給各自的領導，領導再進一步思考、決定，功勞當然也由他們攬下。

在決定終結南非種族隔離的艱困激烈談判中，我發現兩位領導人曼德拉和戴克拉克使用了類似的做法。他們發現要直接與彼此談判很困難，於是很有創意地派了兩位年輕的代表：西里爾・拉馬福薩（Cyril Ramaphosa）當時是非洲民族議會（African National Congress, ANC）的工會領袖（他後來成為南非總統），和當時南非國民黨政府的副部長魯爾夫・梅耶爾（Roelf Meyer）。[11]

拉馬福薩和梅耶爾先前受到共同朋友邀請，各自帶家人一起到這位朋友鄉間住所釣魚，這是兩人第一次見面。梅耶爾還是個釣魚新手，一下子手指就被魚鉤鉤到，非常痛。拉馬福薩的太太是護理師，她試著把魚鉤取出卻一直失敗。一個小時後，梅耶爾因為疼痛而開始昏厥，拉馬福薩於是拿了一副鉗子來處理。

「如果你從來沒有相信過 ANC 的人，最好現在開始相信，」他對梅耶爾說道。

拉馬福薩把魚鉤用力推，讓倒鉤有空間被拉出來。

梅耶爾喃喃說：「西里爾，別說我剛剛沒相信你。」

這個互動促成了一段互信及尊重的私人關係。不久之

後，拉馬福薩和梅耶爾經各自領導人授權，祕密會面尋找能在這場政治談判中，突破僵局的創意方式。隨著街頭出現暴力動亂，正式會談往往也破局。祕密的「巫師」對話則幫助讓談判重回正軌，避免可能會引爆戰爭的徹底破局。

魯爾夫‧梅耶爾幾年後跟我說：

「我們建立了一種信心，不管議題如何難解，我們會找到一個有創意的方法解開這個問題。」

這就是使用巫師的力量。

所以，每當我陷入一場艱困衝突時，我會問：

巫師在哪？

也就是說，那些能被信賴且具備知識，那些能在幕後私下一同努力克服僵局並找到創意突破的人在哪兒？

而在你思考周遭的衝突時，可以想想這個大膽的想法：你是否能當巫師呢？

使用一個取之不盡的資源

就像同為人類學家的安哲莉‧亞立恩（Angeles Arrien）[12]所說：「衝突是對創意的呼求。」

最理想的情況下，衝突能激發創意，產出更好的想法，最終促成更好的關係。如果我們能釋放創造力，衝突可以變

成我們的朋友。

最重要的**轉變**是將「非此即彼」的想法**轉變**為「雙贏」的想法，從一個稀缺的思維**轉變**為足夠，甚至豐碩的心態，這是將對立的立場**轉變**為雙贏的創意選項。

在現今的世界中，許多事物看起來是有限的，但我們所有人都擁有的無限資源就是每個人內在的創意。創意給予我們最棒的機會，在看似沒有什麼機會的狀態下挖掘出可能性。創意是讓不可能變成可能的關鍵。

第 8 章

吸引

從更艱困到更容易

凡事在成功之前，總是看似不可能完成。[1]

—— 曼德拉

「他在這裡做什麼？把他弄死！」

我當時在礦工的更衣間，準備首次進到礦場。我聽到旁邊一位礦工這樣說我，那時我正在穿工作服，一邊把氧氣面罩戴上。

我嚥了嚥口水，覺得很不自在。

「我跟你說，下面很可怕，」礦工經理麥可‧強森這樣跟我說，前一天我徵求他的允許進到礦場時，他就這樣警告過我。

「我不能保證你的安全，不管是機器或意外，或人為造

成的，」他威脅說道。

但我還是堅持要去。

「我知道了，我願意承擔這個風險，如果他們在上面不願意跟我說話，說不定到了下面會願意。」

我內心裡並沒有表面聽起來那麼有自信，但我決心要試試看。

一如我先前所述，這座位於肯塔基州東邊的礦場正陷入緊繃衝突，持續爆發野貓罷工。我的同事史蒂芬・哥德堡是一位知名的仲裁員，他和我在工會領袖及公司高層間來來回回數週才達成協議。我們都對此成功感到歡欣喜悅，但突然之間，絕大多數的礦工都投票反對協議。我們的喜悅轉為愁雲慘霧。

結果發現，礦工不是反對協議的內容；協議內容涵括了他們想要的東西。他們只是不信任任何礦場管理階層會簽署的東西。

我沒有因此放棄然後回家，我向史蒂芬提議採取不同的做法。這次，我們要先聽礦工的看法，了解困擾他們的是什麼。我們鼓勵雙方用對話的方式把問題解開，而不是用互相鬥爭的方式。我們要試著在過程中建立信賴。史蒂芬聽了覺得有點存疑，但還是祝我好運，接著就飛到法國過暑假。

那個夏天，我搬到了肯塔基州。每天，我都會到礦場晃來晃去，等著和任何願意跟我說話的人聊天。但我發現要借用礦工一點點時間都很難。他們所有的時間都待在礦區裡，

等他們輪完班，就急著趕回家。要開啟對話並不容易。他們
看起來滿腹懷疑。我是從遙遠的波士頓來的一位年輕人，對
他們來說，我聽起來更像是經理，而不是礦工。對他們來
說，我就像來自火星的一個人。他們沒有完全避開我，但感
覺如此。

　　幾天變成了幾週。我開始思考我是不是在浪費時間。毫
無進展讓我感到挫敗，於是我決定如果礦工不願意來跟我說
話，我就主動出擊。我要下到礦區，在他們輪班時跟他們講
話。因為礦場 24 小時運作，所有三個排班時段我都需要下到
礦場去，包括被暱稱為「貓頭鷹班」的大夜班。我決定有多
少礦工願意跟我說，就聽多少。

　　所以那時我去找麥可・強森，請他允許我進到礦區去。

　　「好吧，那是你自己的決定。」雖然不太情願，麥可最
終還是同意了。「你要簽一份同意表。我會請菲爾處理。」

　　聽起來不太妙，因為礦場裡的礦工普遍都很怕這位工
頭菲爾，也不喜歡他。他給了我一個管理階層更衣間的衣物
櫃。我謝謝他，但對此有所顧忌。畢竟我正試著要贏得礦工
的信賴，所以我請他給我一個金屬籃，掛在礦工的更衣間上
方，礦工都在這個洞穴般的空間裡準備上工。

　　菲爾給了我一頂安全帽。我注意到這頂帽子是白色的，
跟經理的一樣。所有的礦工都戴黑色的安全帽，所以我決定
把自己的帽子漆成另一種顏色：綠色。菲爾也給我一條皮
帶，上頭的金屬牌子刻上我的名字和社會安全碼，意外發生

時會使用這塊牌子辨別我的遺體。最後，他給我一個氧氣面罩，解釋緊急情況下要如何使用。

一切感覺都比我一開始所想還要危險，但我決定要繼續照著計畫走。

這天終於到來。我進到礦工的更衣間，拉一條鏈子把我的金屬籃從天花板降下來，把我自己的衣服放進去，然後穿上工作服。當我在綁皮帶和戴上氧氣面罩時，我偷聽到有礦工用威脅的口吻在講我。

「把他弄死！」

我環顧四周，想看看有沒有其他人注意到，但什麼也沒看到。

我緊張地繼續往下進行。要由開放式升降梯抵達的礦場，有一英里深，又冷又濕，一片漆黑。我唯一可以看得見的方式，是透過安全帽上方的頭燈。天花板很低，我必須彎著腰走。燒著煤的機器發出地獄般震耳欲聾的噪音。煤灰很濃，濃到當我擤鼻涕時，鼻涕都是黑的。

但在下面這裡，礦工就有時間可以講話。他們休息、嚼菸草並吐掉菸草汁時，比較能自在地跟我分享困擾他們的事情。我在他們的地盤上，他們覺得沒有經理在一邊看，講話比較自在。他們對我也很好奇，開始問關於我的人生和我來自哪裡的各種問題。

第三次進到礦場時，我開始放鬆下來。我的計畫看似有了不錯的開始。

　　我第四次去到礦區時，一位礦工告訴我他之前對管理階層的申訴，還有他們如何對待他。突然之間，我後方出現四名彪形大漢。他們把我打倒，壓在冰冷的煤礦岩石地面上。我掙扎著，沒法掙脫，他們暴力脫下我的工作褲。一人揮舞著大刀，我從頭燈的光看到生鏽的刀面閃爍著。

　　拿著刀的人接著從我身上鋸下一撮陰毛。我當場嚇死了，但我記得當時發現整件事就停在那裡，心裡大大鬆了一口氣。那四個人放開我，我又站了起來。然後我很驚訝，這幾個人輪流大力拍了拍我的背，恭喜我並大聲向四周宣布：

　　「現在你被去毛了，你跟我們一樣都是一般的礦工了！」

　　這句話像野火一般在礦區裡傳開。

　　這不是我想像要建立信賴的方式（我希望讀到這段的人永遠都不用經歷類似這樣的過程），但我必須說，我在他們眼中的樣子因此產生明顯變化。漸漸地，有礦工會來跟我說他們不滿的事情。我因此能夠說服管理階層開始傾聽他們的問題，並透過多步驟的談判流程處理這些問題，這是史蒂芬和我在協議中所提議的，就是那份一開始被拒絕的提議。

　　漸漸地，當我們能夠透過談判，一個一個處理礦工的不滿，他們開始相信這個流程。礦工和經理們的關係因此改善。出乎大家意料之外，野貓罷工幾乎全部停止。一步又一步，一個微小突破接著另一個小突破，衝突因此轉化。衝突並沒有停止，但在形式上從直接走出礦場罷工，轉化為用講

的講出他們的問題。[2]

　　我學到很重要的一課。我學到只是想到有創意的協議點子並不足夠。將焦點放在本質上，也就是爭議的問題所在並不足夠。我們必須創造出一個有吸引力的過程，能吸引雙方同意並建立更好關係的道路。

讓同意變得更容易

　　在我的課堂中，我會引用伊索寓言關於說服的古希臘故事。[3] 在天堂，北風和太陽對於誰比較強大爭執不休。吵了很久之後，雙方同意用一場測試來解決這個問題。他們往下看地球，看到一個閒晃的牧羊男童。他們決定，誰能成功將牧童背上的斗篷拿掉，就贏了。

　　北風先開始狂吹，但都沒有用。他吹得越是強勁，牧童就愈是緊緊將斗篷圍在肩上。

　　終於，換成太陽。太陽很有耐性地讓牧童沐浴在溫暖的陽光中。過一會兒，牧童喃喃自言：「真是美好的一天！我要躺在草地上，曬一下太陽。」他躺下時，把斗篷脫了下來。

　　太陽贏得了比賽。

　　我很愛這個預言中蘊含的智慧。北風和太陽代表兩種非常不一樣的說服方式。北風用的是蠻力，對待牧童的方式彷彿牧童是一個沒有生命的個體，不顧牧童的意願，北風試著

要把斗篷吹掉。太陽則採取相反的做法，運用自然力量去吸引。太陽尊重牧童的個人意志，創造有利的環境，讓牧童按照自己的意願最終選擇脫掉斗篷。這過程可能會更漫長，但卻有效。

在課堂中為了說明這點，我會邀請一位學員到前面來，雙手舉高。我將自己的手貼著他們的手，然後我開始慢慢地推他們的手。

他們會怎麼做呢？他們直覺會回推。

「我有請你推回來嗎？」我問他們。

「沒有。」

他們自然而然就會這樣做。

我在衝突中每次都會看到這樣的現象。我們認為自己的立場是對的，所以就自然而然地用我們的立場推進，這是人性。我們越是往前推，對方就越是會推回來，持續這樣下去。除非我們比另一方更強壯，於是我們陷入僵持。難怪現在有這麼多衝突都陷入僵局。

有什麼其他的選擇呢？

我認為成功的談判員往往會做跟推進相反的事情。與其向前推，他們會吸引。

在激烈的衝突中，我們可能會想讓對方處境更艱困。這就是北風做的，試著讓牧童沒法圍好斗篷。相較之下，太陽則是讓情況變得更容易，更有吸引力，讓牧童能脫掉他的斗篷。從太陽我們能學到，我們在艱困處境中的工作是要讓情

況變得更容易、更有吸引力，讓另一方能做出我們希望他們能做出的決定。

利用信任來吸引

似乎沒有什麼比信任更吸引人。

我第一次學到關於衝突的這一課，是研究生時期和休·卡拉登勳爵（Lord Hugh Caradon）對話時，他是退休的英國外交官，有半世紀的時間都在英國外交部門工作。他當時來拜訪哈佛，我負責接待。我剛從機場接到他，開車往劍橋途中，他陷入回憶。

卡拉登曾於 1967 年中東戰爭時擔任英國常駐聯合國代表。結果，當時輪到英國主持聯合國安全理事會，卡拉登必須協助理事會通過決議終止戰爭。

卡拉登最大的阻礙是蘇聯，當時蘇聯對此持極度保留態度。而他們的那一票又非常關鍵，因為他們可以投反對票。經過三週辛苦談判，試著要讓各方都滿意，卡拉登受到自己政府的壓力要將這件事完成，所以他要求針對提案決議進行投票。

投票前十分鐘，卡拉登站在安全理事會的大廳外，這時蘇聯代表瓦西里·庫茲涅佐夫（Vasily Kuznetsov）前來向他表示：

「卡拉登大使，我有個請託。請您延後投票兩週。」

「庫茲涅佐夫大使，」卡拉登回答說：「很抱歉，但我們到現在已經談了三週，我覺得大家都已經有機會表達意見，是時候進行投票了。」

庫茲涅佐夫認真看著他。

「卡拉登大使，不好意思，您可能誤會了。我是以個人身分向您拜託，是否能延後投票兩週。」

這時，卡拉登停頓了一下。

「那你怎麼做？」我好奇問道。

卡拉登告訴我：「嗯，當庫茲涅佐夫加上了『個人』一詞，我就知道自己必須答應他，就算我知道倫敦和華盛頓兩邊都會有很多反對的聲音。」

「為什麼？」我問道。

「原因很簡單，」卡拉登回答道，「雖然庫茲涅佐夫代表的政權並非以誠實、公平往來行事著稱，但他個人在外交官圈中卻有著這樣的聲譽，他花了很多年建立這樣的聲譽。

「庫茲涅佐夫是以個人向我保證。如果他把自己的聲譽賭下去，我知道我可以相信他不會用這兩週的時間，破壞一個由我建立起來要支持起草決議的脆弱結盟。

「當然，聯合國安全理事會在兩週後進行投票，最後投票的國家就是蘇維埃社會主義共和國聯盟。除了我，在場大家都很驚訝庫茲涅佐夫舉手投了同意票。他言而有信，他利用那兩週的時間回到莫斯科，說服他的長官對提案決議放下

反對立場。」

　　我一直記得卡拉登說的故事。若沒有透過許多年建立起受人信賴的個人聲譽，庫茲涅佐夫不可能有辦法爭取到那兩週的時間。如果他當時無法得到政治敵對陣營的信賴，我們或許不會有聯合國安全理事會第 242 號決議，這或許是有史以來對於以巴衝突最重要的決議。[4]

　　就算是在不信任的情況下，庫茲涅佐夫具備可稱作是「實際可行的信任」（working trust）。你可以相信他講的話。相應陣營同事能將機密資訊託付給他，因為他們知道他不會利用這些資訊反過來捅他們一刀。因為他的個人聲譽，庫茲涅佐夫在複雜的外交談判中有更多成功機會。

　　信任能創造吸引力。

打造一個信任的選單

　　但有一個問題很難：如果雙方都不信任彼此，要如何建立信任感？

　　我在委內瑞拉和查維茲總統的工作告訴我一種可能的方法。如前面所述，查維茲接受我的提議，建立一個雙方能彼此傳遞的實際信號清單。這些信號目的在於降低不信任感，化解本來會升高變成大規模的暴力衝突。

　　他派內政部長迪奧斯達多・卡貝羅（Diosdado Cabello）繼

續負責此事。

查維茲給了我第一個他要從政敵看到的正面信號，這些政敵中有些擁有私人電視頻道：

「他們可以停止在他們的電視台叫我猴子。」

我在來自卡特中心的同事法蘭西斯科‧迪亞茲的陪同下，見完查維茲之後直接去見他的政敵，對方共約 15 人。法蘭西斯科和我將跟總統面談的內容簡報給他們。我以為他們會很高興聽到我們撬開一個可能對話的大門，但我們錯了。

「我們不想跟他打交道。他很奸詐，不能相信他，」里卡多（Ricardo）說道，其他的領袖猛力點頭。

「我了解你們一點都不相信他，」我回答道，「這就是這個練習的重點，在你思考要不要坐下來和他、他的團隊談之前，先測試他是否值得信賴。決定權在你們，想要試試看嗎？不花你什麼，只需要一點時間即可。不然也沒問題，我就跟他說這樣行不通即可。」

接著是意味深長的一段沉默，大家都停下來思考。他們看看彼此，里卡多又說話了。

「好吧，」他嘆道，「試試看。要什麼時候做？」

「最好現在就開始，」我說道。我走到白板前，手拿著馬克筆準備開始寫。然後，我轉向大家：

「查維茲總統可以傳遞怎樣的可靠信號，讓你們覺得或許值得開啟對話？開始腦力激盪五個或十個他可能可以採取的行動。」

「他可以辭職！」瑪麗亞・尤金娜（María Eugenia）大聲說道。大家聽到都笑了。「當然，如果那是你們想要的，」我說：「但我問的是別種。有哪些他實際可以採行，微小但重要的一步，能向你們傳達出正面的信號？」

「喔，你說『besitos』？」里卡多突然微微笑著問道。

大家聽到都笑了。在西班牙文中，「besitos」是「親一下」的意思。這指的是小朋友還有情侶間在吵架之後和好的方式。

「沒錯，我就是這個意思，『besitos』。」

我轉向白板然後問他們：

看看我們能不能列出一個 besitos 的清單。」

「他可以停止在公開場合羞辱我們，叫我們『末日四騎士』，還有停止把我們標榜成『人民公敵』。」

「這個好，」胡安（Juan）大聲說道，「每天早上我都會到教堂禱告。現在不行了，因為路上的人會騷擾我，叫我『人民公敵』，都是因為他！」

「胡安，如果能改變這點會很好。查維茲還可以做什麼？」

「他可以釋放一位政治犯。」

「好的，好建議。還有嗎？」

他們想出了大約十個可能的想法清單。然後我問：

「那接下來要不要進一步把這些想法發展成一個信任的選單！」

「什麼是信任的選單？」

「信任選單是一份事前同意的善意語言。是一個雙方都可送出的正向信號清單，這份清單事前已經過另一方確認，確保彼此知道這些信號，對方傳送時也會知道。這不是一份要求的清單，是選擇的選單。

「一方從選擇一個信號發送開始。接著另一方也選擇一個信號發送，作為回應。然後又換到第一個傳送信號的那一方，如此反覆進行下去。這就像是在爬梯子，先一隻腳再另一隻腳。一步一步，慢慢建立信心，從不信任的坑洞爬出來。」

「那下一步是什麼？」

「你們要不要派一些人，明晚和法蘭西斯科跟我見個面？你們跟卡貝羅部長之間不用見面，我們會在你們之間來回傳遞訊息，發展出你們雙方都同意的選單。好嗎？」

「但我們不能被看到跟他去同一間旅館。我們不想讓大家開始傳謠言，讓我們自己這一邊惹出麻煩。」

「要不要在我待的地方見面？」我建議道，「我剛好是他們唯一的客人。那是一個有院子的老房子，四周有牆圍住，可以在晚上見面。」

大家都同意了。隔天晚上十點鐘，里卡多、瑪麗亞·尤金娜和另外兩位反對黨領袖都出現了。我們坐在蒼翠繁茂的院子中間的露台上聊天，旁邊有一座小噴水池。一小時過後，一輛黑色的政府座車出現在大門口，裡面坐著內政部長

卡貝羅和他的幾位保鑣。我邀請他坐到我二樓臥室的戶外陽台，那裡能俯瞰院子。

　　陽台和院子感覺是政敵要開始練習建立互信的合適場所。他們在那裡可以暫停、聚焦在他們真正想要的東西上，再拉遠看到更廣大的全局。

　　從當天晚上 11 點一直到隔天早上 5 點，法蘭西斯科和我不斷在陽台及院子間來回。我們請雙方列出一個對方可以傳送的信號，以及他們自己可能可以回應的信號清單。沒有要求、沒有承諾，只有選項。每項都需要進一步澄清說明，另一方才能清楚了解這些事前同意的信號是什麼。第一道曙光出現時，我們完成了這份選單。

　　很重要的是，其中兩個選項和展現尊重有關。查維茲同意不再叫反對黨領袖「政變發動者、背叛者、毒品販運者、恐怖分子，」而包括私營媒體老闆在內的反對方領袖則同意不再叫查維茲「暗殺者、暴君、動物、瘋子、精神錯亂。」

　　幾天後，查維茲在下一個公開播送的演說中，釋出第一個信號，請支持者不要再干擾報導此危機的記者的工作和他們的設備。反對方領袖從選單上選出的反饋信號則是公開聲明譴責任何一方的暴力行為。一切於是由此開始，全都是表明要「親一下」（besitos），將緊繃的衝突緩和下來。

　　信任選單的練習只是在降低內戰威脅路上的一個小小實驗，但對我來說是很重要的一課。這顯示透過微小的一步又一步，互不信任的敵對雙方能與彼此對話。雖然雙方可能對

議題沒有共識，但他們通常都同意信任是一個很大的阻礙。就算當他們很不信任彼此，關係降到冰點，還是能有所進展。信任選單可以作為轉變緊繃或破裂關係的第一步。

編排演出

　　想像一下這份信任選單練習很成功，接下來會進入哪個階段？

　　如果緊繃的衝突像是一齣劇，我會想像自己站在包廂上，往下看著舞台。我看到劇中的角色在彼此的鬥爭中僵持不下，我會聚焦去看彼此的利益和需求，我會開始看到雙方困在一個陷阱中。

　　然後我會進行一個小小的思想實驗，並自問：如果我是編排此劇的劇作家，每個角色可以採取哪些行動，讓他們從衝突的陷阱中釋放出來？有什麼能吸引他們走到更好的地方？這齣劇能如何好好落幕？

　　對我來說，2017 年的朝鮮半島飛彈危機最足以證明有吸引力的編排能帶來的力量。

　　如我在前面所述，美國總統川普和北韓領袖金正恩從川普一上任之後就開始互槓。危機持續升溫，情勢非常危險，北韓不斷測試核彈，並接著引爆氫彈。2017 年 11 月底，金正恩測試了第三顆洲際彈道飛彈，證明他有能力攻擊美國。[5]

　　幾週之後，在白宮橢圓形辦公室的一次對話中，川普詢問他後來的國家安全顧問約翰・波頓（John Bolton）說：

　　「你覺得和北韓爆發戰爭的可能性有多少？五五波？」

　　「一切都要看中國，但大概是百分之五十，」波頓回答道。川普轉向他的幕僚長約翰・凱利（John Kelly）說：「他跟你的看法一樣。」[6]

　　我是在多年之後，從波頓的白宮回憶錄《事發之室》（The Room Where It Happened，暫譯）中得知這段事關重大的對話，但這也證實我和同事當時感到恐懼的事實。我們就處於一個難以想像的災難邊緣，非常驚險。

　　2017 年的最後一天，為了能走上包廂，得到一些新的觀點，我獨自在冬日健行，我前往洛磯山國家公園一處山中湖畔，在冰雪中漫步。下山的路上，我停在一個巨大的突出岩石上，底下是山谷美景。

　　我突然有股衝動，決定打電話給我的朋友羅伯特・卡林（Robert Carlin）。

　　在美國，很少有人比鮑伯（譯注：羅伯特的暱稱）更了解北韓這個祕密的隱士王國。他研究北韓超過四十年，一開始擔任情報分析員，後來則在國務院工作。他曾訪問北韓超過 30 次，也曾隨同國務卿歐布萊特（Madeleine Albright）出訪，參與歐布萊特與金正日歷史性的會面。金正日即是金正恩的父親。退休後，他持續每日觀察朝鮮半島上不斷變化的政治局勢。

　　隔天是新年元旦，對朝鮮觀察家來說很重要，因為大家預期金正恩會發表例行性演說，內容將提到接下來一整年的政治與經濟發展規劃，所以我直覺認為鮑伯應該會關注。

　　我想請鮑伯幫忙想一個能阻止危險的核子威脅不斷升溫的方法。有哪些編排步驟、細膩的外交之舞，能讓雙方領導人駛離災難性戰爭的邊緣？

　　我最喜歡激發實際想像力的一個方式就是問魔法棒問題。

　　「鮑伯，」我說：「我知道情勢看來很惡劣，但如果你有一根魔法棒，金正恩隔天演說中可以說些什麼，作為給川普總統及南韓總統文在寅的正面信號？」

　　魔法棒問題給大家空間，從難以置信的狀態脫離出來，任由想像力發揮，能打破大腦假設明天將一如昨日的習慣，能打開新的可能性。

　　鮑伯停頓想了一下。

　　「嗯，金正恩可能會宣布朝鮮民主主義人民共和國（Democratic People's Republic of Korea, DPRK）已經完成發展核武的歷史使命，他會宣布勝利，然後他會宣布暫停進一步的測試，所有人都可以鬆一口氣。」

　　「這真棒，能化解危險的緊繃情勢，開始建立一點信任感，」我說：「還有呢？」

　　「他可以接受文在寅的邀請，派運動員參加下個月的冬季奧運會。」

「好主意，這可以像是某種奧運休戰。最早的奧運就是這樣，戰爭會停止。

「鮑伯，幫我演練一下，」我繼續說道：「金正恩是否能派高層級的政治代表團，在一邊討論如何緩解情勢？如果是這樣的話，他會派誰？」

「嗯，我不覺得他自己會去，但說不定他會派他的妹妹金與正。她是金正日最親近的人，說不定是他唯一信賴的人。或許川普也可以派私人代表，誰知道？他們可以談談。」

「說不定川普可以派伊凡卡，」我建議道，「她是川普最親近的人，感覺是他最信賴的人，說不定這兩人可以碰面。」

「說不定喔？」鮑伯說，「在韓國，家人非常重要，這兩個家族可以碰面。」

「這兩位男性的自尊已經受傷被激怒，說不定和他們親近的女性可以協助建立信任，讓事情緩和下來。

「你記得川普有次在競選時說他要邀請金正恩跟他一起吃漢堡，談條件嗎？」我繼續說道，「如果金正恩接受這個邀約，並在奧運時透過妹妹傳遞這個消息呢？」

「這是有可能做到的，」鮑伯說道。

這在當時幾乎難以想像，此時兩人已經花了不少力氣羞辱、威脅彼此。但鮑伯和我試著繼續發展這個正面的情境。

「如果他們聚在一塊，碰面了，彼此會對對方說什麼？」

鮑伯開始思考，他提議了一些說法。我繼續拋出問題。

「他們會在哪兒碰面？」

「他們能在南北韓分界線的板門店碰面嗎？」

「只有川普和金正恩嗎？或者可以引入第三方文在寅參與嗎？」

「你覺得他們可以達到哪些協議？是不是有可能可以發布一個正式的停戰宣言？」我記得韓戰在 1953 年暫時停戰，但從來沒有正式簽署停戰協定。事實上，鮑伯和我利用合理的想像排練了一齣劇，這些想像是建立在鮑伯對於美國與韓國領導者過去溝通交流的觀察與研究。

我們那時沒想到，在接下來的數週、數月，我們排練的許多步驟會被實際採用。

建構一個令人信服的故事

金正恩在 2018 年新年演說中威脅道：「我桌上一直都有核武按鈕。」[7]

川普很快就用推特回擊：

「有誰也來自他那個貧瘠、食物匱乏的國家，請告訴他我也有一個核武按鈕，但比他的更強大，而且我的按鈕真的可以用！」[8]

如果揭開 2018 年序幕的，是這兩位領導者如宿敵般威脅要摧毀對方的國家，這一年結束之際，川普在某場集會中卻

是這樣告訴他的支持者：

「然後〔金正恩和我〕墜入愛河，好嗎？是真的——他寫了文情並茂的信給我，非常棒的信。」[9]

這樣令人震驚的大逆轉是怎麼發生的？

我認為主要是透過令人信服故事的吸引力。作為一位人類學家，我開始認識到故事在人類生存中所扮演的核心角色。我們一輩子都在聽故事、說故事，這些故事形塑我們如何觀看自己與他人。我們是故事的產物。

兩位領導人開始相信在這個故事中，兩位強人會面並顛覆全世界的預期，成為世界和平的意外英雄。丹尼斯・羅德曼對於這兩人心理的直覺評估是正確的，如果這兩人見面，或許能結下令人意外的友誼。自尊並不一定要用來讓衝突升高、引爆戰爭，也可以用來促進和平。兩位領導者都能在他們在乎的人民面前當英雄。

2018 年 3 月，我受到川普總統女兒及親近顧問伊凡卡・川普（Ivanka Trump）的邀請，到白宮為資深幕僚進行演講，主題是「說服的談判力」。和她見面時，我強調她父親有機會成為和平英雄，締造歷史並讓他的批評者都感到出其不意。後來的演講中，我用了北韓作為主要例子，描述勝利演說的練習，並強調川普總統有機會達成這場個人勝利。

但我低估了一個令人信服的故事的力量及吸引力。我想像兩位領導者在達成一個實質協議後，才會進行勝利演說。但我錯了。

當川普和金正恩於 2018 年 6 月在新加坡歷史性峰會會面後,他們讓全世界都大吃一驚。在他們之前言語激烈交鋒後,一般都預期他們會態度冷淡,結果卻相反,他們似乎都很喜歡對方。川普稱讚金正恩是「非常有才華的人」「個性很棒」。[10]

兩天的會面進入尾聲之際,他們同意了四項概要原則,作為後續討論的框架。在來自全世界記者引頸企盼的會後記者會中,擅長吸引大眾注意的川普沒有浪費時間等到達成實質協議,他當下就宣告勝利:

全世界從可能的核子災難中往後退了一大步!不會再發射飛彈、核武測試或研究!人質都回家與家人團聚。金主席謝謝您,我們一起創造了歷史![11]

隔天飛抵美國後,川普很快就發布推特寫道:

剛抵達,很漫長的旅程,但大家都比我上任那天感到更安全了。不會再有來自北韓的核武威脅。[12]

北韓媒體則在報紙頭版和電視上鋪天蓋地報導金正恩與川普微笑的照片,為金正恩「創造歷史」的巨大勝利喝彩。這場「世紀之會」能在北韓與美國關係最敵對之際,幫助創造「大逆轉」。[13]

事實上,沒有任何具體事情得到改變。沒有核子彈或彈藥製造設施被停用,沒有簽下任何和平協議。但從這個故事

的角度看來，發生了戲劇性改變。美國總統與北韓領導人會面的禁忌被打破了，一直互相威脅要摧毀對方國家的兩位領導人，彼此建立了友好關係。

這個故事的無形力量創造了一個有形的影響：根據專家評估，核戰爆發的立即風險本來機率高達五成，現在則降到了不到百分之一，而一切都因此變得不同。

一個令人信服故事的力量獲勝，這提醒我們框架塑造（framing，如何呈現一個故事的方式）的力量。

我扎扎實實地學到了一課。衝突可以被視為一齣劇，就算是情勢極為嚴峻的衝突也是如此，這個劇中的角色一開始是不共戴天的仇人，最後變成朋友。祕訣是建構一個吸引人的敘事，兩人都能在各自在乎的人民面前變成英雄。

設計一張經典照片

如古老諺語所說，一張照片勝過千言萬語。要能讓一個令人信服的故事說得栩栩如生，我找到的其中一個辦法就是使用 Photoshop，為想像的會議、協議或勝利演說等代表成功的景象創造一張「經典」照片。

想像看似難解的衝突開始轉化的重要時刻。這些通常會以經典照片流傳，像是領導人微笑、握手或在某些歷史性場景站在一起。這些影像非常有啟發性。

　　我和伊凡卡‧川普見面時，我給她兩張經典照片，一張是雷根在雷克雅維克和戈巴契夫的歷史性會面，另一張是貝京和沙達特在卡特陪同下，一起簽署大衛營協議的照片。她問我她是否能留著這兩張照片。一個月後，我再度和她見面時，我發現那兩張照片還在她的桌子上，這告訴我經典照片非常有吸引力。

　　經典照片是可能主義者的視覺工具，能幫助解放我們的想法，鼓勵我們在看似毫無可能之處想像各種可能性。至少，能讓大家看了就會心一笑。

　　和鮑伯的魔法棒對話給了我靈感，我請同事莉薩用Photoshop製作一系列想像川普和金正恩在峰會見面的影像，其中一張是他們和南韓總統文在寅在板門店的合照。

　　不久之後，我飛到南韓與南韓首席核武談判員會面。我給了他一張 Photoshop 後製過的照片，照片中川普、金正恩、文在寅肩並肩站在象徵韓戰的板門店藍色建築前。

　　「這張照片很有趣，」他微笑說道，「他們為什麼不能都在那裡見面？」

　　我們的會面結束之際，他問我說：

　　「我可以留著這張照片嗎？」

　　六個月後，我和美國對北韓特使在國務院會面。

　　「我剛從首爾回來，見過了我在南韓的談判對手，」他笑著跟我說道，「他把你用 Photoshop 做的三位領導人會面照片掛在他的牆上。」

　　2019 年 6 月初，我和川普總統的女婿和資深顧問賈瑞德・庫許納（Jared Kushner）在白宮見面，提議總統接下來出訪日本行同時，可以在板門店和金正恩進行一場快速非正式的峰會。我給了他關於這個提議的一頁備忘錄，一張吸引人的峰會經典照片就佔去備忘錄一半篇幅。

　　「我會傳達給上面，」他說道，大拇指向上指。

　　兩週後，出乎所有人的意料，川普和金正恩在板門店很快地進行了一場非正式峰會。[14] 南韓總統在兩人的單邊會議結束後也加入，18 個月前的經典照片成真。

　　當這場意料之外的峰會登場時，我收到南韓核武談判員一封電子郵件，他剛從這場歷史性會面歸來：

　　「恭喜！你的想法成真了。你給我那張三位領導人的合照就出現在我面前。」

創造黃金橋中的「黃金」

　　吸引能創造黃金橋中的「黃金」。

　　吸引是我們每個人都擁有的力量，要理解吸引的力量，你將這個力量應用在個人的衝突中或許就能知道。現在，我請你自問：

　　如果信任是問題，你要採取哪些步驟來創造信任，相對

的另一方可能採取哪些步驟？一份能轉化緊繃關係的信任選單會長成怎樣？

如果你要編排自己的一齣劇，演出順序會如何安排？如果你有一根魔法棒，你會讓什麼事情發生？

你可以想像一場共享的勝利嗎？經典照片看起來應該長怎樣？

想像自己是編劇，能開啟你之前想像不到的可能性。

這就帶領我們來到通往可能之路上，三場勝利的最後一階。如果我們要成功轉化今日極端分化的衝突，有了包廂和黃金橋還不夠，我們必須引入第三方。

引入第三方

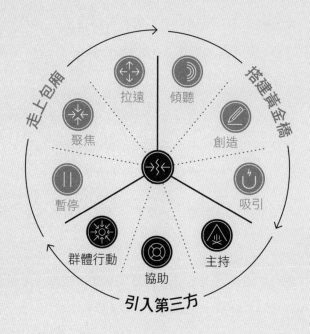

1962 年 10 月的美蘇戰爭是人類歷史上最慘烈的一場戰爭，如果真的發生的話。

1962 年 10 月，我當時九歲，但我記得令人害怕的頭條新聞和那股深深的不安與恐懼。約翰·甘迺迪總統在 10 月 22 日晚間對全國發表了眾所關注的演說：

共產黨正祕密且迅速地大量製造飛彈……違反了蘇聯所保證……不能被我國接受。[1]

他宣布海上封鎖古巴島，阻止蘇聯船隻卸下核子貨物，並要求蘇聯總理赫魯雪夫（Nikita Khrushchev）「讓世界脫離毀滅性的深淵」。他警告道：

我們不會貿然或沒必要地冒著危險，讓全世界陷入核戰中，在核戰中就算勝利的果實吃下去也只剩灰燼，但在必須面對這個風險的任何時刻，我們都不會退縮。

在演講結尾，他嚴肅地警告美國人要為最壞情況做好準備：

絕對不要懷疑這是一場艱困又危險的努力。沒有人能確切知道會如何發展，或者會造成怎樣的傷亡。

25 年之後，1989 年 1 月，我在冬日寒冷刺骨的莫斯科想知道當時究竟發生了什麼事，我們當時離世界末日又有多近。一群蘇聯和美國前政策制定者及專家聚在一起，對於全

世界存續命運懸於一線的緊繃 13 天到底發生了什麼，大家試著要拼湊出故事的全貌。在華盛頓及莫斯科，兩邊領導人思考著關乎兩國及其他國家生死決定的當下，到底發生了什麼事？

　　和我一起坐在會議桌的是那場危機的倖存參與者，這令人難以想像，在座的包括：甘迺迪總統和赫魯雪夫總理的主要顧問，曾任甘迺迪政府國防部長的羅伯特・麥納瑪拉坐在曾任國家安全顧問的麥喬治・邦迪（McGeorge Bundy）旁邊，坐在對面的是赫魯雪夫當時的外交部長安德烈・葛羅米柯（Andrei Gromyko），他旁邊則坐著前蘇聯駐美國大使阿納托利・多勃雷寧（Anatoly Dobrynin）。赫魯雪夫的兒子和親近的顧問謝爾蓋（Sergei）也在場，前古巴軍事指揮官塞吉歐・德・瓦列（Sergio del Valle）也在場。

　　如果當時的危機升高進入戰爭，就不會有這場會議和在座的任何人。[2] 房間裡的所有人，包括我的哈佛同事和我很可能都早已在原子爆炸中化為灰燼，或在爆炸後輻射中毒，和美國、蘇聯、全世界各地幾億人一起喪命。

　　哈佛的同事們和我對於那場危機的了解如下：1962 年 10 月，甘迺迪總統進行演說時，美國軍方正準備大舉入侵古巴，阻止俄國部署核彈。佛羅里達州南方就像是一個巨大的軍事設施停車場。[3] 當時華盛頓暫定，如果美國 U-2 偵察機在每日飛行偵查核彈部署進度時受到干擾，美國將會入侵。

　　然後就發生了接下來的事情。10 月 27 日禮拜六，危機

最高張之際，偵察機在古巴上方遭到蘇聯地對空飛彈擊落。
入侵看似箭在弦上。

我的美國同事和我在會議上得知的內幕則令我們大感震
驚。[4] 蘇聯當時早已祕密地成功將核武帶到古巴，共 162 副武
器。飛彈已經啟動，隨時可以發射。

「如果美國真的入侵，」麥納瑪拉聲音激動地說道：
「……有 99% 的可能性會爆發核戰。」[5]

身為國防部長，麥納瑪拉對此非常了解。他也知道唯一
成功阻止立即入侵和核子末日的是，總統的弟弟羅伯特·甘
迺迪（Robert Kennedy）和多勃雷寧之間最後一刻的談判：[6] 赫
魯雪夫總理同意將蘇聯飛彈從古巴撤回；而甘迺迪總統則承
諾不會入侵古巴，並私下承諾會將美國核彈從土耳其撤出。
多勃雷寧向我們唸出了他當時傳回莫斯科的電報，內容是祕
密協議的細節。

我們在會議中從謝爾蓋的口中得知，當偵察機被擊落
時，他的父親非常意外。

赫魯雪夫並沒有下令擊落飛機，而華盛頓當時自然會認
為就是由赫魯雪夫所下令攻擊。實際情況卻相反，在古巴當
地的兩位蘇聯將軍在未收到莫斯科指示下，自行決定要擊落
偵察機。我們在會議中得知越來越多細節，我們理解到這起
事件其實是因為溝通不良及估算錯誤而差點導致，有許多難
以想像的全球災難都因此造成。

在莫斯科冷到不行的那幾日行程後，我一直想到我們差

一點就要互相殲滅，也非常感謝我們幸運地從冷戰中存活下來。我覺得很難完全消化那差一點就發生的事實。

幸好，從那場會議大家坦誠交流的資訊顯示，冷戰即將告終。我們躲過一顆眾所皆知的子彈，但作為一位擔憂人類長期未來的人類學家，我還是不禁思考人類這麼擅長製造能造成大規模毀滅的武器，又很容易就發動戰爭，我們及未來的世世代代要如何繼續生存在這星球上。

我心中升起一股迫切感，想回答我一直以來都會問自己的一個問題：我們該如何在不摧毀所珍愛事物的前提下，處理彼此間最深的歧異。

在緊繃的衝突中，很難走上包廂或待在包廂，要搭建黃金橋也很困難。如果領導者在危機中無法達成共識該怎麼辦？戰爭是唯一的選項嗎？還是有其他選項？我們能往哪裡尋求協助？

我們與生俱來的權利

我沒有等太久就得到了線索。從冰天凍地的莫斯科回來幾週後，我前往參加一場人類學的研究行程，深入非洲南部喀拉哈里沙漠。從大學開始，我就一直希望能拜訪這個地區的原住民，這是世界上最古老的文化之一。

直到最近，這些人都一直過著半遊牧的狩獵採集生活，

這也是人類歷史上超過 99% 的時間人類生活的方式。我研讀過關於他們文化的人類學文獻,也很想親自了解他們處理衝突的古老做法。我有幸拜訪兩組人,一組人住在波札那,自稱為庫亞人;另一組住在納米比亞,則自稱為 Ju/'hoansi 人。7

「人類有爭執是很自然的事,」庫亞長老克拉克拉度(Korakoradue)這樣告訴我,我們一起坐在他於沙漠中央搭起的營火旁。

「發生爭執時,各方所有的朋友和親戚都會被詢問,並被要求來協助緩解衝突。」

庫亞人和我們一樣會爆發暴力衝突。的確,每個人都擁有塗了致命毒藥的狩獵弓箭。只要有一個人生氣,率先拿起毒弓箭射出,就能引爆。但毒藥要三天才能殺死人,所以被弓箭射擊的人還有足夠的時間報復,這就很容易導致衝突繼續擴散、升高。

在一個大約只有 25 人的小型社會中,其中五位是仍活躍的狩獵者,兩到三人死亡就會對這整群人的存續造成巨大災難。就其潛在影響來說,毒弓箭大概就像是核彈。我因此思考,這樣的群體這麼容易就能取得能造成巨大毀滅的武器,他們要如何處理彼此的紛爭?

我得知每當有人脾氣開始火大,暴力看似一觸即發時,靠近爭執雙方的其他人會把毒弓箭搜集起來,藏在比較遠的草叢裡。同時間,其他人則會將爭執的雙方拉開。

　　這就是對話開始的時機。包括兒童在內的所有人都聚在營火旁，一直聊一直聊……一直聊。沒有人被排除在外，每個人都有機會表達。這種庫亞人稱之為 kgotla 的開放過程可以花上幾天之久，直到爭端被完全講開。晚上時，大家聚在營火旁唱歌跳舞，請神協助並開示他們如何解決爭端。

　　他們都努力想知道哪些社會規範被打破，造成彼此間的不和諧狀態，又要做哪些事才能回到原來社群的和諧狀態。在找到對大家都好的解決之道前，他們不會休息，不只是爭執的雙方，而是整個社群的人。他們將衝突定調為社群的問題，因為任何衝突都會威脅到整個社群。

　　達成共識還不夠。他們非常了解，如果表層底下的關係沒有癒合，爭端還是很容易再度爆發。這必須透過修補、道歉、原諒讓雙方和解。

　　如果大家火氣都很大，長老會建議雙方先離開，花點時間和親友待在其他的水坑處。我發現了他們的技巧；在我曾處理過的勞資衝突中，我們稱此為冷靜期。

　　因為庫亞人，我開始理解第三方的力量及影響力。他們處理衝突的祕訣是以警戒的態度，主動並有建設性地邀請社群中的其他成員參與。

　　社群會以整體的利益行事，整體就是社群中絕大多數的人、小孩及未來，第三方就是代表整體的那一方。

　　第三方不只是一個理想化的憧憬，而且具有實際的力量。如果整個社群團結起來，不管一個人有多強大，也不會

比周遭的社群還要強大。就談判的語言來說，第三方具有最佳替代方案的功能，也就是「談判協議之外的最佳替代選擇」。這個暴力與戰爭之外的另一個選擇，就是社群有建設性的干預行為。

我從戰爭與和平的人類學研究中學到，第三方是我們轉化衝突的古老傳承，這是我們與生俱來的權利。

我懷疑我們許多的祖先都是可能主義者，這是我們生存下來並繁榮發展的方式。

拜訪庫亞人與 Ju/'hoansi 人之後，我開始思考在人口密集的都會型社會中，第三方要如何執行？幾天後，我接著前往南非，下一個線索也因此浮現。

所有人的希望

數十年來，南非一直是世界上種族歧視很嚴重的一個國家，南非曾經實施過種族隔離政策，這是一個嚴酷殘忍的制度，人們因膚色差異遭受歧視與隔離。經過數十年非常有耐性的非暴力抵抗後，非洲民族議會（African National Congress, ANC）轉而選擇游擊戰、炸彈攻擊、暴動，而南非國民黨政府則以大規模暴力鎮壓回應，數千人因此身亡。[8]

「我們的土地上發生了許多可怕的事，」大主教戴斯蒙・屠圖（Desmond Tutu）在敘述當時情況時這樣解釋道，「人

們像蒼蠅一樣死去。許許多多的人都預測這塊土地上將會爆發最可怕的種族衝突，種族血戰將摧毀我們。我們的確彷彿就在邊緣，距離最可怕的災難只有一步之遙。」[9]

「這樣的情況能持續多久？」我詢問在開普敦遇到的一位外交官，他是最了解這場衝突，洞見也最透徹的觀察者。

「我猜種族隔離還要三十年才會告終，」他大膽假設。[10]

我原本計劃要去見一位人類學家大衛・偉伯斯特（David Webster），他同時也是一位大學教授，堅決反對種族隔離，但就在我們預定見面的幾天前，他在自家門口，就在伴侶面前遭到政府行刑隊暗殺身亡。[11]

這場衝突看似幾乎不可能和解，但出乎大家的意料之外，在短短五年間，衝突出現戲劇性轉化，種族隔離政策劃下句點。

我在 1995 年 1 月再度造訪南非，覺得彷彿進到了一個截然不同的國家。我必須要捏一下自己才能相信這一切都是真的。當我第一次造訪時，曼德拉已被監禁十多年，現在則成為這個國家的總統。前總統戴克拉克現在則擔任曼德拉的第二副總統。在約翰尼斯堡的一場晚宴上，我聽著兩位領導人各自講著令人動容的過往經驗。

沒有了子彈，取而代之的是黃金橋。對於南非人和全世界，這個巨大的轉變看起來幾乎有如奇蹟一般，但隨著我進一步了解才知道，這些轉變都和我從觀察庫亞人所發現的現象一模一樣：引入第三方社群的參與。

「你一定要相信，」也出席了當天晚宴的大主教屠圖表示：「要不是因為國際社群給予如此多的支持，這場（針對種族隔離）特別的勝利絕對完全不可能發生。」[12]

屠圖說得沒錯。在這之前的前幾年，全世界共同創造了一種具有說服影響力的群聚效應。聯合國提供非洲民族議會政治與經濟上的支持，多國知名政治家前來建言、居中調解與斡旋，各國同意在經濟上施予制裁，限制對南非的貿易和投資。

教會也動員群眾喚起他們的良知。世界各地的大學生發起抗議，要求企業與大學停止在南非的投資。體育聯盟投票排除在種族歧視體制運作下的南非參賽隊伍。

和國際上第三方同樣具備影響力的是，內部的第三方，也就是那些在南非內部的人士。企業領袖受到經濟制裁影響導致的財務壓力，嘗試起說服政府進行談判，其他還包括宗教領袖和女性及學生發起的民間運動，後者的動員跨越了種族疆界。

在這些情況下，戴克拉克被成功說服，他將被關了27年的曼德拉從獄中釋放，並開始和非洲民族議會進行談判。

但談判並不容易，政治暴動持續發生。企業、勞工、宗教與民間領袖接著與政府和 ANC 共同努力，訂出國家和平協議（National Peace Accord）。這份協議史無前例地建立起一個全國的委員會網絡，由來自各種族與階級的公民所組成，委員會與警察一起努力，干預並減少街頭暴力，讓一個真正兼

容的民主得以誕生。第三方完完全全地投入參與。

　　曼德拉作為 ANC 領導者堅定地為其目標奮鬥，同時他也成為一位第三方領袖。種族隔離的核心是排外，諷刺的是，作為白人的阿非利卡人也同樣感受到被排除在外，他們背負與英國戰爭、受到英國殖民的創傷。曼德拉的領導之所以了不起，在於他向外伸出接納的手，納入阿非利卡人和其他白人。這是一個大膽的第三方行動。

　　為了要療癒種族隔離造成的深刻傷疤，曼德拉籲求傳統非洲「烏班圖」（ubuntu）的精神。烏班圖的意思是：「我存在是因為你存在，你們存在是因為我們存在。」

　　烏班圖是第三方的精髓，是對於我們都同屬一個更大社群的體認。[13] 每個人都被包含在內；沒有人被排除在外。

　　在他的就職演說中，曼德拉宣布：

　　我們成功將希望種植在我們數百萬人民的心中。我們定下了契約，要建立一個無分黑白所有南非人都能昂首闊步的社會，大家心中沒有一絲恐懼、深知自己擁有無法被奪走的權利，能享有人類尊嚴，這是一個與自己和全世界和好的彩虹國家。[14]

　　在南非，我找到一個線索，能回答我從莫斯科那場發人深省會議後就一直在自問的問題。暴力和戰爭通常是作為雙方無法達成協議的最後手段，有時則是首要手段，這之中是否有別的可行方法？南非人和他們的領袖採取人類處理衝突

最古老的做法「第三方」，在一個龐大社會中重新再造此做法，處理根深蒂固、難以解決的衝突。

　　一整個國家的人民看到、創造並實際採行全新的可能性。這個國家的人民向我們展示，在一個更大社群的情境中，就算是最艱困的衝突也能被遏制住，並慢慢被轉化。他們用最清楚的方式告訴我們，現今的我們或許能如何停止現在在家中、職場和世界上毀滅性鬥爭的模式。

　　當我們陷入一個激烈交鋒的衝突中，我們的思考往往變得狹窄，變得只有兩邊：我們對抗他們。其他人則都被預期要選邊站，「你站在哪邊？」成為主要的問題。在雙邊的思維中，很容易就會陷入一個不斷升高、毀滅性的權力鬥爭。

　　但我在喀拉哈里和南非觀察到，不管規模大小，我從來沒有看過一個只有兩邊的衝突，從來都不只是「我們對抗他們」。每場戰爭的發生都源自一個更大的社會脈絡與情境，不管我們喜不喜歡，永遠都有「所有人一起」的選項。以人類學的角度來說，我們都在社會網絡中彼此連結，儘管這個網絡看似分崩離析。

　　在我們現今遇到看似難以化解的衝突中，很自然會思考要從哪兒尋求協助。我在非洲和其他地方的經驗告訴我，自更古以來，那些協助都來自社群的參與，也就是第三方。面對通往無盡毀壞、暴力、戰爭的道路，這是一個有建設性的替代方案。

　　這是人類的希望之光。

我們就是第三方

第三方是「人的力量」，人們借用同儕的力量，採用整體的觀點，並協助衝突轉化的過程。

在我們周遭的衝突中，每個人都有可能成為第三方，不管是作為家庭成員、朋友、同事、鄰居或公民。當衝突影響到大家，我們有責任去提供協助。轉化衝突並非只是專家的責任，這是每個人的分內事。

我們就是第三方，由我們所有人一起共同努力。

在經歷非洲的經驗之前，我對第三方的想像是調解員、一個中立的局外人，協助雙方談判得出一個雙贏的協議。調解是我學會的能力，調解員扮演重要的角色，但現在我了解到，還有一個更廣泛、就長期而言也更有用的方式，可以轉化衝突：一個能調解自身爭議的社群。

我們可以用身體的免疫系統來比喻第三方。我們的體內有好幾兆的病毒，比宇宙中的星星還要多，絕大多數都是良性的，但能抑制病毒威脅的則是我們的免疫系統，這是我們的天然韌性。第三方可以想成是一個社會的免疫系統，能抑制暴力和毀滅的病毒。

我們不用當中立的第三者，我們通常也都不是。對庫亞人與閃邁人來說，第三方是親近的親戚，他們會鼓勵家人們冷靜下來，把不滿說出來。爭執的雙方如果能以整體的觀點去看事情，有時候也可以扮演第三方。曼德拉就成為了第三

方領袖，雖然他仍堅定捍衛自己那一方的立場。他一邊領導一個特定政黨，同時倡導整體的權益。

第三方的動機不只來自利他主義而已。不管我們是家人、朋友或鄰居，我們都會被周遭的衝突所影響。我們是基於集體的私利所行動，因為這是我們的社群。

我和另兩位作者在寫《哈佛這樣教談判力》的時候，我們專注在共同利益，也就是傳統說的「雙贏」，這指的是對雙方都有好處的結果。而我在非洲和其他地方的經驗學到，如果要完全動員第三方，我們必須從之前的雙贏思維再邁出一大步，我們必須從雙贏走向三贏。我們必須以第三方也獲益的角度思考，這是屬於更大的社群、未來、下一代的勝利。三贏能激發第三方採取行動，並長期持續為這樣的目標努力。

要成為一個有效的第三方並不容易。如果我們被動反應並做出干擾的行為，有可能會讓事情變得更糟。作為第三方，我們只有當自己先走上包廂後，才能幫助其他人也走到包廂上。

也只有當我們已經與雙方建立起信賴的黃金橋後，才能幫助爭執的雙方搭建黃金橋。所以，就通往可能之路的邏輯順序，第三方參與是建立在包廂和黃金橋之上的最後一階勝利。

引入第三方參與是我們很少開發的無形資源，說不定是我們能轉化衝突最強大的力量。如果我們徹底開發這項能

力，將有機會能成為現今極端分化、妖魔化對方等種種令人不安局勢的一劑解藥。

釋放周遭潛力

如果走上包廂能釋放我們的內在潛力，搭建黃金橋能釋放我們彼此的潛力，引入第三方則能釋放我們周遭的潛力。

我們啟動第三方力量，要使用三種自然能力，每項能力都是人類與生俱來的，是我們可能早就知道怎麼做，只是欠缺培養及磨練的能力。

第一項能力是主持，歡迎並與雙方連結。當庫亞人在營火邊圍成一圈聚會（kgotla）時，他們其實就是在主持這場衝突及爭執的雙方團聚，沒有人被排除在這個圈圈之外。

第二項能力是協助，協助雙方跨出那困難的一步，走上包廂並搭建黃金橋。對庫亞人來說，朋友、親戚和長老能透過協助，找到解決方法、和解，幫助雙方。

第三項能力是群體行動，應用群聚效應的想法和影響力。當有入侵者攻擊鳥巢時，鳥會聚集在一起擊退入侵者，第三方能使用群體力量處理艱困的衝突。在南非，結合國外和國內的第三方，發揮了強而有力的影響及說服力。

這三項能力是有邏輯的先後排序。我們從「主持」開始，創造有利的心理氛圍。我們透過「協助」加強參與，重

點放在處理實際議題。最終是「群體行動」，展現社群所有影響力與力量，集結這三項能力能釋放我們周遭的所有潛力。

　　第三方是沉睡的巨人，是我們所有人內在都擁有的潛在「超能力」，我們現在的挑戰是要找到方法喚醒這項能力。

第 9 章

主持

從把人排除到兼容

他畫了一個圈把我排除在外 —— 異端、反叛、嘲笑藐
視的對象。但是愛和我有取勝的智慧：我們畫了一個圈
把他涵括進來！[1]

—— 埃德溫・馬坎（Edwin Markham）

「你是威廉・尤瑞嗎？我的名字是瑪麗亞・艾琳娜・馬
丁尼茲（María Elena Martínez）。我搭了整晚 12 小時巴士，早
上六點鐘就開始在這裡等著要見你。」2003 年 2 月，我在委
內瑞拉首都正要走近加拉加斯雅典耀劇院（Teatro Ateneo de
Caracas）時，一個陌生人走過來，這樣對我說道。

五位武裝嚴密的國民警衛隊員和一位美國大使館官員正
護送我進入劇院，大使館官員立刻試圖要將這位女士趕走，

向她解釋說我們很忙，但我堅持要聽她說完。

「我剛從雨林深處一個原住民長老的聚會來到這裡，」瑪麗亞・艾琳娜告訴我：「昨天，他們舉辦一個長達一整天、祈求國家和平的儀式。長老們念誦許多祈禱內容，加持在這串項鏈上，請我把項鏈拿來給你，希望能為會議祈福。我能幫你戴上嗎？」

她伸出手要給我那串項鏈。這串項鏈非常美，是用來自叢林的紅色與白色種子串成，中間是一大顆的褐色硬堅果。

我停頓了一下，看著她的眼睛。

「Por favor（西班牙文「請」或「麻煩了」的意思），」我回道，「Gracias（西班牙文的「謝謝」）。」

我低頭讓她把項鏈掛在我的脖子上。

當我們一進到劇院內一個私人用的休息室，大使館官員就對我說：

「我覺得你還是把項鏈拿下來好了，看起來很可笑。」

我笑了一下。「我猜搭配我的西裝和領帶，看起來一定有點奇怪，」我回答道，「雖然是這樣，但那些原住民長老和那位女士為了這場會議，大費周章把一條項鏈拿來給我戴上。我不想讓他們失望。」

我沒有說我是人類學家，這對我來說一點都不奇怪。大使館官員看了我一下就離開了。

我當時受到卡特中心及聯合國的邀請到委內瑞拉，針對如何處理正撕裂該國的衝突提供一些想法。除了和政府官員

及反對黨領袖的會議之外，我的朋友兼卡特中心的同事法蘭西斯科‧迪亞茲也邀請我一起主持一場開放給民眾的會議。主題是「第三方」（El Tercer Lado），這是我的新書書名，這本書才剛剛翻譯成西班牙文。

「你預計大概會有多少人來？」我問他。

「我不知道，這是開放給大眾參加的。但這是辦在週間一整天的會議，說不定會有 150 人出席，如果我們夠幸運的話可能會有 200 人。老實說，局勢這麼對立分裂，我不確定有多少人有興趣參與公共對話。但保險起見，我們租了一間能夠容納 500 個座位的劇院。不過不用擔心，如果人太少，我們可以讓大家都往前坐。」

但當法蘭西斯科和我抵達劇院時，我們很驚訝地發現街道上有超過千人，喧鬧著要進到劇院裡，還有數十位武裝士兵將大家擋在外面。由於只有在抗議和鬥爭時才會有這麼多查維茲總統的支持者和反對者同時出現，因此出動了國民警衛隊，以防出現暴動。這對法蘭西斯科想要舉辦的和平公眾工作坊來說，不是個好徵兆。

「現在該怎麼辦？」我和法蘭西斯科在車裡看著劇院四周瘋狂的景象，我這樣問他。

「有更大的場地可以容納這些人嗎？還是要延期，等到我們可以找到這樣的場地？」

「很不幸，現在我們沒有其他選擇。我想我們應該繼續進行，」他回答說：「我們可以之後再辦一場。都規劃好了，

加維里亞（Gaviria）祕書長差不多要到了。」

「好的，」我同意道。我有一點不確定，我之前從來沒有主持過這麼大一場活動，參與者全都是如此憤怒又立場分化的民眾，「就盡力而為。」

我下車進到混亂現場，想起喀拉哈里的庫亞人圍著營火聚在一起，他們稱之為 kgotla。那就是第三方正在運作、第三方正在主持一場現場的衝突：照顧好雙方，傾聽他們，確保每個人都被含括在內。我當時就在想，在一個非常不一樣的情境中，是否能創造一個現代版主持衝突的聚會，那會是怎樣的場合？

我就是在走進劇院門廳時，遇見了瑪麗亞．艾琳娜．馬丁尼茲，她突然帶來這份項鏈禮物，注滿這個國家首批住民的祈禱，它莫名增強了我的信心。這條項鏈提醒我，危險的政治衝突深深影響委內瑞拉各地民眾的生活，這提醒我為什麼會出現在這裡。

讓第三方被聽見

當我進入會場時，劇院裡所有座位都坐滿了人，有人站在走道上，有人坐在樓上區域的樓梯上。感覺所有人同時都在說話，很多人聽起來很激動又恐懼。

會議如表定時間開始，美洲國家組織的祕書長賈維利亞

作了簡短的開場致詞。他說話的時候，我試著鎮定下來，想起來要深呼吸。然後法蘭西斯科介紹到我，我走到台上，站在講台後方，環顧劇院裡的所有人。許多人的臉看起來拉得老長，很焦慮的樣子。

「謝謝各位今天有勇氣來到這裡進行對話，」我開始說：「這是我們人類能做的最艱難的工作，面對我們的恐懼，傾聽那些我們可能不同意觀點的其他人說的話。

「我知道很多人想要參與這場會議，比主辦方預期的還要多人。我很抱歉今天很多想要來的人無法出席，因為劇院太小了，我們會試著盡快想辦法讓他們也能參與。

「你今天可能是以個體公民的身分來到這裡，但你懷抱著的是這個國家許多其他人也感受到的恐懼與希望。在各位之中，有個人搭了整晚 12 小時的夜車，就為了來到這裡。這位女士直接從叢林裡一個原住民長老的會議過來。他們昨天舉辦了一個儀式，祈求委內瑞拉和平，並請這位女士帶來一條他們祝禱過的項鏈，祝福我們今天要展開的對話。他們要這位女士把項鏈戴在我的脖子上，讓這條項鏈也可以跟我們大家同在。瑪麗亞・艾琳娜，是不是能請妳站起來，讓我們謝謝妳還有原住民的長老們？」

瑪麗亞・艾琳娜站了起來，大家都鼓掌了。

我繼續說：「我必須一開始就先告訴各位，我還在認識委內瑞拉和你們的衝突，還有很多我不知道的。但我處理過世界上許多其他衝突，許許多多的內戰。我相信各位在委內

瑞拉有很棒的機會，能在內戰開始前就阻止戰爭發生。我可以用我的經驗告訴各位，阻止戰爭發生更好也更容易。一旦開始流血，要停止就變得非常困難。

「幾乎在我處理過的所有衝突中，內戰爆發前都有共通的早期預警跡象。大家開始買武器，開始散布即將有暴動發生的謠言。人們將另一方污名化，指控對方不只是政敵，還是邪惡的一方。他們開始認為自身存續遭到危及，威脅到所有他們珍視的事物。那就是暴力開始的時候。

「所以讓我問各位幾個問題：最近幾個月，你們有誰買了武器，或有認識的人買了武器？」

劇院裡幾乎所有的手都舉了起來。

「有多少人聽到自己住的附近受到攻擊？」

這些手再次舉起。

「有多少人聽到另一方是邪惡、惡魔的話語？」

再一次，幾乎所有的手都舉了起來。

「各位面臨的衝突跟其他的衝突一樣，感覺大家都必須選擇一邊站，不選邊站的人會被批評或攻擊。我聽說在委內瑞拉，甚至幫這樣的人取了名字，叫「ni-ni」（譯注：西班牙文「兩者皆非」之意），這些被稱為「兩者皆非」的人會被周遭的人羞辱。是這樣嗎？」

大家都點頭。

「有多少人被這樣叫過？」有些手舉了起來。

「怎樣可以停止內戰發生？就我在其他地方的經驗中，

我可以告訴各位，關鍵是整個社群要一起來停止暴力發生。在兩方之外，還有一個第三方，這一方就是委內瑞拉全體，這一方就是各位的子女和他們的未來，還有你們的未來。第三方是一個參與其中的社群，反對暴力並支持對話，能找到方法和平共處，就算彼此間政治立場差異很大。

「各位在座任何一個人都能成為第三方。無論你是查維茲的支持者或反對者，都可以成為第三方，或者你兩邊都不是，當第三方純粹就是選擇整體社群那一方。

「花時間想一下，這場衝突已經如何傷害你和你所愛的人。說不定你知道的某個人曾被痛扁或甚至喪命，說不定你的家人或朋友已經不再跟彼此說話，說不定你身旁友人為此丟了工作，說不定你或你的孩子做過關於遭遇暴動的惡夢。

「在那些我知道有社群團結起來對抗暴力的地方，是第三方拒絕了暴力的發生。在委內瑞拉，如果要向暴力說不，你們會選哪個字詞？」

「Basta（西班牙文『夠了』）！」有人從遙遠的後排大聲說道：「夠了！」

「我希望有機會聽到委內瑞拉人發聲，對暴力說不。到目前為止，第三方都是沉默的。各位想想這場衝突如何傷害你和你周遭的人，我請各位一起用你所感受到的所有情緒，大聲說出『夠了！』。各位能幫我這樣做嗎？」

他們點點頭。

「準備好了嗎？一起數到三。Uno（一）……dos（二）

tres……（三）。」「BASTA（夠了）！」他們大聲叫。

　　很有力量，但我可以感覺到大家還是有一點壓抑。

　　「幫我個忙，再說一次。Uno（一）……dos（二）tres……（三）。」

　　「BASTA（夠了）！」這次更大聲一點了。

　　「最後一次。看看各位是不是能使勁全力說出來。」

　　「BASTA（夠了）！」群眾的聲音震耳欲聾，劇院的屋頂都要掀翻了。

　　這就是我一直想要聽到的第三方的聲音。

　　那一刻，我感覺劇院內大家的情緒改變了。恐懼和憤怒的負面情緒開始轉為正向，轉化成想要終止這場破壞性衝突。劇院裡的所有人似乎突然想起作為委內瑞拉人的意義，想起他們屬於一個更大的家庭。在那一刻，第三方的潛在力量被啟動，能阻撓即將升高至暴力的局勢。

　　午餐後，在劇院內的參與者各自分散成一小群一小群，查維茲的支持者和反對者一組，然後再聚成更大一群人討論能怎麼共同合作，避免暴力並保護國家和平。劇院裡充滿興奮及創意的正向氛圍。

以兼容應對排除

　　我在前述的劇院經驗讓我想起埃德溫・馬坎寫的一首短

詩，就是這章一開始所引用的詩句。我第一次聽到這首詩，
是我的朋友蘭德拉姆‧波林（Landrum Bolling）告訴我的，他
是一位著名的和平主義者，當時已經九十多歲。蘭德拉姆告
訴我，1920 年代，他還小的時候曾在位於田納西的高中親耳
聽詩人讀這首詩。

　　蘭德拉姆描述馬坎如何站上講台，滿頭白髮，開始吟
誦：「他畫了一個圈把我排除在外 ── ／異端、反叛、嘲笑
藐視的對象。」他一邊吟讀，一邊用手指在空中戲劇化地畫了
一個圓。接著詩人以同樣戲劇化的方式，展開手臂，畫了一
個更大的圓：「但是愛和我有取勝的智慧：我們畫了一個圈
把他涵括進來！」

　　在那一段詩節中，詩人總結轉化衝突的主要障礙，並提
供一個聰明的策略：出其不意用兼容來應對排除，這是情感
的柔術。這首短短的詩及其智慧至今仍令我難忘。

　　在幾乎所有我處理過根深蒂固的衝突中，核心都是被
排除的傷痛。巴勒斯坦人和以色列人、北愛爾蘭的清教徒和
天主教徒、塞爾維亞人和克羅埃西亞人、肯塔基州的煤礦工
人等等，我花了很多時間聆聽他們感覺受到歧視及羞辱的故
事，這些故事往往都能追溯到好幾個世代，甚至幾百年前。
這些感受和創傷造成衝突，往往引發暴力和戰爭。

　　在商業情境中，我看過因為將一位同事從重要會議中排
除、這類輕視的行為，導致彼此關係破裂、衝突引爆。在家
族鬥爭中，我發現往往是因為一位家族成員覺得受到比其他

人更差的對待所造成。

　　我所知道要療癒這個被排除的傷口，唯一方式就是兼容並蓄，滿足所有人都需要的歸屬感。庫亞人遇到爭執出現時就是這樣做，他們會開始在營火旁圍成一個圓圈，在這個圓圈裡，每個人都屬於這裡，每個人的聲音都能被聽到。將那些覺得被排除在外的人也納入，這是自古以來、經過時間驗證能處理差異的方法。

　　那天在卡拉卡斯，我覺得大家從排除的態度轉為包容，這讓我想起來在任何時刻，人類都有能力可以改變我們處理衝突的方式，從排除他人到包容對方。

　　這個兼容的對話並沒有在劇院裡就此結束，參與者同意隔天再見面，他們接著在全國各地組織公共對話。他們安排了街頭劇場和學校活動，去上了廣播節目。那天在劇院的對話，後來變成一個全國性的電視節目，節目名稱是「El Tercer Lado」，西班牙文的「第三方」之意。

　　參與者發起全國性公民運動，目的是提醒委內瑞拉人，讓他們團結一致的比那些分裂他們的還要多更多。主辦者稱這場運動為「Aquí Cabemos Todos」，意思是「這裡有能容納所有人的空間」。在這裡，每個人都能找到歸屬感，這就是第三方的精髓所在。

　　在這場運動之前，委內瑞拉的政治衝突中只有主要兩方，沒有空間容納細微差異或複雜性，或對話。現在，有一個第三方能立足之地，這個社群涵括各式各樣言論的人。在

委內瑞拉，分化兩極的雙方彼此嚴重排斥異己，在此時此刻，一個提供第三方的空間於焉誕生。

「Aquí Cabemos Todos」只是一個被破壞性衝突撕裂的更大社會中，一個社群發起的倡議活動。雖然很不幸地，政治上的衝突持續至今，委內瑞拉人卻得以避免爆發大家都害怕的內戰。要轉化一整個社會中如毒瘤般的衝突，第三方必須要變得更強大。如果第三方像是一個社會免疫系統，那就像我們會加強個人免疫系統，來保障自己的健康，我們也需要強化社會免疫系統，維持社會健康。

我一邊敘述二十年前那天在委內瑞拉一座劇院裡的對話，不禁思考自己國家的現況。購買武器？恐懼即將爆發的暴力事件？廣大公民遭受污名化？有很多人都擔心美國接下來會爆發內戰，如果美國人能避免內戰發生，那會是因為我們能夠強化自己的社會免疫系統，不分政治立場，一起團結成為第三方。那會是因為我們知道，最終，每個人都屬於這裡。

主持是人性

我們大概都知道要怎麼當主人主持招待賓客。主持聚會的時候，我們會歡迎賓客到來，詢問他們會不會餓或口渴。我們會滿足他們的需求，我們會聽他們說話，讓他們感覺像

在自己家一樣自在，我們介紹他們互相認識。我們都記得自己當主人招待某人時，或我們受到某人招待的時刻，主持、招待賓客或許是人性最基本的行為。照顧另一個需要幫助的人，是我們之所以為人的基本，或許這比任何其他事情都還重要。[2]

主持代表要負起責任。英文的責任（Responsibility）意指「回應的能力」（response-ability），也就是能以有建設性的方式回應衝突的能力。主持意味著我們要把注意力放在衝突上，並懷著轉化衝突的意圖。主持代表要照顧雙方需求，而這正是我們周遭出現爭執時所需要的。

主持的行為會感染人。加拉加斯的會議開始前一天，雨林裡的原住民長老舉行了一場和平儀式，主持這場衝突。會議是由外來的第三方主辦：美洲國家組織、卡特中心、聯合國開發計劃署。到了那天下午，民眾都承擔起作為內部第三方的責任，發起了「Aquí Cabemos Todos」這場運動，要在全國各地主持這場衝突。

主持這件事在衝突雙方周遭畫出一個更大的社群之圓。

藉由創造這個圓圈，不管是真實或比喻的圓，主持的行為彰顯出第三方的存在。在那之前，看起來似乎只有兩方，但現在因為主持的力量，顯然形成了三方。

主持招待的行為具有兼容性。它歡迎所有人並讓他們感覺自己有價值，擁有值得被聽到的聲音，承認他們與生俱來的尊嚴。它創造一個安全的空間，在這裡所有人都有歸屬

感，不論他們是誰、或他們的政治立場為何。

主持指的是歡迎雙方，見證他們的故事，在他們周遭建立一個社群的網絡。

歡迎

主持招待從歡迎雙方開始，包括他們之間的衝突。我們不避開也不加入他們，而是以好奇的心態面對他們。我們將他們納入我們關心的圈圈裡。提供他們基本人類的尊重，讓他們知道他們屬於這裡。

你是否有過在異地作為外來者的經驗？你是否曾經受到幾乎不相識的人歡迎，對方還招待你飲食？你是否有過被陌生人熱情款待的經驗？

我曾耗費多年投入一項獨闢蹊徑的專案，找出一條跨越中東的長距離步行路線，重新還原亞伯拉罕和家人們在 4000 年前走過的傳奇旅程，並讚頌他熱情款待陌生人的精神。

那是一個星空璀璨的夏日夜晚，一群朋友正在吃晚餐，一切都由此開始。其中兩人才剛從中東回來，我們正在討論分裂世界的恐懼及人我區隔之牆。當時是 2003 年 8 月，距離 911 攻擊的悲劇不到兩年，而這場攻擊則在阿富汗和伊拉克引發慘烈的戰爭。美國發起的全球「反恐戰爭」在伊斯蘭世界中普遍被視為是對伊斯蘭教的宣戰。

　　我的朋友和我當晚受到招待，而就我們所關注擔憂的事情來說，我們有點像是開始在「主持」處理這些分裂人心的衝突。

　　「我們可能會遭遇一個全新的世界衝突，有點像是冷戰，全世界被分化成兩個龐大的陣營，其中又牽涉到宗教，」我的朋友拉比亞‧羅伯茲（Rabia Roberts）表示。

　　「這麼多恐懼和人我區隔，還有什麼能讓大家凝聚在一起？」我的朋友埃利亞斯‧艾米東（Elias Amidon）問道。

　　拉比亞和埃利亞斯才剛帶著一群西方人到敘利亞朝聖回來，這是要縮小西方人與中東人之間巨大鴻溝的第一小步。

　　我開始思考。多年來，我一直在處理中東的衝突，聚焦在政治談判上，但我發現自己開始思考是不是有其他更平易近人的方式能處理這些衝突。我非常熱愛旅行和健行，我因此表示：

　　「這是個瘋狂的想法，但要不要以更大規模的方式做你們才剛做過的事？」

　　「什麼意思？」我的朋友們問道。

　　「我不知道有沒有人曾經將先知亞伯拉罕走過的路重新走一趟？他是中東所有人和世界上一些其他地方的人最傳奇的祖先。」

　　一時間，大家都很訝異地看著我。

　　「伊拉克戰爭爆發時，我記得那裡據說是亞伯拉罕出生的地方。我知道這聽起來很牽強，但作為人類學家，我認為

重新述說一個古老的神話故事會很有力量。它會觸動到我們
所有人，說不定以他的傳奇旅程為根本的徒步路徑能提醒我
們所有人，不管是什麼讓我們分裂，我們一定有更多相似之
處：一個共通的故事、共通的人性、共通的未來。況且，徒
步有其獨特之處，有誰在走路的時候還會爭吵？」

　　我當時並不曉得，但那場晚餐時一個小小的瘋狂點子，
衍生出接下來二十年的工作，還讓我走了很多路，在緊繃的
政治衝突和戰爭中讓夢想成真。

　　抱持懷疑態度的人都說這不可能辦到，但我的同事和我
卻堅持了下去。我們研究世界上其他長距離徒步線路，尤其
是世界知名的聖雅各之路，這條朝聖之路的終點在西班牙。

　　2006 年 10 月，我們開始啟程之旅，同行共有 23 位來自
世界各地的人，包括一位伊斯蘭教伊瑪目、一位天主教神
父、一位猶太教拉比、一位基督教牧師，大家一起重新走過
亞伯拉罕（或當地普遍稱為「伊布拉欣」）走過的道路。

　　我們的目標是要證明我們能做到這件事，並在途中請教
當地社群，詢問他們對這條長距離文化之路的看法。在將近
兩週的旅程中，我們搭公車，有時走路，從土耳其南部的哈
蘭，也就是據信亞伯拉罕出發之地，一路走到耶路撒冷南邊
的希布倫（又稱哈利勒），一般普遍認為這是亞伯拉罕被埋
葬的地點。

　　為了回應當地社群對這項活動的興趣，我的同事和我在
2007 年發起亞伯拉罕之路倡議。[3] 我們和當地組織合作，這

項活動協助規劃出跨越中東地區六、七個國家、長達數百英里的路線。這項行動獲得聯合國與世界銀行的支持,世界銀行也很有興趣想了解這些路線如何為住在脆弱政治環境的人們創造工作與生計。短短幾年間,亞伯拉罕之路的計畫便被《國家地理》雜誌列為全球十條最佳徒步路線第一名。[4]

數以千計當地和來自國外的老老少少,各別來源於不同文化背景與國家,他們徒步走過這條古老文化路徑在不同國家衍生出的步道路線,很多人在路途中會在當地人家留宿。相較於該地區現在任何一項躍上新聞頭條的衝突,這些徒步路線將會持續存在,甚至有助於轉化這些衝突。

安排這條路線的目的是要透過邀請大家走上亞伯拉罕曾經走過的路徑,讓大家更認識其他人、其他文化、其他信仰,藉此處理彼此的歧異。表面上,並沒有盡到衝突調解,但舊有的刻板印象卻以一種間接方式受到挑戰,讓更多人能相互理解。和我一同步行的友人大衛‧鮑姆(David Baum)會說,祕訣就是「在不用對話的方式下進行對話。」

亞伯拉罕有很多為人所知的事,但其中最有名的大概就是他好客的精神。在這古老的故事中,他離開祖先留下來的家,到了一個陌生國度。他受到殷勤招待,也以此回報。據說,他將帳篷敞開,以便接待陌生人,招待他們並提供食物。他被視為典型的東道主。

這麼多年來,我和其他人在該地區不同的路徑上行走,都體驗過當地人們的盛情款待。我們所聽過和讀過的內容都

讓我們預期會受到敵意對待，然而相反的，我們受到的卻是最盛情的款待。

一位牧童在我和同行旅人後面追著我們跑，只為了給我們他樹上摘下的果實。他什麼也沒有，卻想要給予。一位貝都因婦人和她的女兒看到我們一行十名落隊的旅人，堅持要我們到她的山羊毛帳篷裡一起喝杯咖啡。在一個村莊中，許多家庭都來招待我們。在路上，我們常常聽到當地人用傳統的阿拉伯語對訪客說：「Ahlan wah sahlan（意思是放輕鬆，你們都是我們的家人）。」

走這條亞伯拉罕之路時，我學到很重要的一課：與他人連結、給予並歡迎對方的衝動，都是深植在我們人性中的核心部分。在處理分歧時，我們可以開發這項屬於社群的隱藏力量，而主持招待和被招待的簡單行動，將開啟轉變人類關係的全新可能性。

主持招待不需要是個龐大的計畫。我從亞伯拉罕之路學到，我們每個人隨時隨地都能做到這件事，做法也很簡單，像是邀請陷入衝突的同事一起喝杯咖啡，並聆聽他們述說。

見證

在我們歡迎雙方並幫助他們放鬆後，接下來一步是「見證」。見證指的是仔細傾聽，見證任何艱困衝突中伴隨而來

的失去與痛苦。

我想起亞瑟王的一則古老傳說。[5] 一位年輕的圓桌騎士出發尋找聖杯,這象徵傳說中最寶貴之物。繼多年來徒勞無功的尋找後,騎士最終在迷霧中突然發現一座神祕的城堡。騎士鼓起勇氣進入城堡,他發現一個很大的飯廳中有一位年長、骨瘦如材的國王坐在一張長桌前,旁邊圍繞著朝臣。國王看起來非常憂心,面前的桌上就放著聖杯,是一個非常美麗的銀色杯子。騎士感到難以置信,但騎士必須問國王一個神奇的問題,才能說服國王將聖杯給他。這個問題是什麼?

在這個古老傳說中,這個強大的問題很簡單。年輕的騎士問年邁的國王說:「是什麼讓您感到痛苦?」隨著騎士聆聽國王的悲痛,發掘他最深的需求,兩人開始建立起人類友誼的連結。而國王則出乎意料,慷慨地將聖杯贈與年輕騎士。

我這輩子處理過的衝突還有現今最困擾我們的衝突,往往都根源於創傷,包括個人與集體的創傷,如此巨大難以承受的苦痛讓人的神經系統不得不凍結,以麻痺痛苦的感受。這個創傷成為很深的痛苦之井,源源不絕地提供恐懼和憤怒,不斷讓衝突加深,而當事人往往不自覺。說不定唯一能釋放這分痛苦的方式就是透過同情的關注,也就是騎士給予年邁國王的關注。

真正的見證是同情關懷的展現。同情心比同理心要更進一步,除了理解對方可能的感受,同情心意味著深切的祝福和渴望提供協助。

當雙方有機會被真正聆聽，他們便可以開始放下過去，更能專注於現在和未來。我在哥倫比亞和談期間，曾親身窺見這種見證的潛力。

政府與游擊隊之間在哈瓦那的談判一拖再拖，桑托斯總統因此做出一個激進的提議。與其等待達成協議，他提議邀請衝突的受害者在談判期間在大眾面前說出他們的故事。[6] 受害者會到哈瓦那來，而談判代表則聆聽他們的故事。

我記得當時大家對總統的提議表達懷疑及反抗。

「談判只會被進一步拖延，」批評者說道。

「這樣做只會掀開過往和所有的仇恨。」

「受害者會呼籲要懲罰，這樣只會更難做出協議。」

但事實上發生的卻恰恰相反。聯合國與各大學仔細選出五位受害者代表那些受到衝突中各方折磨的其他受害者，他們來到哈瓦那，在媒體大肆報導下，向談判代表述說至今仍歷歷在目的痛苦經歷。

談判代表及哥倫比亞人民集體見證了他們個人的故事之後，這些受害者讓批評者大吃一驚，他們之中多數人都督促談判代表要再更努力，展現更多彈性，達成前所未見的和平協議。

好幾位談判代表告訴我，受害者的故事讓他們深受感動。他們不覺得這些分享延宕了談判，相反的，他們覺得受害者的分享給了他們動力，要更努力在歧異中達成協議。

桑托斯總統本人也為之動容，聽到這些個人故事幫助

他得以繼續進行談判，就算經常面臨到有強大的壓力要讓和談中止。他告訴我一個感動他的故事，給予他繼續下去的力量。這是帕斯托拉‧米拉（Pastora Mira）這位女士的故事，她失去了爸爸、媽媽和兩個哥哥。[7]她的兒子也在嚴刑拷打後被殺害。

在她埋葬兒子的十天後，一位受傷的男子來到她家，請求協助。她讓這位男子到她兒子的床上休息，照顧他直到康復。當這位男子要離開時，他看到這位女士和兒子的照片，突然之前他跪了下來，開始哭泣。

「拜託告訴我這不是你兒子。」

「對，這是我兒子。怎麼這麼問？」

「因為就是我拷打並殺了你的兒子，」

他一邊哭一邊重複說：「對不起，真的很對不起。」這位母親看著殺了兒子的這個人，將他扶起來。

出乎男子的意料之外，這位母親擁抱他並說：「謝謝！」

「為什麼要謝謝我？」男子驚叫道，「因為你承認你做的事，並請求我的原諒，你讓我從一輩子的憎恨中解脫。」

桑托斯深受帕斯托拉的故事所動容，他在前往奧斯陸接受諾貝爾和平獎時，邀請她陪同前往領獎。

「這座諾貝爾獎不是頒給我的，」他告訴我，「而是給衝突的受害者，像是這位了不起的女士，她給了我勇氣和力量繼續推動和平。」

據我所知，除了在哈瓦那的談判過程，我從來沒聽過其

他衝突事件正式納入受害者參與。這是歷史性的一刻,我希
望這樣的創舉能啟發其他未來的和平談判,讓作為人類的我
們學會如何更有效地處理最艱困的衝突。

我從哥倫比亞和談的經驗中學到:

不只是我們跟彼此講話的方式很重要,我們傾聽並見證
彼此的方式也很重要。如果我們能用同理與同情的態度見證
他人的苦痛,就能改變彼此對話的品質。覺得被排除在外的
感覺,會轉化成被接納的感覺;人我分隔的狀況會變成彼此
連結。全新的可能性會出現,能處理最艱困的衝突。

我們每個人都擁有見證旁人苦痛的能力。

建構

最終,主持處理衝突代表著要建構一個能連結各方的社
群網絡。而建構代表要將衝突雙方聚起來,幫助他們了解自
己也是一個更大社群的一部分,無論這個社群被撕裂的程度
有多嚴重。建構代表要提醒雙方任何衝突中都不只有兩方,
還有一個更大的第三方,一個在未來共享的社會脈絡與共同
利益。建構改變「我們對抗他們」的框架,轉變成「我們所
有人一起」。建構是我們強化社會免疫系統的方式。

在所有的衝突中,對這種建構反抗最強的其中一種就是

黨派政治。20年前，柯林頓總統被彈劾之後，我受邀協助一小群美國民主黨與共和黨國會議員進行對話，他們彼此嚴重分化，完全不對話。

有兩年的時間，美國國會裡充斥著滿滿各種個人攻擊及羞辱。眾議院的領袖安排一個週末到賓州赫爾希鎮度假，大約有兩百人和他們的家屬都參加了。

晚餐後的第一晚，成員被分成八人一組，其中四位是共和黨員，四位是民主黨員，伴侶也一同參與。在我的小組裡，每個人在一整天的工作及旅遊行程後，都顯得有些疲累，我覺得氣氛有點緊繃、不自在。

作為「主持人」，我讓所有椅子都圍成圓形。與其讓大家坐在一張長桌，兩邊的人像是戰場上敵軍一樣互相對看，我喜歡採圓形安排座位，因為這巧妙地暗指社群之意，召喚出我們萬古之前祖先聚在營火旁的景象。桌子的座位有主位，但圍成圓圈的座位並沒有；所有人都是平等的。

「我想先請各位簡單分享過去這兩年的個人經驗，各位在這場衝突中所付出的代價是什麼？」

「是獵巫！」一位民主黨員抱怨道。

「你們的領導者在宣誓之後撒謊！」一位共和黨員厲聲說道。

「我的孩子們在吃晚餐的時候幾乎都看不到爸爸，」一位配偶表示，「他每次都很晚回家，因為一些程序的關係，而且即便是週末也常常這樣！」

大家還很有情緒。

然後突然之間，一位成員姍姍來遲。

「抱歉，」她說道，「我的保姆沒來。大家會介意嗎？」

然後，她把六個月大的寶寶放在圓圈中間地板上的毛毯中。

寶寶就躺在那兒，晃動著雙手雙腳，發出咯咯聲。

所有人的注意力一度都放在寶寶身上，對話的語氣突然變得柔軟。

「這不是我一開始加入的同一個國會了，」一位共和黨員表示，「我們以前會跟彼此說話，現在幾乎不會了。我在坐火車過來這裡的路上，跟一位民主黨員聊天，我們講的話比我過去兩年跟民主黨員講的話還要多。」

大家都點點頭。

「我們一定要做得更好，」另一個人說，「我們不能對我們的家人這樣做，」

「我們的國家值得更好的。」

大家一起看向陷入熟睡的寶寶。

我突然意識到這位躺在圓圈中間的寶寶，就是第三方，代表著整體，是代表國家未來的最新公民成員。

這個寶寶是沉默的見證者，在沒有任何發言的狀況下，為這場對話重新定調，提醒大家要以全局思考。

有那麼一刻的時間，「我們對抗他們」的態度不見了，取而代之的是「我們所有人一起」。

　　我想起自己還是學生的時候讀過一篇人類學的研究，研究對象是兩隻互鬥追逐的成年公黑猩猩。[8] 其中一隻接近一隻有小寶寶的母黑猩猩，溫柔地把黑猩猩寶寶抱過來，暫時抱在自己懷中。這兩隻公黑猩猩看著小寶寶，立刻冷靜下來，之前的打鬥也停止了。

　　我的意思不是有鬥爭的時候，就要找一個嬰兒來。我們要自問的一個更大的問題是：作為第三方，你有什麼樣的資源能幫助雙方將對話重新定調，像是這個例子中的小寶寶？

　　比如在這個例子中，我把握機會接續問了一個問題，我覺得這個問題能讓對立的領袖們產生更多連結。

　　「請分享一個你們年輕時的故事，」我問道，「你們一開始受到什麼樣的啟發，決定投入公職？」

　　參與者開始分享自己的故事。一個人的脆弱之處，能激勵另一個人分享。

　　「我曾經在學校考試時作弊，」一個人說道，「校長要我到他的辦公室，告訴我說，我可以選擇讓作弊成為我人生中發生過最糟糕的事，或是藉由學到人生的一課，讓這件事成為我人生中發生過最棒的事情。」

　　「我十幾歲時懷孕了，」另一個人說道，「這給我動力重新整頓我的人生，也讓我更能同理那些沒有我這麼幸運的人。」

　　大家的心房敞開了，不信任的態度慢慢削弱。參與者更加意識到彼此間的共同之處，而不只是彼此的歧異。

　　我們開始在衝突周圍建構一個社群的網絡。當然,這只是開始,但它展現出我們有可能創造一個更廣泛、更深刻的互動情境,減少有毒的兩極分化,這是我們現在亟需記取的教訓。

主持處理你周遭的衝突

　　我要開始寫這一章時,我和表妹克萊兒正一起籌辦一個大型家族聚會。家族聚會可能會充滿緊繃和那些沒有明說的衝突,我們籌辦的這個聚會也不例外。

　　一天下午,從 40 幾歲到 70 幾歲都有的十幾個表兄弟姐妹圍成一個圈坐在一起,大家就坐在密西根湖畔旁那間老舊的家族夏日度假屋外面。我們這個家族擁有這間屋子已長達近一百年,我的母親和她的六個手足過去夏天都在此度過。從小到大,我對這個美麗的地方充滿許多溫暖的童年回憶,我的表兄弟姐妹也是如此。

　　大家精神都很好,很放鬆,吃得也很好,都非常享受大自然的美景。有些比較年輕一輩的表弟妹們好奇問起表哥表姐家族歷史,包括有些將近 70 年前的事情。

　　「戰爭之後,家族事業怎麼了?」「為什麼長子被要求離開家族的企業?」我們每個人從自己父母聽到的故事都不一樣。

　　很多都是關於我外公創辦的家族企業導致的爭執。我的舅舅當時從二戰後歸來，從父親手中接過企業，外公自此不再積極參與。十年過後，原本蓬勃的企業突然陷入嚴重的債務危機，瀕臨破產。家族內鬥爭嚴重，甚至有人揚言要提出訴訟。

　　舅舅被要求離開家族事業，他和家人一起離開芝加哥，因此造成的家族裂痕，接下來超過 40 年都沒有再被提起，也未曾癒合過。

　　「到底發生了什麼事？」年紀較小的表弟妹們問道。

　　「是因為賭博欠下很多債，從家族企業借了錢拿去還嗎？」

　　我們試著想更深入故事中的每個人。我的表姐琳恩，也就是舅舅的女兒，說話了。

　　「你們知道我的父親 20 歲的時候登陸諾曼第，在歐洲一路奮戰，同時不斷目睹同伴們被殘殺嗎？你們知道他隸屬的軍團解放了達浩集中營嗎？想像他看到的景象，他從來沒有辦法討論這些事。」

　　「說不定他有創傷後壓力症候群（post-traumatic stress syndrome, PTSD），」一個表妹說道。

　　隨著我們集體見證這個痛苦的故事，開始了解其中深層的創傷，我們的理解也加深了。

　　「這麼多年過去，我們的上一代很多人也不在了，但至少讓我跨越世代表達歉意，」表妹克萊兒說道。

　　「我很感謝，我也向你道歉，」表姐琳恩說。

　　一直以來未曾明說、被排擠的家族情感，開始被包容、更深的群體感受所取代。

　　這樣療癒的行程不是刻意安排的，我們在主辦那次家族聚會時，就自然而然在一次非正式、隨意的對話中發生。

　　在這種很容易引發情緒的議題上，能對討論有幫助的就是主持的力量，這能創造有利的心理氛圍。而表兄弟姐妹的社群則提供一個安全的環境，讓大家覺得夠安全，能討論敏感、情緒性的議題。

　　這是作為第三方的周遭社群自然而然扮演其角色，這讓我想到庫亞人圍著營火坐成一圈，討論團體中大家的衝突。

　　主持是我們任何人都能採取的第一個步驟。我們都知道要怎麼主持與招待，最基本的就是去注意雙方和他們所處的情況，拓展我們關心的範圍。這代表要將排除他人的情緒轉變為兼容的態度，也代表要將「這不關我的事」的態度，轉變成「這是我的社群」。

　　這讓我開始想：

　　我們的祖先會圍著營火主持處理人類社會中自然而然出現的議題，如果我們重新運用這樣的做法，世界會變得如何？現代世界中的營火大會將是什麼樣子？如果「主持處理你周遭的衝突」成為常態，世界又會變得如何？

　　我希望我的孩子和孫子們能活在這樣的世界中。

　　我相信我們能做得到。

第 10 章

協助

從「我不能」到「我可以」

永遠有更寬廣的視野。……還有很多待完成的事。……
由你自己決定是否要貢獻自己的一小部分，讓人類未來
變得更好。[1]

—— 法蘭西絲・珀金斯（Frances Perkins）

「總統請我打電話給你。談判陷入僵局，時間所剩無
幾。」

我的朋友哥倫比亞和平專員塞爾吉奧・賈拉米洛打給
我，電話中他聽起來憂心忡忡。

「你可以來波哥大幫我們嗎？」

我不確定我能不能幫上忙，因為我對爭執的議題不夠瞭
解，但我還是覺得一定要有所回應。

「我能幫什麼忙？」我問道。

當時是 2015 年 4 月，企圖停止哥倫比亞內戰的和平談判已經在古巴的哈瓦那進行三年。[2] 雖然有所進展，但還是有幾個重大議題難解，其中最敏感的就是轉型正義和問責的問題。戰爭造成的受害者超過八百萬人，[3] 誰能對龐大的戰爭罪負責，讓這個國家的傷口癒合並向前邁進？

「我們的代表團裡出現一個很大的問題，」塞爾吉奧在電話中解釋道，「我們花了一個月的時間用盡各種方式想要向將軍解釋，為什麼關於戰爭罪體制責任的語言非常重要。這已經是國際法律常態，但他完全拒絕接受，吵了一個月後，他離開哈瓦那，飛回波哥大。哥倫比亞的新聞全都在報導這件事，這會影響整個和平談判進程。如果軍方不支持這個和平協議，大眾又要如何支持？

「我們需要你就語言方面取得內部共識，我們才能向另一方提案。」

我收拾行李，隔天一早就出發了。

當天很晚我才到波哥大，一抵達就直接去塞爾吉奧的家。我發現他很焦躁，這我能理解，因為他多年來的工作現在岌岌可危，他的聲音裡滿載情緒地大叫道：

「如果總統最後選擇站在將軍那一邊，那我就必須要辭職。」

隔天早上，我和將軍進行早餐會議，這位將軍曾任哥倫比亞軍方參謀總長，備受敬重也很受歡迎。我之前跟他談話

時，覺得他很公正直率。我用好奇的口吻問他：

「將軍，我覺得我了解你的擔憂，但我很想直接從你口中聽你說，這樣能讓我更理解你的想法。」

「很簡單，」他回答道。

「我的同僚提議的文字明確使用『體制參與者』（institutional actor）的集體責任，我們都知道那只是軍方的一個代稱。我們軍方的人曾經和薩爾瓦多和瓜地馬拉的軍方聊過他們在內戰之後發生了什麼事，政治人物最終不受影響，游擊隊也被放走，而軍方則變成代罪羔羊。」

他停頓一下。

「我們會陷入無盡的訴訟，我們有些人會去坐牢，這非常非常不公平，而這對所有為國家英勇上戰場的人也是一種差辱。我寧願辭職也不願意接受這樣編排的語言文字。」

「我了解了。」

我接著與首席談判員見面，這位談判員是憲法律師，也是前副總統。我認識他幾年了，一直覺得他心態開放、講理又聰明。

「我想直接聽你說你對現在情況的看法，還有為什麼集體責任的語言很重要，」我說。

他有點猶豫地回答道：

「很不幸地，每一方都犯了戰爭罪，包括游擊隊、軍方、準軍事部隊。那些犯罪的個人戰鬥員並不是獨自行事，而是代表所屬的機構。我們不能在全世界面前說，我們的體

制對於這個國家發生的所有悲劇都沒有任何集體責任。不然，不會有人相信哥倫比亞的司法體系能保持公平正義。我們一定要納入關於集體責任的語言。」

我現在更清楚雙方不同的利益了。

我下一個會議是要跟整個代表團一起討論，我請人準備一個白板，讓整個團隊都能用視覺化的方式看到問題所在。

「很高興能再次見到大家，」我告訴他們，「我知道對你們所有人來說，這個議題非常令人喪氣。我想請各位保持耐性，讓我試著了解困難點的確切所在。」

我請塞爾吉奧告訴我那句引發這麼多問題的句子，我把句子寫在白板上，大聲唸出來：

「體制參與者將為任何犯下的罪負起集體責任。」

我請將軍解釋他的擔憂。

「『體制參與者』一詞只是軍方的代稱。」

我轉而面向將軍說道：

「我理解你擔憂的是『體制』代表的是軍方。如果我們找到一個方式，更清楚說明這指的是包括所有政治領袖在內的整個政府有集體責任，而不只是軍方呢？」

我看著將軍，他疑惑地回看我，「我們還可以用什麼其他的詞？」我問道。

「那『政府參與者』呢？」塞爾吉奧提議道。

我走到白板前，把「體制」一詞劃掉，然後寫上「國家」一詞。

我看著將軍問：

「那『國家參與者』（state actor）這個詞如何？」

他停頓想了一下。

「嗯……我想『國家』這個詞不會只點出軍方，而包含了所有政府決策者。」

「這樣足以化解你的擔憂嗎？」

他又停頓一下。

「我想……應該可以。」

我轉向房間裡其他所有人，「這個新的用詞，大家可以接受嗎？」

從首席談判員開始的所有人都點點頭。

大家環顧四周，覺得很驚訝也難以置信。他們慢慢意識到，那個導致和談癱瘓超過一個月的問題，在二十分鐘內就被他們自己解決。我們成群前往總統府向桑托斯總統報告。總統面帶微笑，立即同意這個用詞並派談判員回到哈瓦那。

我由此學到很重要的一課：當我們陷入衝突難以脫身時，視野往往變得狹隘。衝突會蒙蔽我們的視野，衝突之外的人往往可以幫助雙方看到內部難以發現的可能性。留意你的位置將決定你的視野。

我們可能會假設如果要「幫助」衝突中的雙方，我們需要有「答案」，我們需要提供能解決問題的實質建議。但事實上，並不用。要提供協助，我們只要具備好奇心，仔細傾聽，並詢問能開啟新的可能性的問題。

協助是人性

協助是人類與生俱來的能力與傾向，當我們認識的某人陷入困境時，我們自然會去問「我能怎麼幫你？」這個簡單的問題。

對於陷入衝突的人，要走上包廂或搭建黃金橋並不容易。我們都會有需要協助的時候，就算是那些看似能夠處理衝突的人。至少我就如此，我也曾覺得被困在爭論之中。

我記得某次家族遺產的問題，那是母親快過世前，要我執行她的遺囑。她覺得我能調解其中敏感的議題，但事實上當我也是其中一員時，我卻無法做到。我哥哥建議找表弟保羅擔任非正式的調解員，調解問題，讓大家都滿意。

保羅是親戚，不是專業的調解員。就像我們所有的人在這樣情境下會有的反應一樣，他不太願意介入此事，但還是同意協助，因為他關心我們。這個經驗提醒我，尋求協助與接受協助的重要性。

如果我願意睜開眼去看，我身邊到處都有人願意協助。對我來說很困難的事，對我的表弟而言則簡單許多。他從來沒有這樣進行調解過，而我則有許多調解的經驗，但他卻能用我無法辦到的方式協助。此例中主要的障礙不是分遺產這個客觀問題，而是不信任的情感問題。作為分遺產的其中一方，我自然不會被認為是中立的。大家都信任保羅，也認為他是中立的，所以一度無法執行的流程得以繼續往下走。

　　我因此大大鬆了一口氣。我當時沒能力處理所有邏輯和財務上的細節，但更重要的是，我覺得要完成母親遺願的重擔因此減輕。而更寶貴的是，我和手足間的關係因此轉化，我們從這個拖延已久的問題解放，情感才能真正開始修復。

　　我在寫這章時，我見到保羅並再次謝謝他的協助。

　　「我覺得這是我做過讓我感到最滿意的一件事了，」他說道。

　　「協助」是「幫助雙方走上包廂並搭建黃金橋」的簡單說法。這代表要幫助他們暫停、聚焦在他們真正想要的東西上，再拉遠看到更廣大的全局。這代表要幫助他們傾聽彼此，找到可能的選項，並吸引另一方也同意。簡言之，這代表要幫助雙方看到之前可能一點都看不到的可能性。

　　在面對激烈衝突時，我們作為潛在的第三方可能會覺得無力，認為能做的很少或沒有什麼能做的。事實上，我們每個人都有能力透過某種方式幫助衝突中的一方或各方，而要開始轉變這樣的心態，就得從「我無法」轉變為「我可以」。

問有助釐清狀況的問題

　　大部分人不喜歡別人告訴他們要怎麼做，尤其是在敏感的情境中，他們會覺得自己的看法最有說服力。就我的經驗而言，關鍵是從詢問有助釐清的問題開始，由此找到雙方的

看法。有助釐清的問題能幫助挖掘出深層的利益，並產生可能的選項。

問題可能很簡單：

「可以請你解釋為什麼這樣會對你造成困難嗎？你的擔憂是什麼？這對你來說為什麼很重要？」

或「我們要怎麼滿足雙方的利益？」

或「如果你現在不同意，在怎樣的情況下你可能會同意？」

又或者「你鬥爭的代價是什麼？如果同意，會對你帶來什麼樣的好處？」

這些都是我們所有人可以問的問題。

問這些問題能幫助人們發現內在的線索，幫助他們處理自身的問題。

「有很多顧問來給我他們能給出最好的建議，」阿富汗的總統對我的同事和我這樣說，我們和總統一起坐在位於阿格（Arg）花園內的一個圓形露台上。阿格是過去阿富汗國王建造的有堡壘屏障的宮殿。

在一片開滿花的樹林間，顏色鮮豔的鸚鵡從我們頭上飛過。距離鸚鵡遙遠的上空，軍事直升機在天空盤旋，悲慘的戰爭仍持續進行。

「但你們，我們的新朋友們，」總統繼續說道，「你們是第一個仔細聆聽、問好問題的人，你們提供的想法是根據我們面臨的真實問題所量身打造。」

　　就我的經驗中，提供專業建議跟只是給意見並不一樣。意見是從提供意見者的角度出發。一個人能提供最聰明的想法是什麼呢？相較之下，專業建議則是從另一方的角度出發。如果我們換位思考，體驗他們的問題，那問什麼問題會最實際？

　　給意見時，有 80% 在講；給專業建議時，有 80% 在傾聽。

　　這是我從哥倫比亞的經驗所學到的，自此深深牢記在心。當我在 2011 年 6 月受邀與桑托斯總統見面時，我以為只會去一趟。我當時忙著處理其他衝突，沒法再承接更多其他工作了。我會根據在其他地方的經驗提供一些意見，如果後續還有什麼需要，會轉介其他人處理。但當我人在那裡時，我發現需要的是很不一樣的東西。內戰持續超過 50 年，大家普遍都認為和平無望。桑托斯總統不需要一般的意見；他需要根據他的特定情況量身打造的專業建議。

　　最終，我在接下來的七年內共飛去哥倫比亞 25 次，與其他衝突顧問密切合作。我們深入瞭解這場複雜的衝突，詢問了很多問題。我們花很多時間傾聽其中的關鍵角色，並針對桑托斯總統的需求和實際政治狀況，提供高度量身打造的想法。

　　如果要提供有用的建議，我發現我剛成為人類學家時學到的一件事很有用，那就是區分「一般知識」和「在地知識」。

　　我們通常把「一般知識」稱為知識，這是我們在學校學到的，通常透過閱讀書籍、文章習得。但「在地知識」則是關於在地人民和情境脈絡相關的知識，往往沒有明說，也很少寫下來，要透過經驗習得，是我們對於人、他們的行為和動機會有的了解。在地知識是實際做出決策的方式，不只是透過正式流程，也透過非正式管道。我們往往沒有注意到我們一直在累積這類關於我們周遭人們和情況的知識。

　　我從談判的工作中理解到，只是根據一般知識所給出的意見通常沒什麼用。大家不知道要怎麼將其應用到他們特定的情境中，可能根本就不適用。所以，訣竅是將一般知識盡可能和越多在地知識結合。

　　我發現最好的方式就是仔細傾聽，詢問有很多在地知識的人問題。如果你和其中一方或多方關係密切，你很可能就擁有在地知識。有了這些知識，你能做的會比提供一般性的意見還要多；你可以提供真誠的專業建議。

協助真誠的對話進行

　　如果大家的歧見如此之深，一講話就要吵起來或打起來，該怎麼辦？

　　這裡凸顯出我們作為第三方可以扮演的另一個重要角色：我們可以協助彼此清楚溝通，並進行真誠的對話。我們

可以創造一個安全的環境，一個包容的過程，讓大家可以敞開心胸交流，藉此增加彼此互相理解，也處理爭吵的問題。

1996 年春天，我受到知名衝突調解組織「尋找共同點」（Search for Common Ground）的邀請，要到法國協助土耳其人與庫德族人進行一場保密談話。當時在土耳其，嚴重的內戰已延燒幾十年，導致超過兩萬五千人身亡，三千個村莊遭到摧毀。[4]

主辦人大衛・菲利普斯（David Phillips）在這之前的好幾個月努力從雙方找來五位知名的參與者，包括從政治、商業、退役軍官等領域的領袖。當時雙方彼此敵意高漲，嚴重地相互猜疑，光是和對方談話都會被當成是叛國行為。這些領袖是冒著聲譽、甚至是生命的風險參與這場對話。大衛找到一個祕密場地，那是距離衝突現場遙遠的古堡，外有壕溝屏障。這個地點就像是一個包廂。

從會議一開始，我就注意到兩位領導者，他們似乎是各自陣營中觀點最為強硬的成員。阿里（Ali，在此我將這樣稱呼他）強烈捍衛庫德族的國家權利，並以此為人所知。他是一個庫德族政黨的領袖，因勝選進入國家議會服務。他因為公開表達自身信念而入獄多次，最近才剛剛從獄中釋放。穆罕默德（Mehmet，在此我將這樣稱呼他）則是土耳其民族主義者，就讀大學時，他曾是一個暴力極端組織「灰狼」（Grey Wolves）的領袖。吃早餐的時候，他的一位同事告訴我說：

「穆罕默德寧願殺了庫德族人，也不願意跟他們說話。」

　　第一天早上，會議室內的氣氛非常緊繃。一開始，我說明了立場和表層底下利益的區別，並問參與者一個基本問題：

　　「你真的想要為你的人民爭取的是什麼？」

　　阿里率先回答。他滔滔不絕地說著一般民眾在內戰中受到多少苦難，他宣稱要為自己人民爭取的是「自決」。

　　穆罕默德一聽到這個詞，立刻跳出來抗議。

　　「用這個詞是嚴重的叛國罪！我不能待在這裡聽這種叛國言論！我要打包離開！」

　　他生氣地離開了會議室。我請大家稍事休息，然後去找穆罕默德。

　　「穆罕默德，」我對他說：「你長途跋涉來到這裡，我們大家都需要聽到你的觀點。請再給我們一個機會，回到這裡參與我們的討論。」

　　他的一位同事小聲地用土耳其語跟他說明。

　　「好，我會回去，再給這個會議一個機會，」他暴躁地對我說道：「但請理解，他們在會議裡用了這個冒犯的言詞，我同事和我出現在這裡是違法的。」

　　隨著我們再次進入對話，我對大家解釋道：

　　「各位，這場對話是我們人類所能做到最艱難的工作。我們需要傾聽我們完全不想聽到或會讓我們生氣的另一方觀點。

　　「我聽穆罕默德講話時，我了解他聽到阿里用的詞讓他

很痛苦。對於穆罕默德來說，這代表要分裂土耳其，讓他想起鄂圖曼帝國分裂後發生的悲慘事件。」

我直視著穆罕默德，他聽了之後點點頭。

「當我聽到阿里的分享時，我聽見他在講述過去極深的傷口，以及他的人民受到的嚴重苦難。我聽見想受到尊重的需求，還有人民對於影響他們生命及命運的決策有表達意見的需求。」

阿里和他的庫德族同事都點點頭。阿里起身發言，其他人緊張地移動著他們的椅子。

「我想要繼續解釋我剛才說的話。對，我相信庫德族人跟所有人一樣，都有神所賦予自決的權利。但我也相信我們應該透過選擇在土耳其，和其他人處於平等地位，並使用自決的權利。」

他停頓一下，環顧四周。

「事實上，我個人會以生命為土耳其抵禦任何外部威脅。」

我看著穆罕默德，他看起來非常驚訝，也鬆了一口氣。我覺得會議室裡的所有人也都鬆了一口氣。

在關係緊繃、恐懼和互不信任的情況下，需要努力才能將雙方聚起來，並讓他們持續對話互動。需要打造一個中立的場域，這個場域要和雙方強烈的情緒一樣強大。作為第三方，我的工作是維持這樣一個場域，像是穆罕默德這樣的參與者可以展現其自然反應，但又不會毀掉這場對話。

阿里從這裡接手。他在緊繃的中場休息後，以絕佳口才成功地扮演衝突的三方角色：他為自己那一方倡議，表示他們有自決的權利；他搭建了通往另一端的黃金橋，選擇留在土耳其內和其他民族享有平等地位；他更鄭重承諾會以生命捍衛整個社群，藉此扮演了第三方的角色。

這對我來說是一個重要的提醒：不是只有局外人可以扮演第三方的角色。阿里完美示範，就算你是衝突的一方，你還是可以扮演第三方，同時堅定地擁護己方立場。

我們每一個人，甚至是衝突雙方，都是潛在的第三方。我們每個人如果願意選擇，都能扮演更廣大社群的那一方。

那天晚上，我看到穆罕默德和阿里坐在一起，花了很多時間熱烈地討論。我當時在想他們到底在討論什麼，討論得如此熱烈。

隔天早上，我終於知道了。會議要開始時，穆罕默德舉起手表示想發言。

「穆罕默德，請說。」

我有點緊張，不知道他要說什麼，我覺得在座的所有人都有同樣感覺。

穆罕默德站起來。

「昨天晚上我睡不著。我一直在想阿里和其他人告訴我們，庫德族人在戰爭中遭受的苦難。我完全不知道普通老百姓只是因為說自己的語言、在家遵循自己的習俗所受到的待遇，或是阿里在獄中的經驗。我一直問自己，如果我生下來

是庫德族人，我會不會像他一樣捍衛自己的權利？」

他停頓一下。

「如果幾個月前，有人告訴我，我會和一群庫德族人坐下來，他們會用『庫德斯坦』（Kurdistan）一詞稱呼他們生活的土地，我會覺得那一定是我最可怕的惡夢。

「但是現在我覺得我活在一場夢之中。」他停下來看著阿里。

「我想要謝謝阿里幫助我了解。雖然我現在和以後永遠都會是土耳其民族主義的最強力支持者，我在這裡想要向大家表示，不管是土耳其人或庫德族人，所有人都有權利表達他們覺得認同的身分。」

穆罕默德坐下。大家張大眼睛看著他，感到難以置信。

如果在這場看似不可能化解的衝突中，有方法能夠往前邁進，那這樣的機會將來自衝突雙方本身。我作為引導者的工作，就只是幫助他們找到這樣的機會。我讓對話開始，但阿里、穆罕默德和他們的同事在晚餐時刻又繼續進行對話。他們協助引導自己的衝突。

在我的經驗中，最困難的工作要由衝突的雙方來完成。保持距離，互砸石頭要簡單得多。要有真正的勇氣才能面對人類彼此差異的痛苦；要有勇氣才能暴露自身脆弱之處，說出自己真正在乎的事情。

我在各種大大小小的衝突中常常看到，對話有改變人心和思想的力量。衝突雙方往往會很驚訝發現，他們的敵人跟

他們一樣都只是人。他們有時候的結論會像穆罕默德一樣，表示如果自己處於同樣的立場，也會有相同的感受和反應。

能見證這些人勇敢突破，我深受感動。當大家努力化解衝突，他們又活了過來，變得有人性，就像是阿里和穆罕默德一樣。而這樣的突破也帶來果實。這群土耳其人和庫德族領袖最後建立了關係，在接下來幾年一起工作，在各自的人民中推動相互理解及政治對話。

這個經驗清楚地呈現出真正的魔法來自衝突雙方。我開始了解，他們周遭人的工作是幫助引導對話進行，直到當事人可以自行引導對話繼續下去。我們作為第三方的工作是要幫助他們在表達己方立場時，也學會扮演第三方的角色。我們的工作最終是要將這份工作脫手。

調解出令人滿意的協議

如果大家真的很難達成協議該怎麼辦？

這就是我們可以透過調解提供協助的時候了。就算是非正式的也可以，像是我的家人在處理家族遺產問題時，我的表弟保羅就是這樣協助我們。他協助促成對雙方都有利的協議，將我母親的遺產以公平的方式分給子女，並將她收藏的藝術作品和家具另外分配，讓大家都滿意。調解的意思是主動協助衝突的雙方達成可接受的協議，其實就只是協助促成

談判。

調解往往會和仲裁混淆，但兩者非常不一樣。在調解中，協議屬於雙方。衝突的雙方是主角，第三方只是提供協助；相較之下，仲裁中的第三方會做決定。我很早就理解到這個重要的區別，那時我才剛完成肯塔基州煤礦場的調解工作，接著受到全國工會和僱主協會的邀請，針對西維吉尼亞州一起因全國勞工契約引發的不滿情事，擔任仲裁的角色。

我的第一起仲裁案件進行的地點發生在西維吉尼亞州查爾斯頓一間飯店的會議室。會議室內有一張長桌，五位工會代表和工作岌岌可危的一名礦工坐在一邊，五位管理階層的代表坐在另一邊。

會議室氣氛肅穆。我要坐在桌子最前面一端，像是法官一樣主持會議進行。我當時才 27 歲，但所有的代表面對我的態度彷彿我已經滿頭白髮。

漫漫一整天過去，雙方進行爭辯。管理階層想要解僱一直曠工的工人，工會則對這個決定進行挑戰。我問了些問題，但雙方唯一的問題就是管理階層是否有完全遵照合約行事。管理階層的目標是保護其管理的權利，工會的目標則是基於合約挑戰那些權利。

感覺沒有人真的關心那位礦工，他的工作就快要不保。我也有種感覺，覺得或許有另一種可能性，能同時滿足雙方，也保住礦工的工作。另外，其中有一位經理承認這位工人的表現不錯。

　　工人之所以曠工似乎有原因，但我無法在仲裁程序中呈現出這一點，因為這和合約無關，有一個能修補關係的可能性因此被忽略。

　　作為仲裁人員，我只能根據合約決定誰對誰錯，這讓人感到非常挫折。最終要寫出摘要決定時，我別無選擇，只能根據合約進行裁決。在此情境中，對管理階層顯然更有利，他們有權解雇工人。但就算是管理階層贏了，但我感覺所有人都輸了。礦場損失一位好員工，工會輸掉這個案件，每個人都損失很多時間和精力，而礦工則丟了工作和生計。

　　這對我來說是很重要的一課，跟之前作為調解員的經驗完全不一樣。作為調解員，我有機會深入瞭解真正的問題：各方在表層底下的利益和需求是什麼？作為調解員，我可以和雙方深入探索各種可能性，而不是被迫針對合約做出簡單二擇一的決定。調解能幫助釋放雙方各自內在、彼此之間和周遭的所有可能性。

　　仲裁有其價值，能解決那些無法透過談判、調解的爭議，且不經仲裁就只能訴諸代價高昂的訴訟。但讓我選擇從事調解的原因是，調解能讓雙方尋找雙贏的選項。調解的表面字義就是「坐在中間」。

　　我們可能沒有意識到，但就非正式的意涵來說，每個人在每天日常的情境中都有機會調解。家長要為吵架的孩子們進行調解；經理要為屬下和長官們調解；婚姻諮商師要為爭執的配偶調解。

我們可能不是中立的，但我們有興趣也有動力幫助身旁
的人轉化他們的衝突，藉此幫助我們的家庭、職場和社群。
我們每個人都有機會坐在中間，幫助身旁的人達成令人滿意
的協議，並修補他們的關係。

去幫忙吧

1997 年 12 月，我的母親罹患癌症，我被緊急要求去協助
引導一場會議，該場會議的目的是要避免車臣共和國和俄國
再次陷入戰爭。同事和我協助進行的停火談判岌岌可危。這
場會議本來是要由韃靼斯坦共和國的總統在位於烏拉山脈的
總統府召開。

我在每天例行與母親通電話時，告訴她這件事。

「你不去嗎？」她問道。

「我應該不會去。你現在生病了，我現在出國不太好。
我不想離你太遠。」

「你要去，他們需要你的協助。」

「我知道，但你不舒服，我要待在這裡。」

「我希望你去，請為了我去，」母親堅持道，「媽……我
不知道。」

「去幫忙吧！」

最後，她說了算。

　　說不定協助最大的阻礙就在我們自己心裡。我們常常會誤以為我們沒有辦法提供太多協助。

　　提供協助這件事可能比我們想像得還要容易。我們覺得去幫忙就要得到答案，其實並不用；相反的，我們可以傾聽並問基本能幫助解決的問題。我們可以提供建議，我們可以引導進行真誠的對話，我們可以幫忙調解。當雙方都能完全參與過程，自行創造並達成協議，在這過程中就會產生最好的答案。

　　協助也能對雙方更有用處，超越我們的想像。問好的問題能幫助雙方聚焦在他們真正想要的目標上，並拉遠看到更廣闊的全局。將大家聚在一起，創造一個安全的氛圍，能幫助雙方建立關係，互相理解。調解則能幫助他們達成一個各自都能接受且滿意的協議結果。在毀滅性僵局或令人滿意的結果之間，好的協助往往是造成這兩者不同結果的關鍵。

　　最後，如果我們是衝突中的其中一方，來自第三方的協助其實比我們想像的都還容易取得，我們身邊處處圍繞著第三方。我從家族處理遺產這件事學到，我們可能很容易就可以找到人協助，比我們原本所想的還要容易。

　　我們每個人都可能成為一位第三方，對於生活周遭的衝突，我們每個人都能扮演支持性的角色。

　　去幫忙吧。

第 11 章

群體行動

化被動為主動

當蜘蛛結起網來，甚至能阻擋一頭獅子。[1]

—— 衣索比亞諺語

「誰能做些什麼，阻止與北韓爆發戰爭的衝突升高？」

2017 年 10 月，我在科羅拉多州波德市一間租來的房子裡，進行一場為期兩週的社會實驗，我對在場 12 名志工提出這個問題。

這一切都始於五週前我和派翠絲·馬丁（Patrice Martin）的一次對話，她在「設計思考」的實踐上相當知名。我當時請教她設計思考能如何幫助解決看似難以化解的衝突。設計思考是一種以人為本的創意做法。

「你的夢想是什麼？」她問我。

　　「派翠絲，這些衝突中往往欠缺的是關鍵的創意合作。在矽谷，他們對於看似難解的困難軟體問題，會採取群體行動。我的夢想是一群表現極佳的團隊能針對世界上最艱困的衝突，採取群體行動去解決這些問題。」

　　「群體行動對你來說是什麼？」派翠絲問我。

　　「從各個方面有創意地去解決問題。團隊有多元觀點，非常緊密的合作，集中精力工作，直到找到新的可能性。」

　　「你要不要模擬一下你想做的事，看會有什麼結果？」派翠絲問我，「就做兩個禮拜，這樣做能帶給你一些想法，看接下來可以怎麼做。在設計思考中，我們稱之為快速原型製作（rapid prototyping），你以實驗的方式嘗試某個東西，然後持續改良，直到產出可以用的成果。」

　　「聽起來很棒。那要怎麼開始？」

　　「首先，找到一個問題。」

　　我剛結束和羅德曼第二次的見面，滿腦都是北韓問題。

　　「挑一個比較容易解決的小問題是不是比較好，還是可以挑一個很龐大、看起來不可能解決的問題？」我問道，「我在想的是怎麼樣可以避免與北韓爆發戰爭。」

　　「挑一個讓你有動力的問題，訂下一個日期然後開始進行，這箇中有其魔力。不要等了。」派翠絲催促我進行。

　　我的同事莉薩・赫斯特和我挑了五週後的某一個日期。

　　我們向同事們發出這個消息，看看誰在短短時間內有空撥出兩週的時間，參與一個不尋常的實驗。我們採訪並挑選

了 12 個人，這些人各自有不同的觀點及背景，其中包括一位
國際律師、幾位受過訓練的調解員、一位策略性說故事者、
一位退役軍人。沒有人對北韓議題有所專研，但重點就是要
模擬一個群體的行動。

　　我的朋友羅伯・埃文斯非常擅長協助引導集體智慧與
創意的活動，我問他是否能幫忙，他很快就答應了。他帶了
一位很有才華的圖像藝術家一起來。我們在附近租了一間房
子，裡面放滿大型的展示板、掛紙白板、各種顏色的馬克
筆、很多便利貼，並設置協作空間。

　　這場社會實驗便開始了。我們暱稱自己是「和平的特種
部隊」（a SWAT team for peace）。我們的工作是要透過群體行
動的各種觀點處理美國與北韓的衝突，看看能否找到可能的
方式來避免這場災難性的戰爭。

透過群體行動去轉化狀況

　　在科技業中，「群體行動」指的是社群自行組織起來的
合作模式，透過有彈性、有創意的方式去解決問題。[2] 團隊
成員不會各自埋首在不同的專案上，大家的注意力都會放在
處理一個專案上，直到問題解決。目標是及時產出高品質的
結果，所有團隊成員都發揮各自強項。

　　群體行動就是我們在現今世界中要轉化極具挑戰的衝突

時所需要的。

以群體行動處理衝突指的是，以能達到臨界量引發群眾效應（critical mass）的想法和影響力去處理衝突。

群體行動會用到很多人的力量，將社群裡潛在的被動力量化為主動。

就像鳥兒會群聚起來抵禦鳥巢不受到前來掠奪的老鷹攻擊，阻止破壞行為，社群中的人們也可以聚起來一起阻止破壞性衝突，讓衝突朝著更具建設性的方向發展。

當喀拉哈里的庫亞族人將有毒的弓箭藏起來，並聚在營火旁的時候，他們就是在用群體行動處理衝突。當南非的商界、勞工、宗教和民間領袖聚在一起，訂下國家和平協議時，他們就是在用群體行動處理衝突，終結種族隔離。

「主持」是照顧雙方，「協助」處理問題，而「群體行動」則是再加上「能力」這個缺少的關鍵要素。當衝突升高，一方試圖將己方意志強加在另一方的時候，一個團結的社群有能力停止鬥爭，開始對話。

伴隨著能力而來的是責任。當使用越多能力，就需要展現更多的尊重，這樣的能力才不會產生反效果。群體行動的目的是轉化衝突，為雙方及社群帶來長期的好處。

我喜歡群體行動這個強烈的字眼，有時候會帶點威脅的意涵，就像是蜂群或昆蟲的群體行動。有一點也很重要，要記得遭到群體行動圍攻的不是個人；遭到群體行動圍攻的是衝突。我們要「擊破」的是問題，而不是人。

帶著想法進行群體行動

群體行動是通往可能之路的集大成做法，結合走上包廂、搭建黃金橋和引入第三方。

「我們站在包廂上，」我這樣對和平的特種部隊的志工說道：「在這裡我們能看到更廣大全局，聚焦在真正重要的事情上。我們試著為雙方搭建黃金橋。我們都屬於第三方，這個更廣大的社群擔憂著威脅到現今世界的一場衝突。

「你們的工作就是找出誰在明天能做些什麼，阻止核戰爆發的衝突升高。這是我希望各位在接下來兩週每天思考的問題。盡量讀越多你覺得有用的資訊，打電話並訪問專家，對新的想法抱持開放的態度，看看能有什麼結果。

「我希望我們能寫一個腳本，腳本中兩位領導者的手指都放在核彈按鈕上，而故事最終能找到一個更好的方式處理他們的分歧。他們的勝利致詞將會怎麼說？

「我們的座右銘是謙遜但大膽。要夠果敢，相信我們有可能有所貢獻；同時也要夠謙虛，知道我們所知甚少，所以能以新手的態度去傾聽所有的知識與經驗。」

我們分成小組，並設立一個川普團隊和一個金正恩團隊。這兩組人被分配要盡可能學習關於這兩位領袖的事情，不管是他們個人或作為決策者的面向。他們的動機是什麼？他們的童年如何度過？他們看到世界的觀點？他們如何做決策，誰影響了他們？什麼可以改變他們的想法？

「就算你不同意這個人，也試著換位思考，置身在他們的處境中，感受會是如何？練習『策略同理』，帶有目的地去同理他們。唯有了解他們，我們才有機會影響他們做出正確的決定。」

川普團隊研究了川普針對北韓做過的所有言論與發出過的推特文章，最早可溯及 25 年前。他們把每一個言論都寫在便條紙上，在展示板上排成一排，看看其中是否有任何模式可尋。

這個團隊也研究川普在政治決定上改變想法的特定例子。當時發生了什麼事？他聽了誰的話？哪些要素對他的影響最大？我們開始發現川普不尋常的靈活特質，他能快速改變想法，而且將此定調為自己的勝利。

其中一位成員吉亞・麥德羅絲（Gia Medeiros）從事行銷與策略傳播的工作，她打電話給一個實境秀的電視製作人，這位製作人曾經在《誰是接班人》（The Apprentice）這個節目與川普合作過。

「如果這是一檔電視實境秀，怎樣可以有好的結局？」她問這位電視製作人。

「嗯，電視實境秀的首要法則就是『做什麼都好，就是不要無聊』。不能都是同一個人當壞人，總是要有驚喜或劇情轉折。」

當我們思考著如何給川普台階下時，這就是我們靈光乍現的瞬間。

　　我們透過 Zoom 和專家請益：研究這場衝突的教授、曾經與北韓交手的前外交官、前情報分析師、任何可以給我們洞見的人。我們也去找到比較難想像得到的觀點，像是前幫派成員，他告訴我們要阻止幫派老大間暴力的有效方法。團隊成員仔細聆聽，想找到任何洞見，並把這些資訊寫在便條紙上。我們將這些貼在掛紙白板上，分析這些資訊，想找到線索和繼續追問的問題。

　　整間房子裡都是展示板，板子上貼滿一大張一大張的紙，紙上都是我們研究得到的資訊，彷彿我們在試著解開一樁犯罪，在追查各種遺漏的資訊。我們將這齣劇中的所有關鍵角色都列出來，從華盛頓、平壤、首爾、北京，到莫斯科、東京等等。團隊把關鍵個人決策者的背景資訊都寫下來。這就是 12 個人以雷射光束般的專注力，花上兩週專心一致地思考一個問題的優點：明天早上誰能做什麼來降低核戰的風險？

　　每天結束之際，我們聚在客廳，在牆上的圖紙上寫下：

　　「我們今天學到了什麼？」

　　「哪些有用？」

　　「明天要改變哪些？」

　　每天早上，我們再次聚集，自問有沒有任何新的洞見或問題，然後依照這些來規劃當天活動。

　　我們完全聚焦在學習及改進我們在做的事情上，我們在練習「快速原型製作」。

　　我們的目標是用多種觀點及想法，以群體行動的方式處理問題，找到多重接觸點，打開能通往一條有效談判之路。過程中浮現很多有創意的可能性都被貼在牆上。

　　「繼續想，」我告訴大家，「但不要輕忽，別忘記我們知道的很少。更重要的是，要仔細傾聽那些有三十幾年經驗的人，無憑無據的創意並沒有用，而沒有創意的經驗不會帶來新的做法。我們需要結合創意和經驗，有根有據的想像力才是關鍵。」

　　因為我們知道要龐大的團體合作才能克服艱困的挑戰，我們開始大量合作，毫無拘束地分享想法及觀點，為別人的創意歡呼，在過程中互相幫助。大家受到鼓勵，願意貢獻所有潛能。我們集體的智慧比任何一個人單獨的智慧都還要強大。

　　工作的節奏過程很密集。同時，我們能處理這個危險的問題，而不只是表現擔心而已，這讓人感到很滿足。由於主題嚴肅，這樣說或許很奇怪，但過程很好玩。我們一起吃飯、一起散步、一起在外面的院子休息伸展。會議的引導者羅伯在中場休息時放音樂，鼓勵我們動動身體、跳舞、把擔憂都甩掉。

　　在我們嘗試一個又一個角度的過程中，任何可以打開視野、刺激創意、加強合作、督促我們繼續堅持下去的方法，我們都會嘗試。

　　我們從運動和音樂中知道，遊戲的精神能提升我們的

表現，讓我們發揮所有的潛能。在這場實驗中，我一窺遊戲的力量，看到這個力量被應用在轉化危險衝突的任務時的成效。

這是我一直夢想的模擬情境：一群投入的團隊成員，以群體行動一起處理一個艱困的衝突。但這不只是一個模擬；這是世界上真實發生的緊急事件。從前外交官到學術專家，我們和那些了解這些議題的人對話，分別從三位不同人的口中聽到以下內容：

「情況真的變得很危險。很高興知道有人正在做點什麼。」

聽到這樣的回答，讓我們也很擔憂。畢竟，這場為期兩週的模擬是一個社會實驗，所有參與者沒有人是北韓議題專家。由於情況非常嚴重也相當緊急，如果有人覺得應該有非常了解此議題的專家組成的真實團隊，一同專心一志、不分晝夜地合作，思考實際上能如何避免這場可能爆發的災難性戰爭，會有人這樣想應該也不為過。但很遺憾地，我們訪問過的許多朝鮮半島議題專家，都說不出一個這樣的團隊。

大家花很多力氣專注在分析其危險性，但相較之下卻很少人在思考如何避免這場危險的衝突。預測有很多，卻少有預防的行動。

所以，雖然我們一開始只規劃了為期兩週的模擬，團隊成員和我決定：我們要找到辦法繼續進行下去，我們要試著讓這場模擬的群體行動變成一場真正的群體行動。

創造你的 ACT

好的想法很重要，但如果沒有辦法把這些想法帶到關鍵的決策者面前，那也沒有用。因此，我們需要 ACT：A 代表接近（access），C 代表可信度（credibility），T 代表信任（trust）。

接近指的是，與衝突中的人連結。可信度是基於能力與過去紀錄建立起的公信力，來自大腦思考，屬於理性層面。信任則是基於意圖和正直誠信建立起的公信力，發自內心，屬於感性層面。

在庫亞人中，衝突雙方的家人和朋友一同努力，說服雙方坐下來，彼此聆聽，最終和解。實際上，社群就是運用本身接觸雙方的機會、其可信度及信任，藉此改變衝突雙方的想法。

ACT 是第三方的基礎，讓社群能影響衝突中的雙方停止鬥爭，開始對話。

如果我們沒有接近、可信度和信任，我們就需要建立這些要素，或與其他人一起建立。當我開始擔憂北韓發動戰爭的風險時，我找了一位我知道少數實際去過北韓的人，也就是在談判領域共事許久的同事喬納森・鮑威爾（Jonathan Powell）。我記得在哥倫比亞時和他某次一起吃晚餐，他向我解釋有一年他飛到北韓，這是歐洲與北韓政治交流慣例的行程。於是我打了電話向喬納森請教。

「我很擔心北韓的局勢，若要面對川普和金正恩攤牌的

狀況，我們的解套做法在哪裡？

「你什麼時候還會再去北韓？」

「很快。目前為止，我們的對話還沒能夠產出任何有用的東西。我們只有政策路線，但這次可能會不一樣。我們很幸運，現在新的對話對象是李洙墉（Ri Su Yong），他在 1990 年代是北韓駐瑞士大使，當時金正恩以化名在當地就讀寄宿學校。」

「聽起來有機會。」

「再看看，」喬納森說道，「在此同時，你要不要跟會和我同行的格林・福特（Glyn Ford）講講話？他是前工黨議員，也曾經是歐洲議會議員，他拜訪北韓的經驗長達 25 年。他去過那裡將近 40 次。」

我打給格林，他告訴我：

「和李洙墉見面是個很好的機會，他是北韓最高階的外交官員。有人說他在瑞士時很照顧金正恩和他的妹妹，有點像是代理父親的角色。有鑑於他們之間長期合作的關係，我猜金正恩會仔細聆聽他的意見。」

我請喬納森和格林分別透過 Zoom 與位於科羅拉多州的和平特種部隊成員分享他們的看法，以及對於談判解方的想法。我給團隊一個任務：

「喬納森與格林和北韓建立了一種 ACT，也就是接近的機會、可信度和信任，或許這會有用。但是要怎麼運用最好？再過幾週，他們會到平壤。想像他們和與金正恩關係緊

密的李洙墉只有一小時可以對話。在不要指名道姓的狀況
下，我想請各位去請教專家，詢問喬納森和格林應該問哪些
問題，他們應該傳達哪些重點，他們對李洙墉能說些什麼讓
衝突減緩的話？」

由此開始，一場群體行動的努力開始進行，喬納森、格
林和我則在一群研究員及分析師的協助下，密切進行合作。
接下來一年，我們共前往華盛頓、首爾、平壤 21 次。作為美
國公民，我無法去北韓，但他們身為英國公民則可以，也實
際去了。因為我們匯聚眾人並建立接近的機會，最終與三個
首都的重要決策官員進行了超過 85 場的會議。

要召開這些會議並不容易，尤其是一開始的幾場。

一開始「接近的機會」需要一些人脈和引薦。

不過一旦開始，一場會議就能打開通往另一場會議的大
門。我們遇到的每位官員都很好奇我們從其他人那裡學到什
麼。隨著他們認為我們的對話有幫助，我們的可信度也獲得
提升。而隨著我們持續維繫這些關係，繼續保持正向互動及
信心，我們也建立彼此的信任感。

我們在這些會議中認真傾聽他們的擔憂及問題，接著
寄出後續的建議備忘錄。這些簡短的備忘錄約兩到三頁的長
度，是由喬納森精心草擬，他過去曾擔任英國首相布萊爾的
幕僚長，並根據這些經驗擬出這些問題。那一年總共收到
48 份備忘錄，再搭配超過 200 份背景資料及我們稱之為「get
smarts」的議題文件，以上全都是由來自群體行動實驗的團隊

所搜集整理出來的。

　　這些集體努力的影響是什麼呢？我們永遠都不會知道。但我曾接到一通電話，對方是《華盛頓郵報》的資深政治線記者，大家都知道他與白宮內部關係友好，這位記者告訴我：

　　「我真的覺得你們的努力影響了談判的過程，也幫助讓美國總統和北韓領袖首次坐上談判桌。」[3]

　　因應北韓議題的群體行動讓我能一窺我的夢想，看到團隊們利用集體智慧和 ACT，以群體行動的力量去處理我們現今面對最棘手的衝突。

採取群體行動是人性

　　動員周遭社群的人群起行動，以群體力量去阻止破壞性衝突，這並非新鮮事。我從關於戰爭與和平的人類學研究中學到，在處理爭議不斷的衝突時，群體行動可能是最古早人類祖先所傳承給我們的能力。

　　「如果有人在沒有得到允許前到別人的土地獵捕，會怎樣？」有次，我這樣詢問庫亞族長老克拉克拉度。

　　「受害的那一方會找三個人來當證人，他會給他們看侵犯者的足跡，然後他們會一起去找到入侵者，告誡他不要再犯。」

「如果侵犯者不理會他們，然後又再次沒有經過同意就
去那裡狩獵的話怎麼辦？」

「這次受害的一方會找來四位證人，他們這次會很大聲
地對入侵者說話，告訴他不能再犯。」

我不禁想追問下去。

「那如果侵犯者第三次再犯呢？」

克拉克拉度近距離地看著我，慢慢說道：

「社群中沒有人敢違反常規再犯！」

社群動員關鍵的集體影響力，侵犯的一方可能比受害的
一方更加強大，但絕對不會比整個社群團結起來更強大。群
體行動是集體力量的應用，在處理不公不義的事情時有其必
要性。

「你有看到我手中的樹枝嗎？」一位來自納米比亞
Ju'hoansi 部落的族人特珊科（Tsamko）有次這樣問我：「一根
樹枝很容易就折斷了，但如果你撿了很多像這樣的樹枝，綁
一起就折不斷了。」

當我深入馬來西亞的雨林去拜訪閃邁人，我發現他們也
用類似的群體行動做法來處理衝突。

「不能選邊站，」一位閃邁長老這樣跟我解釋。

「大家應該要督促自己的親友來解決他們的爭端。」

大家會選擇站在整體社群的那一邊，也就是第三方。選
擇第三方不代表忽視你的家族和朋友的需求，這是代表要讓
紛爭不要再進一步惡化，這也代表使用建設性的影響力，幫

助雙方走上包廂，專注在真正重要的事情上。

閃邁人從小時候就開始學習當第三方。當一個小孩打另一個小孩時，大人們不會處罰小朋友，而是會召集小朋友協調會（bcaraa）。所有孩子都圍成一圈坐下，討論發生了什麼事、該如何解決問題並如何修補關係。大家都從紛爭中學到如何以和平的方式處理挫折與分歧。閃邁人動員同儕的力量來轉化衝突。

群體行動是我們能應用在任何衝突的人類內在能力。我們可能早就開始這樣做了，卻不自知。我就有這樣的經驗，那次是幾年前家裡發生的一件事。

我的兒子當時 19 歲，他上了一年大學後，選擇短暫休息，回到家裡住。很多年來，他都跟一群高中朋友混在一起，他們成天喝酒，漫無目的，無所事事。就像許多青少年一樣，他變得很疏遠，不愛跟我們說話。我所知道的那個敏感溫暖的小男孩，那個熱愛彈琴鑽研音樂的孩子似乎不見了。取而代之的是一個到處惹麻煩的年輕人，弄壞了家裡不止一台車，覺得世界處處與他為敵。

這樣的行為自然導致家人關係緊繃、憤怒和擔憂。最終引爆的點，是某天莉珊娜和我出門拜訪親戚，我們請兒子不要邀朋友來家裡。他答應了。我們不在家的期間，也請了人來看顧我們的房子，回到家時，那個人卻哭著來見我們。

「我不敢跟你們說，但我覺得你們的兒子上禮拜有找朋友來，他們在屋內開派對。整間屋子聞起來都是菸味和酒

味。當我向他問起這件事時，他威脅我說，要告訴你們我沒有把自己的工作做好。但我還是需要告訴你們這件事。」

她一邊說，一邊發抖。

「我當媽媽的，聽到這樣講，心都碎了，」我的太太莉珊娜在那天之後這樣對我說：「但我沒有辦法再跟他一起住在這間房子裡。我沒有辦法忍受他現在的樣子。」

一直到那之前，我的態度都比較寬容，覺得兒子正經歷人生中一段比較困難的時期。但現在我覺得內心有一股怒氣升起，事情不能繼續再這樣下去了。

我到住家附近峽谷最喜歡的一段路獨自散步，那裡是我的包廂。在大自然的美景中，我能更仔細傾聽自己的憤怒。我停下來，開始聚焦在這件事上，我為什麼生氣？我的憤怒試著想告訴我什麼事？一部分是因為兒子違背承諾和我們對他的信任，但這次不只是這樣，更是因為他濫用作為家中成員的權利，不當對待一位只是想把工作做好的雇工。他威脅她的生計，讓她感到恐懼並哭泣。這對我來說，明顯踩到了紅線。

我自問：許多年來，這樣的行為反覆引發家中爭執，我們要怎麼開始轉化這樣破壞性的行為模式？我意識到我們被困住了，我的太太和我並沒有足夠的影響力能停止兒子破壞性的行為。我們需要協助，我們需要一個社群；簡言之，我們需要群體行動。

那天稍晚，莉珊娜和我請兒子來家中的辦公室開會。他

坐在沙發上，我們面對他坐下，莉珊娜開始說：

「我一直很喜歡你住在家裡，我一直都希望，只要你想要回來，隨時都能回來住。但事實上，我不喜歡跟你一起住，這樣說讓我很痛苦，但這是事實。」

淚水在她眼眶中打轉。我接著說：

「你媽媽跟我都非常愛你，我希望你知道，這很嚴重，你違背了你對我們的承諾，這樣做是不對的。你去威脅一個需要靠我們來維持生計的人，讓她感到恐懼，而她只是在做自己分內的工作，這讓我真的很生氣。」

我看著他。他很安靜，有點驚嚇，雙眼睜得很大。

「你媽媽跟我有個提議，我們想要你去好好向她道歉，我們要你離開家裡兩個月，把你的問題解決。我們想到一個活動適合你，會有一位指導老師，還有跟你同樣年紀的人，我們希望他們可以幫助你想起你真正是怎樣的一個人。」

於是我們的兒子開始了一趟旅程，這個密集的工作坊是由一位我們認識的指導老師所負責。工作坊的重點在認識自己，看到自己的長處和局限，學著開始為自己的人生負責。工作坊裡的 20 個人關係變得緊密，彼此給予同儕協助。我的兒子最終在這個社群裡待了整整兩個月，專注在學習了解自己、交新朋友。他又重新找到了音樂帶給他的快樂，也學習正念冥想。他固定和指導老師見面，也花很多時間跟兩位叔叔在一起，這兩位叔叔則協助他開始轉變自己。這是一次完全沉浸在社群支持中的經驗。

　　兩個月後他回家了，行為上的改變令人震驚。他為自己的行為完全負起責任，也很誠心地向他的媽媽和我道歉。回來後，他重拾對音樂的熱情，還去組了一個樂團，他也回去大學讀書，因為他的行為所引發的火爆爭執完全消失了，取而代之的是，關於其他議題更有建設性的對話，像是他的新樂團可以在哪裡練習等等。

　　我並不是要說這種過程很簡單，或一定有效，每個案例都不一樣。儘管如此，我還是學到很重要的一課。這是我個人覺得被困住、感到無所適從的一場衝突。然而，由於有整個社群的介入和協助，這才幫助我們的兒子改變破壞性的行為模式。

　　15 年後，當我寫到此處的同時，我才剛拜訪完兒子和他的太太，以及他們的新生兒。看到他成為一名父親讓我很感動，他和還是嬰兒的兒子在一起，溫柔、充滿愛地玩耍互動。我看著他成為一位丈夫，還有他開心地分擔育兒及家事。與此同時，我也很驚訝看到他在工作中展現領導的能力，在過去的一週時間裡，以智慧、支持與同理的態度，在這間世界上最高壓的科技公司中，幫助團隊適應裁員的處境。對我來說，他是一個最棒的例子，他展現了一個人類努力實踐潛能的例證。

　　當我回顧那場很有可能引發火爆衝突的棘手家庭問題，我意識到這就是一個採用第三方群體行動的好例子。我的太太和我、兒子的指導老師、工作坊的同儕、新朋友們、他的

叔叔們組成一個靈活的社群，將他包圍起來，以鼓勵、回饋及支持的態度幫助兒子完成自己的個人功課與轉變。在個人及群體的努力下，我們一起幫助他釋放內在的潛力。沒有人能單獨幫助他做出突破，這需要所有人一起來。

如諺語所說，需要一整個村莊的力量。

組成一個群體行動的團隊

群體行動是一種團體運動。

多年來，我一直很佩服人質談判團隊極具創意的做法。我曾有機會指導警方的人質談判員，他們的故事每次都讓我深受啟發。

在一兩個世代之前，美國的人質談判通常都是用暴力的方式處理，警方會拿出大聲公，大叫說：

「你有五分鐘的時間，雙手舉高走出來！」

如果歹徒不投降，接著就會丟催淚瓦斯，火光四起。不只歹徒會死，人質和警察往往也可能喪命。其中一個悲慘的例子是發生在 1993 年 4 月德州的威科慘案，FBI 的催淚瓦斯攻擊最終釀成大火，導致數十人死亡，其中包括許多兒童。[4]

隨著時間過去，警方學到更好的處理方式：由警方談判人員組成一個受過專業訓練的小組，持續低調地進行談判，另一邊警方包圍地點，避免有人逃脫，接著就開始談判。

「比如當我在和持有武器的罪犯交涉時，我的首要原則就只是要有禮貌，」[5] 多明尼克‧米西諾（Dominick Misino）解釋道，他在紐約警察局服務的期間，和同事進行超過兩百次的人質談判，其中包括一次劫機事件，這些年來從來沒有讓任何人喪命過。

「聽起來很陳腔濫調，我知道，但這點非常重要。很多時候，我交涉的對象都非常可惡，這是因為他們非常焦慮：一個持有武器又被封鎖在銀行裡的人，他處於一種要不戰鬥不然就逃跑的模式。要化解情況，我需要試著了解他在想什麼。第一步就是給予尊重，這能展現出我的誠意及可靠。」

成功與否就在於要在極短時間內建立可信度及信任感。

警方的人質談判人員採團隊形式工作，經常由十幾個或更多人試圖要了解劫持人質的歹徒心裡在想什麼，要如何成功說服他平和地棄械投降。

一個人和歹徒對話，其他 11 個人則站在陽台上，一個可能在遞紙條給談判人員，一個則可能在聯繫歹徒的親友，找到人能和歹徒對話，讓他們冷靜下來，一個可能在和一旁待命的特種部隊聯繫。

這就是貨真價實的群體行動，實際上也非常成功。我的談判領域同事喬治‧科爾里瑟（George Kohlrieser）解釋道：

「人質劫持情況可能會非常戲劇化又緊繃，但新聞幾乎不會提到。這是因為超過 95% 的情況都和平落幕，無人傷亡，歹徒也接受結果。」[6]

　　類似的群體行動也用在減少大城市的幫派暴力活動，我對此也深受啟發。我從我的朋友蓋瑞・斯拉特金（Gary Slutkin）博士也學到不少。20 年來，蓋瑞作為一名公衛醫師，在世界各地防止流行病爆發，結果回到家鄉芝加哥的時候，卻發現當地充斥幫派槍擊事件，於是他成立名為「停火」（CeaseFire）的阻止暴力事件組織，如今已成為一個全球性組織「全球暴力治癒組織」（Cure Violence Global）。[7]

　　有一系列公衛工具能有效阻止疾病擴散，蓋瑞則想要用同樣的工具阻止暴力的病毒擴散。一如公衛活動會募集當地公民向同儕分享，改變會散播疾病的行為，蓋瑞則進行一項實驗，採用社區中的干預者。

　　「我們的暴力干預工作人員來自和幫派成員同樣的社群，事實上他們通常以前也曾是幫派成員，」蓋瑞對參與北韓群體行動工作的我們說道：

　　「每週三，我們聚在一起檢視社區發生的事，比較彼此的筆記，看看需要做哪些事，我們稱之為『干預桌』」。

　　我鼓勵我們應對北韓議題的和平特種部隊成員觀賞一部關於蓋瑞工作的紀錄片《干預者》（The Interrupters），影片由艾力克斯・科特洛維茨（Alex Kotlowitz）執導。[8] 在片中，艾力克斯呈現出干預桌運作的情形，十多個人圍在一張會議桌前興奮地討倫著，主持人請大家安靜。

　　「好的，開始了。出席會議的大家，這件事很嚴重，好嗎？狀態危急，我們需要有人站出來處理，並往下去追。人

們因為各種原因被殺害，在前線有調解過任何衝突嗎？從上週到這週？」

其他干預員都沉默了一陣，然後有一個人開口：

「有兩個人在吵架，一個人威脅要打爆另一個人，我讓他冷靜下來，告訴他：『他沒有開槍打你，他只是這樣說說而已。』我們在前線阻止了這場衝突。」

接著，一位主要干預員解釋說：

「我有『12 個人為禍因』。我們一直都有額外的支援人力，但暴力並不一定會因此減少。所以，在 2004 年我們啟動一個新概念，叫做暴力干預者。大部分暴力干預者來自這些幫派的成員，這是因為並非任何人都可以來，然後叫對方把槍放下。暴力干預者有一項目標：停止殺戮。他們不是要瓦解幫派，他們要做的是拯救生命。」

我曾有幸見過一位做得很好的干預員，這位啟發人心的年輕女性叫做雅米納（Ameena），她也曾經是幫派分子。雅米納的一位同事接著說明：

「雅米納・馬修斯（Ameena Matthews）是暴力干預者的模範，她能處理很多人無法處理的情況，她知道要怎麼和這些高風險的年輕人說話，我知道很多曾參與過謀殺的人都相當尊敬她。」

就像雅米納說過的，她能理解他們，因為她自己就曾經處於那些情境中：

「我的生活就是經歷不斷的槍戰，我曾經和惡魔面對面

交手。我現在看著這些兄弟姐妹，我也曾經像他們一樣。」

　　她是真正的第三方，來自社群內部的人。

　　在另一個非常不一樣的情境中，我在協助哥倫比亞總統桑托斯終結內戰時，則見證到另一種群體行動的團隊合作。如之前提及，桑托斯總統成立一個由五位關鍵談判顧問組成的團隊。我們為他帶來世界各地不同的觀點及經驗。

　　我們的共通點是對和平的渴望，並希望能幫助總統。我們都願意成為團隊的一員，尊敬其他成員的長處與能力，願意投入長期抗戰。雖然我們是其中一方的顧問，我們同時也是第三方，為整體國家的益處努力。我們的角色是待在包廂上，關注全局，幫助桑托斯總統搭建能終止戰爭的黃金橋。

　　我們通常在短短一天前收到通知後，就從世界各地飛來。機場保安人員會快速帶我們通行，不讓其他人察覺我們的存在。在三天的時間內，我們和總統、政府談判小組密集合作。我們會和官員見面，也會聆聽特別情報簡報，然後會單獨與總統一起用晚餐。我們的工作是仔細聆聽總統，了解其困難之處，並給予最好的專業建議。

　　我們在七年間重複這樣的工作 25 次。

　　我們運用團隊成員彼此的強項，工作成效非常好。我們負責不同的領域。喬納森・鮑威爾擅長彙整並撰寫備忘錄，從他之前作為英國首相幕僚長的經驗中，他非常了解政治與政府如何運作。華金・比利亞洛博斯則是前游擊隊指揮官，他非常了解游擊隊領導者在想什麼。

本－阿米則長期處理以巴衝突，是非常厲害的策略家。道得利·安克森對於拉美政治瞭若指掌。我則專注在談判策略與心理學，我也協助引導策略會議進行，有時會在政府談判人員間進行調解。

我們的合作天衣無縫，並發展出一種群體行動的智慧，這種集體智慧比任何一個人的智慧都還要強大。

「你和其他人就像是我的包廂，」和平談判過程中的某次危機時刻，桑托斯總統這樣對我說道。後來，危機結束後，他告訴哈佛的聽眾說：

「我們遭遇的衝突非常艱難，我意識到我們需要協助，我們需要找到最好的協助，要從世界其他地方的衝突中汲取失敗與成功的經驗。如果有一位國家元首即將開始充滿挑戰的和平進程，而我要給這位元首一個建議，我的建議是組成一個世界級的談判顧問團隊，像我的一樣。」[9]

創立一個成功聯盟

以群體行動處理衝突，成功之處在於採用群聚效應的原則。在克服反抗及權利不平衡的狀況中，群聚效應提供所需的說服力量。個別來看，每個人的影響力可能都不夠，但聚集起來時則可能比衝突中任何一方都還要強大。

在我鑽研人類衝突演進的研究中，我前往過知名靈長類

動物學家弗蘭斯‧德瓦爾（Frans de Waal）的研究中心去拜訪
他。德瓦爾正在進行廣泛研究，對象是靈長類中最接近人類
的矮黑猩猩。[10] 我很好奇矮黑猩猩如何處理衝突。

我們一邊走，德瓦爾向我解釋說：

「當一隻公的矮黑猩猩想侵犯一隻母矮黑猩猩時，我
常常觀察到其他的母矮黑猩猩會結成一個聯盟。她們會像美
式足球的線衛一樣肩並肩排在一起，慢慢讓攻擊的公猩猩後
退。這感覺就像是在說：『你這傢伙，後退。太超過了。守
規矩點。』」

那就是第三方透過成功聯盟展現的力量，這股集結群體
的力量非常強大，能帶來和平的結果。任何一方不管多麼強
大，永遠都不會比整體社群團結起來還要強大。

那要如何建立一個第三方的成功聯盟呢？這就是桑托斯
總統所面臨的巨大挑戰，他面對著要終結長達近 50 年的戰
爭，這是一項看似難以克服的任務。

哥倫比亞革命軍這個游擊組織在叢林裡，幾十年來，成
員除了戰鬥，其他什麼也不知道，資金來源都靠毒品交易和
綁架而來。他們會躲到鄰國委內瑞拉，很多年輕的戰士都不
願放下武器，很多領導人都從毒品交易中獲益。在距今 30 年
前最近的一次談判中，游擊隊領袖現身參與選舉，最終被刺
殺身亡，其他數百位支持者也因此喪命。為什麼要為一個非
常不確定的和平冒險，而這個政府也不值得相信？

之前有好幾次嘗試展開談判，但都失敗了，而十年前最

後一次的談判嘗試，在大眾眼中簡直是慘不忍睹。桑托斯的
前任烏力貝（Álvaro Uribe）總統取得許多成功，桑托斯當時
則擔任其國防部長，對哥倫比亞革命軍的大本營進行攻擊，
打得游擊隊戰士無招架之力。大眾對哥倫比亞革命軍的敵意
高漲。[11] 大家都想要和平，但大部分人對於是否真的能出現
和平都感到懷疑。為什麼要冒這麼多風險和一個不能被信賴
的組織談判？

　　讓情況雪上加霜的是，烏力貝反對和平協議，他認為
可以用武力打敗哥倫比亞革命軍。他到全國各地動員反對聲
浪，尤其是到軍隊和企業界。他每天在推特上發文，指責桑
托斯對於恐怖分子和共產黨員的態度太過軟弱。

　　事實上，桑托斯面對的挑戰是要克服強大的阻礙聯盟，
一股反對簽訂協議的力量。這在許多棘手的衝突中是很嚴重
的問題：那些阻礙可能達成協議努力的一方，可能是因為覺
得受到排擠，可能因為他們從衝突中獲益，又可能純粹覺得
協議會傷害到他們的利益。

　　桑托斯在就任頭幾週做了一個驚人之舉，他向哥倫比亞
的鄰國及易怒的敵人委內瑞拉總統查維茲示好。[12] 雖然查維
茲否認，但他其實是哥倫比亞革命軍的朋友、導師，也是游
擊隊的主要支持者，私下讓游擊隊員躲到委內瑞拉。一個月
前，烏力貝總統才公開指控查維茲包庇恐怖分子。查維茲在
憤怒之下，切斷與哥倫比亞的外交關係，指控哥倫比亞計劃
攻擊委內瑞拉。

在拉美領袖的一場會議上，桑托斯見到了查維茲，他試著將兩國關係修復回到正軌，並把握機會大膽請查維茲協助，讓哥倫比亞革命軍領袖再度回到談判桌上。原本預期會面將充滿敵意的查維茲，自然感到很意外。對於能主持一場歷史性和談，並作為流傳後世的功績，這個想法很吸引他。於是，他去說服哥倫比亞革命軍領袖，與其拿下游擊隊戰鬥，像他一樣贏得選舉才是他們能進一步追求其目標的最好方式。

不久後，桑托斯大膽聯繫哥倫比亞革命軍最重要的導師和革命典範，也就是古巴總統卡斯楚。出乎卡斯楚的意料之外，桑托斯請他主持祕密談判。卡斯楚很高興受邀，也同意了。後來，卡斯楚也扮演關鍵角色，說服哥倫比亞革命軍領袖離開叢林，參與談判。

外界觀察家都很震驚，桑托斯成功將查維茲和卡斯楚兩位阻礙聯盟變成了成功聯盟。兩位革命性的領導者都成為積極的第三方。當公開談判在哈瓦那開始時，桑托斯又加入挪威與智利兩國作為平衡，讓雙方都有兩個友善的政府協助引導協議進行。

哥倫比亞外部的第三方很重要，而社會內部的第三方也一樣關鍵。和談過程需要許多國內的參與者，尤其是軍方及企業界的參與者。為了減緩他們的擔憂，桑托斯指派非常受歡迎的前軍方首長，以及一位前任企業貿易協會領袖，邀請這兩位擔任談判員。

這些外部與內部所有的第三方，組成一個成功聯盟，為終結持續 50 年內戰帶來重要改變。因為第三方的動員，這個成功聯盟比阻礙聯盟還要強大，這次經驗所學到的很清楚：要轉化艱困的衝突，重點是找出潛在阻礙者，贏得他們的信賴，並募集新的同盟夥伴。發揮「群聚效應」很重要！

以群體行動救世界

在哥倫比亞海港城市卡塔赫納的海邊，桑托斯總統和提摩申科簽署了歷史性的和平協議。

所有人都身穿白衣。我坐在那些失去孩子和至親的母親們附近，他們都在哭泣。我聽著哥倫比亞革命軍指揮官向受害者道歉。過去那些在戰場上交戰的人，現在則在和平中聚首。[13]

我和一位我認識的高階政府官員路易斯・卡洛斯・維耶加斯（Luis Carlos Villegas）聊天，他向我介紹他的女兒茱莉安娜。在好幾年前才 17 歲時，她曾經有過被游擊隊員綁架的可怕經驗。她被帶往山中與叢林裡，被擄為人質長達三個月。那段時間對她的父母和她自己本人有如地獄。

我記得路易斯告訴我，當桑托斯總統邀請他加入談判代表團時，他因為太太和自己個人強烈的情緒而猶豫了，但茱莉安娜卻堅持要他參與，她說：「爸爸，我們一定要盡全力

終止這場戰爭。」現在，他們一起慶祝驚喜般的和平到來，才幾年前，大家普遍都覺得這是不可能的事。我明顯感受到這對父女的情緒，極具感染性。

但就像戰爭一樣，在和平的時代也不是所有事情都會照著規劃走。一週後出現了大挫敗。

桑托斯總統在尋求大眾支持和談的過程中，承諾人民會進行公投。人民可以對談判出的協議有最終的決定權。

很可惜，最終出席公投投票的人很少。颶風恰好就在海岸地區肆虐，而這也是戰爭傷亡最嚴重、對和談最為支持的區域。一個反對和平協議的強大且運作精密的假訊息活動在社群平台上展開。最終，公投以微小的 0.2% 未能通過。

大家都大受震驚。那可以怎麼辦呢？和平進程結束了嗎？

我的朋友，也就是和平專員塞爾吉奧打電話給我：

「威廉，現在該怎麼辦？」

是時候動員第三方，採取群體行動。一群和平顧問的團隊隔天現身，幫助桑托斯總統想辦法挽救協議。所有支持和平的外部朋友都發揮自己的影響力：委內瑞拉、古巴、挪威、智利、美國、歐洲、聯合國。剛好在同一週，桑托斯總統獲頒諾貝爾和平獎，為此和平協議增加了國際認可。

同樣也很重要的是在國家內部，一個支持和平協議的強大社會運動展開。哥倫比亞的公民擠滿主要的公共廣場，誓言新的協議沒有達成前不會離開。[14] 我永遠不會忘記某一天

晚上離開總統府時，我經過一個很大的營地，幾百個帳篷就搭在總統府外面，這些人民來自全國各地，他們要確保這個歷史性的機會不會白白錯失。營地裡充滿活力。

這是真正由第三方採取群體行動，處理衝突，從國家內部與外部一起進行。在密集的會議聆聽反對協議者的意見後，並再度與哥倫比亞革命軍重新進行充滿挑戰的談判，2016 年 11 月 12 日，政府與哥倫比亞革命軍在波哥大的哥倫布劇院簽署修正版的協議。協議接著被送到哥倫比亞國會進行批准。那時，大家都鬆了一口氣，一切的努力都成功了。

在接下來幾個月中，游擊隊軍隊接著進行之前沒有人相信會發生的事情：他們在聯合國的監督下，聚集起來並放下武器。其中有些領導者開始投入政壇。政治衝突持續著，但戰爭結束了。一如類似的其他進程，和平進程很混亂、緩慢、過程崎嶇。然而，這就是「轉化」的本質。

群體行動是下一個前線

在最終和平協議簽署後的幾週，桑托斯總統在奧斯陸發表他的諾貝爾獎得獎感言：

「六年前，我們哥倫比亞人都很難想像這個長達半個世紀的戰爭會有結束的一天。對我們絕大多數人來說，和平像是一個不可能的夢想，而我們會這樣想也不是沒有道理。很

少人，幾乎沒有人能想起這個國家過去和平的樣子。」[15]

　　「現在，經過六年嚴肅且往往緊繃、艱困的談判後，我站在各位與世界面前，以謙卑感恩的心，宣布哥倫比亞人在世界各地友人們的協助下，將不可能化為可能。」

　　一場由社群內外參與者發起的不可思議的群體行動，成功終結世界上最長的一場戰爭。在這些艱困時刻，我們聚焦在哪些做法不可行，往往忽略去看哪些做法會有用。我們現在可以允許自己自問一個大膽的問題：如果我們人類可以開始終止世界上南半球的一場戰爭，何不有一天也終結南北半球的戰事？

　　就如我的同事肯尼斯・博爾丁（Kenneth Boulding）很喜歡說的：「存在的都可能」如果我們要成功轉化現今的衝突，我們要啟動的最重要力量就是群體行動。群體行動是通往可能之路的集大成做法，包含我們所有天生即有的力量，發揮我們所有的人類潛力。如果這條路以安靜的停頓開始，最終將會以群體行動的喧嘩創意合作終結。

　　群體行動是有耐性、持續不斷地累積引發群聚效應的臨界量，是實際付諸行動的徹底合作。群體行動運用 ACT（接近的機會、可信度、信任）建立一個成功聯盟，代表我們的社會免疫系統全面啟動。

　　群體行動是下一個前線，是我個人覺得最興奮期待的工作。我們現在的挑戰是在現今非常不同的情況中，重新創造出強大的第三方，我相信遠古的祖先就是因為如此而存活並

繁榮發展，才有今天的我們。我們一定要學習開發周遭社群的創意力量。

有一句古老的愛爾蘭諺語是這樣說的：「這是私人間的爭鬥，還是大家都可以加入？」當然，現在已經少有私鬥發生，因為破壞性衝突會直接、間接影響處於爭執雙方周遭的人。由於我們都會受到影響，因此我們都有權「加入」，帶著好奇心、同情關懷且有建設性的方式參與。我們可以負起「責任」，以英文字面意義講，這就是回應的能力（response-ability）。

每當我聽到有一場衝突不可能化解時，我會想：我們真的試過嗎？也就是說，我們採用群體行動了嗎？我們是否已經運用與衝突艱難程度同等的集體智慧與影響力？

「當蜘蛛結起網來，甚至能阻擋一頭獅子，」本章一開頭就引述這句衣索比亞諺語。當我們能以第三方的身分團結起來，就算是職場、家庭或世界上最艱困的衝突，最終都會臣服於團結起來的力量。

結語

創造充滿無限可能的世界

希望不是一張樂透彩券，坐在沙發上就能幸運得到。這
是在緊急情況中你拆掉大門的斧頭……懷抱希望是將自
己獻給未來，而對於未來的承諾讓人能活在當下。[1]

—— 雷貝卡・索尼特（Rebecca Solnit）

「有人做過棒式嗎？」[2]

我的女兒蓋比 16 歲的時候參加一場 TEDx 活動，她站在
聖地牙哥科普萊交響音樂廳一個諾大的舞台上，對著現場數
千名觀眾問這個問題。你可能知道，棒式是一種腹部運動，
用前臂和腳指頭將自己水平支撐起來，像一根木棒一樣將身
體維持成一直線。我的家人和我坐在觀眾席，蓋比接著告訴
大家她的故事：

「一直到我出生前，我的父母都期待會生出一個非常正
常的小女嬰；然後我出生了。沒有人，就連醫生也沒想到，

我會是每年只有四萬分之一患有聯合畸形（VATER syndrome）
的嬰兒。對我來說，這個疾病影響了我的脊椎、脊椎神經、
雙腿、雙腳和好多個器官。對一個小嬰兒來說問題很多，醫
生不確定我是否能走路，或是否能存活，但……我就在這
裡！

「為了解決所有這些問題，我必須進行大約 15 個重大手
術，雙腿和背部必須打石膏長達 11 年，許多年來每天都要進
行物理治療，還有無數次的醫生會診。

「我從小的人生觀基本上就是：抱怨對我的情況不會有
任何幫助，那幹嘛還這樣做？我不在乎我個子比較嬌小，或
沒法跑得跟任何朋友一樣快，其他人也不在乎。我覺得唯一
有錯的是，別人覺得我做不到某件事。

「（我 15 歲的時候），我試著參加學校排球隊的甄選。
當大家都必須去跑步的時候，我跟教練解釋說因為我生來沒
有小腿肌肉所以不能跑，而且老實說，跑步也不是我的強
項。所以她要我趴到地上做棒式，能做多久就做多久。

「當大家回來時，已經過了 12 分鐘。當我看到大家很驚
訝我撐了這麼久時，我立刻想到脫口說出：

喔，金氏世界紀錄。

大家聽到都笑了。

「那天我回到家後，申請了世界紀錄。」

我記得那天晚上，蓋比回到家用興奮和堅定的語氣告
訴我們她的計畫。我的太太和我都很驚訝，但也不是非常驚

訝，因為我們都知道蓋比一直以來都想要創造世界紀錄。我們想要支持她達成任何她想要達成的夢想。但我們私下卻擔心，如果她沒有達成這個看來不可能的目標會很失望。

蓋比等了兩個月，等到另一場重大手術結束後才開始訓練。有好幾週，放學後她會在臥房地板上練習，用 YouTube 影片和身旁的狗狗米雅幫助自己分散注意力。當時的世界紀錄是 40 分鐘 1 秒鐘。蓋比第一次嘗試時撐了整整 20 分鐘。她接著慢慢往上加。她決定要在 16 歲生日當天打破紀錄，並請我的太太和我進行準備。

最終，重要的日子來臨。我的太太和我醒來後，感受到前所未有的緊張感。但蓋比感覺對於活動很平靜也很興奮。在她的生日派對上，朋友和家人聚在一起看她進行嘗試。

蓋比準備好姿勢，在我們的旁觀下，以棒式的姿勢撐了足足 30 分鐘。然後她開始感覺不適。她顯然很痛，手臂開始微微顫抖。眼淚開始滴到墊子上。我很緊張。

幸好蓋比的朋友里亞和里亞的姐妹們站了出來，他們開始唱歌娛樂蓋比，讓她從疼痛中分心。隨著一分一秒緩慢過去，大家開始拍手，我的朋友羅伯特在鋼琴前彈奏著振奮的音樂。這時，明顯可以感受到群體的力量。

40 分鐘後，蓋比打破了世界紀錄。我們都開始鼓掌。我大大鬆了一口氣，也覺得很驚奇。

然後不可置信的是，她又繼續撐下去。最終，她以世界紀錄兩倍的時間 1 小時 20 分鐘打破紀錄，她請我幫她從僵直

的姿勢移動到墊子上。接著她和朋友們一起吃生日蛋糕，就像所有 16 歲的青少年一樣。

接下來的週二，她受邀到紐約市上《早安美國》（Good Morning America）這個全國性電視節目，從金氏世界紀錄官方接過世界紀錄獎。

「這感覺很棒，」蓋比告訴聖地牙哥的觀眾：「尤其是當我說我想要用棒式打破世界紀錄時，所有人，包括我的家人，大家都對我露出奇怪的表情，現在他們知道我做到了。每當我看到這種奇怪表情時，我會對自己說：在有人做到之前，所有事情都是不可能的。」

我微笑，想起祖父艾迪說過的話，還有他的格言「徵肯吃苦的人」。蓋比也是一個可能主義者。

作為父親，我見證了她的堅持不懈、勇氣和決心，深受感動並因此落淚。沒有人教會過我這麼多可能性的精神。見證她達成看似不可能的目標，又重新燃起我對人類不屈不饒精神的信念，這樣的精神能在起初看似沒有機會的地方開啟全新的可能性。

當別人看到阻礙時，蓋比看到了機會。

用她自己的話來說：

「我看的角度不同，這就是創造一切變得不同的地方。」

人類需要可能主義者

我們天生都是可能主義者。我只要觀察我剛出生的孫子迪亞哥就知道。他整天探索，不管是摸一棵植物，或是拿起茶壺敲打，對身旁所有可能的事物都感到驚奇。我看著他眼中散發出的快樂。看著他讓我想到，我們不需要學習成為一位可能主義者。這是與生俱來的。我們只需要把這個開關再度開啟。

不僅如此，人類也需要可能主義者來轉化各種衝突，不管是個人關係中、職場領域或政治上的各種衝突。

從我們的家庭到民主社會，從職場到我們身處的世界，我們周遭破壞性衝突似乎越來越多，威脅到我們所珍視的一切事物。

從經濟、環境到政治與社會，我們身處在一個快速變遷與破壞的時代。從基因工程到 AI（人工智慧）等等的新科技正在改變我們生活的最基本模式，包括到底什麼是人類。更多變化自然會帶來更多衝突。

過去這一年，在撰寫這本書的過程中，我越發擔心地看著世界又重回冷戰強權對峙的局勢，我在童年及剛成年時就曾目睹這樣的情勢，至今仍記憶鮮明。烏克蘭的戰爭導致俄國與美國，以及美國在北約的盟友，再次逼近危險的核武衝突之中。與此同時，在亞洲，美國與中國因為臺灣的未來，關係越漸緊繃，彼此敵對風險升高，如果我們不小心，局勢

可能將上升到導致彼此攤牌、難以想像的後果。

我們需要可能主義者來轉化這些破壞性衝突，停止世界各地的戰爭。

至於大自然也是如此，政治上的僵局往往阻礙我們為自己和子孫保護環境的努力。在新科技能帶來豐沛的乾淨能源之際，我們使用能源的習慣卻嚴重影響周遭區域的氣候。極端氣候也越來越多地衝擊世界各地的不同社群。

我們需要可能主義者幫助我們轉化政治與經濟衝突，讓我們能快速轉換成使用對所有人都有益的乾淨能源。

同時間，政治分化的情況在世界各地都越來越嚴重。

在這方面，我們也需要可能主義者轉變有毒的政治。

就在我要寫完這本書的時候，我和老朋友馬克‧格爾森（Mark Gerzon）在住家前的湖邊散步。多年來，他和我密切合作，想要改善美國政治分化的狀況。

「我讀了你的書，」馬克說道，「我很喜歡，但我有個問題。你在邀請我們做出一個選擇。當我們選擇了包廂、黃金橋、第三方的時候，我們放棄的是什麼？」

「這真的是一個很好的問題，」我回答道，「如果你知道事物的相反是什麼，通常就能把這件事看得更清楚。你看到了什麼？」

「看看我們國家現在骯髒齷齪的政治，那些人身攻擊和彼此妖魔化的行為。和走上包廂相反的，就是走進骯髒水溝。」

「你說的沒錯，你還看到了什麼？」

「現在，我們正在摧毀原本連結彼此的關係，我們在「燒斷橋樑」（burning bridge），自斷退路。」

「沒錯。和搭建橋樑相反的，就是將橋樑燒斷、自斷退路。」

「而且變成完全敵對的狀態，彼此毫無共通點，」馬克補充道，「我們在逼大家選邊站。」

「沒錯。將一切簡化為兩方，就像是逼人穿上約束衣，大家都沒有呼吸的空間。反過來運作，就是創造第三方空間，創造屬於整體的一方。」

「所以，」馬克總結道，「我們現今面對的選擇是：我們要走進髒水溝，還是走上包廂？我們要燒斷橋樑還是要搭建橋樑？我們要逼大家選邊站，還是創造第三方空間？」

「馬克，沒錯就是這樣。關鍵字是『選擇』！」

如果我是未來的一位人類學家，回看今天，我會看見這個時代是人類變革最劇烈的時代，就跟農業革命和工業革命一樣。我會注意到不只是巨大的危險，也注意到同樣龐大的機會。

感謝我們的集體智慧與合作，我們活在充滿無限潛力的時代。雖然當今世界充斥許多不公平、貧窮、戰爭，嚴重程度令人難以接受，但感謝知識革命，我們有足夠的一切能滿足所有人的需求。我們正快速學習如何終止饑荒，如何治療先前無法治癒的疾病，如何使用乾淨能源支持人類活動，而

不必破壞環境。我們甚至在學習如何避免戰爭。

　　我們生處在可能主義者的世界，有些讓人充滿希望，有些則令人感到些許可怕。最終，我們的未來都仰賴彼此，只要我們能一同合作，基本上沒有無法解決的問題，沒有我們不能實踐的機會。阻礙我們的是破壞性衝突，幸好，我們創造的也能由我們自己改變，選擇操之在我們手上。

通往可能之路

　　我當初到哈佛開始研讀人類學和談判，想找到我從小就一直想知道的一個問題的解答，而那時距今已過了半個世紀。那個問題是：我們該如何在不摧毀所珍愛事物的前提下，處理彼此間最深的歧異。

　　從那時開始，我有機會在世界各地各種艱困情境中測試哪些行得通，而哪些又不管用。我的經驗已足夠證實我小時候的直覺想法，我認為有一個更好的方式可以處理我們之間的分歧。而我們每個人隨時隨地都能使用這個方法，這個方法就是通往可能之路。

　　祕訣在此：問題不在於衝突。衝突很自然。如果我們能學習、成長、進化，我們其實還需要有更多衝突，而不是更少衝突。問題是我們用毀滅性的方式處理衝突，會破壞我們的關係、生命和資源。幸好我們有個選擇。

　　我們不能終止衝突，但我們能擁抱衝突，並轉化衝突。我們可以選擇以有建設性的方式處理衝突，使用我們與生俱來的好奇心、創造力和合作的力量。當衝突明顯帶出我們最差勁的一面，衝突也能帶出我們最好的一面，前提是我們發揮自己全部的潛力。我們能做到的事情，比我們想像的還要多。關鍵是「用不同角度看待」。

　　你可能還記得，這本書從我的朋友詹姆‧柯林斯的一個挑戰開始，那時我們正在住家附近健行。詹姆要我用一句話總結，我從艱困衝突談判中所學到並能應用在現今這個紛擾時代的事情。經過一、兩個月的思考，下一次健行時，我給了他一個答案。

　　「通往可能之路就是走上包廂、搭建黃金橋、引入第三方，所有人同時一起完成。」

　　在書中，我們就走在這條路上。我們從包廂開始，釋放彼此內在的潛力。走上包廂將焦點放在我（自己）身上。接著是黃金橋，這釋放我們彼此間存在的潛力。黃金橋的重點在你（另一方）身上。最後是第三方，釋放的是我們周遭存在的潛力。第三方的重點在我們（整個社群）。就這樣，我們釋放了人類處理彼此最巨大歧異的所有潛能。

　　自從我在 40 年前寫下《哈佛這樣教談判力》這本書後，說不定我最大的體悟就是，在衝突雙方之間搭建黃金橋很重要，但卻還不夠。黃金橋是這條路的中間點，但沒有開始也沒有結束的中間點是什麼？如果我們在處理衝突遇到這麼多

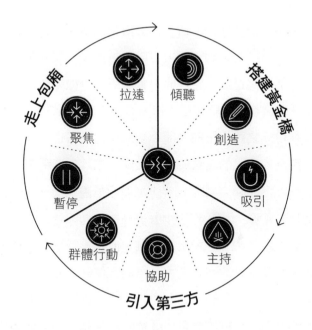

問題，通常是因為我們省略了「我（包廂）」的必要工作，也忽略向「我們（第三方）」尋求適當協助。如果我們想要轉化現今的衝突，我們需要處理「我」、「你」、「我們」，黃金橋必須由包廂和第三方支撐。

　　當你面對周遭的衝突，不管是衝突的一方或第三方，我希望包廂、黃金橋、第三方能成為你的朋友及同盟，成為你生活的一部分。這些是我們人類內在的「超能力」，是我們每個人都可以啟動的與生俱來的能力，能達成通往可能之路上的三場勝利。

　　如先前所見，每一項「超能力」都是由我們每個人都擁有的三項能力組成。包廂是由暫停、聚焦、拉遠的能力組

成。黃金橋是由傾聽、創造、吸引的能力組成。第三方是由
主持、協助、群體行動的能力組成。當全部一起啟動，就像
把所有燈都一起打開，這些能力會創造出一種動態合作的可
能之圓，在這其中，就算是最棘手的衝突也能慢慢被轉化。

　　通往可能之路很單純，卻不容易。我一點也不想要簡化
人類衝突及其轉化的困難與複雜之處，尤其是在現在的世界
中。我投入將近 50 年處理世界上最棘手危險的衝突，這些經
驗教會我要實際、謙卑、有耐性。

　　可能主義者的工作可能很艱難，但我覺得沒有任何工作
比這個任務能帶來的回報更大。幫助困住的人能帶來滿足，
包括自己。當人們化解彼此敵對的深淵，當敵對雙方意外和
解，我都深深感到歡欣振奮。最初的歧異越大，當衝突被轉
化時，就會越滿足。

　　這份工作常常會帶給我爬高山所帶來的喜悅。在途中，
我發現我遇到的同伴啟發我，也支持著我前進。就算任務看
似不可能，同伴總是很棒。

　　我在第一章邀請各位和我一起踏上通往可能之路，而現
在則要走向這條想像之路的終點。我寫這本書的唯一目的是
分享我所學到，在艱困情況中找到全新可能性的藝術。通往
可能之路不只是一個方法，更像是一種心態。這是在充滿挑
戰時代的一種處事方式，在現在尤其重要。

　　如果我有一個請求，那就是請你試著採用可能主義者的
態度，看看對你來說管不管用，請依據你的需求自行調整。

如果你覺得有幫助，請用任何適合你的方式分享出去，讓其他人也能因此獲益。這就是我們能如何做到一步一步、透過一個又一個人，拿回我們的力量、發揮我們的潛力，開始創造一個我們想要的世界。

在這個充滿衝突的時代，通往可能之路是我們生存下去並蓬勃發展的方式。

我的夢想

50 年前，一位西藏喇嘛到科羅拉多州，他從家鄉白雪皚皚的喜馬拉雅山上帶來一個超過千年的古老預言。[3] 這個預言如下：在遙遠的未來，整個世界會陷入危機。在那個時候，在危險的地方會有一種新的戰士出現。

這些英勇的戰士會配備兩種特別的武器：第一種是慈悲（同情關懷）之心；第二種是洞見，了解將我們所有人牽絆在一起的連結。

這是我對未來世代的夢想：

我夢想一個世界中充滿英勇、有同情關懷之心和洞見的可能主義者，他們無所畏懼地迎向充滿挑戰的衝突，傾聽尋找新的可能性。

我想有一個世界，我們每個人都能發展自己與生俱來的

能力，不管在家裡、在職場或在更大的社群中，都能走上包廂、搭建黃金橋、引入第三方。

　　我夢想一個世界，我們能釋放全部的人類潛能，以有建設性的方式處理我們彼此的分歧。

　　我夢想一個世界，在那裡我們每個人都能在任何時刻使用我們擁有的基本選擇，轉化我們的衝突，並因此學習、成長並演化。

　　我夢想一千年後一位人類學家回頭看，發現後來的世代抓住他們演化的選擇，使用他們作為人類與生俱來的能力，創造一個大家都能共存共榮的未來。

　　當衝突變得太過艱困，我夢想有一群勇敢的可能主義者以群體行動去處理衝突，展現出謙遜又勇敢的精神。

　　我夢想會出現一個全世界可能主義者聯盟的社群，彼此啟發、彼此學習。

　　我有種直覺，覺得你可能會成為其中一員。

　　所以我要問你：如果不是你，那會是誰？如果不是現在，那又是何時？[4]

致謝

　　在本書中，我試著濃縮畢生在世界各地衝突工作所學，那些我從其他人以及和他們一起工作時所學到的事，這些人包括我的導師、同事、客戶、衝突中的各方，我深深感謝他們所有人。

　　合作與社群是本書的中心主旨，這些在我寫作的過程中都非常重要。本書撰寫的過程是一個合作的過程，同事們的支持與建議都給予我極大的幫助。書中所有有價值之處，功勞都要和我的同事一起分享，而在編寫、表達上不盡完美之處，都由我一人承擔。

　　一如我在第一章、第二章所述，本書的概念始於我當初在住家附近與朋友詹姆‧柯林斯一起健行的談話內容。我非常感謝詹姆當初問了那個問題，給了我撰寫這本書的靈感，而他也慷慨為本書寫了絕佳的序言。

　　因為本書總結我畢生工作內容，請容我先感謝帶領我開始這項工作的兩個領域的老師們。我在加州大學上崔洛基‧

潘迪（Triloki Pandey）的一門大學部的課時，繳交的第一份小論文中，他在論文最後的評語嚇了我一跳，他這樣寫到：「你一定要成為人類學家！」崔洛基對這個領域的熱情極富感染力。

費雪教授慷慨地幫助我進入調解與談判的理論與實作領域，他是一位可能主義者典範，他無畏任何衝突，會愉快地用他喜愛的老舊 Smith-Corona 打字機叮叮咚咚敲出一份實際的提案，藍色眼眸中閃爍著光芒，感謝他引領我走上此後的道路，對此我無比感激。

我有幸在哈佛法學院協助創立談判課程（PON），這個課程從一開始就是我的知識社群。法蘭克・桑德（Frank Sander）、霍華德・瑞法（Howard Raiffa）、湯瑪斯・謝林（Thomas Schelling）、勞倫斯・薩斯金（Lawrence Susskind）、傑瑞夫・魯賓（Jeffrey Rubin）、黛博拉・柯爾布（Deborah Kolb）、耶斯瓦爾德・薩拉庫斯（Jeswald Salacuse）、羅伯特・姆努金（Robert Mnookin）等都是領域中的巨頭，我有幸能成為他們的同事，向他們學習。

我也從大衛・拉克斯（David Lax）、詹姆斯・塞貝尼烏斯（James Sebenius）、布魯斯・派頓等同儕獲得友誼及各種想法，獲益匪淺。

這本書中核心概念是我處理世界各地衝突所得到的經驗。我要感謝我的老朋友史蒂芬・哥德堡，他是一位經驗老道的仲裁員，謝謝他帶我前往肯塔基州的煤礦場，給了我作

為調解員的第一份工作，處理一個複雜的爭端事件。我也很感謝前總統吉米·卡特，他是一位真正的可能主義者，也是一位無私的和平使者，謝謝他交付給我委內瑞拉及其他地區的衝突調解工作。至於我在哥倫比亞的經驗，則要感謝前哥倫比亞總統桑托斯，他也是一位專注奉獻且勇敢的可能主義者，就算在最黑暗的時刻都沒有失去希望。

本書的核心是故事，這對傳達重要的訊息很重要。對於在這些故事中扮演重要角色的人，我想感謝法蘭西斯科·迪亞茲、丹尼斯·羅德曼、德懷特·曼利、阿比里奧和吉薩·狄尼茲、安娜·瑪麗亞·狄尼茲、塞爾吉奧·賈拉米洛、安立奎·桑托斯、喬納森·鮑威爾、路易斯·卡洛斯·維耶加斯和他的女兒茉莉安娜、格林·福特、羅伯特·卡林。

對於個人故事，我想感謝我的家人：莉珊娜·尤瑞、馬文·葛雷、克萊爾·李柏曼·高丁、琳恩·葛雷·加曼、保羅·葛雷、湯瑪斯·摩德恩、蓋比·尤瑞。

我的人類學參訪及訪談也讓這本書變得更為豐富。我想由衷感謝喀拉哈里的庫亞及 Ju/'hoansi 社群、馬來西亞的閃邁族人，這些族人的長老和我分享永恆的智慧，我從他們學習到第三方的真正力量。

要是沒有朋友們的協助，很難寫完一本書。我要由衷感謝好友們的鼓勵和寶貴的回饋，謝謝好朋友大衛·費德曼（David Friedman）、羅伯特·加斯（Robert Gass）、大衛·鮑姆、大衛·拉克斯、吉爾·伯特·泰勒、馬克·格爾森、

安娜・西維爾（Anne Silver）、波拉・羅查（Paula Rocha）、喬許・懷斯（Josh Weiss）、艾力克斯・查德（Alex Chade）、尼可拉斯・唐洛普（Nicholas Dunlop）、卡洛琳・伯克－魯斯（Carolyn Buck-Luce）、羅伯・埃文斯。

　　我要向兩位老朋友致上我深深的感謝，謝謝馬賽爾・亞森諾特（Marcel Arsenault）和欣達・柯林斯・亞森諾特（Cynda Collins Arsenault），我和他們共同熱切希望的就是能創造一個沒有戰爭的世界。也由於他們慷慨支持、長期透過「一個地球的未來基金會」慈善款項支持我在衝突領域的工作，這本書才得以問世。我也要謝謝我的同事強・貝利許（Jon Bellish），他是一個地球的未來基金會前任執行董事及營運長，他在這本書的產出過程中扮演關鍵角色，也大力支持Side3，這是一個致力於支持可能主義者工作的非營利組織。

　　我也有幸能擁有一個超棒的團隊，這本書從開始到結束的撰寫過程中，他們都一路支持。我非常感謝有創意又正向的吉亞・麥德羅絲，她巧妙地引導整個過程，形塑本書的框架，每一次的草稿都提供寶貴的編輯建議。精明又富有洞見的哈文・艾佛森（Haven Iverson）則提供編輯上的長才，幫助讓每個故事都能說得栩栩如生。丹尼爾・麥町那（Daniel Medina）既聰明又充滿熱情，總是提供我建議及日常鼓勵。他在細心的奧莉薇亞・葛羅譚修斯（Olivia Grotenhuis）協助下，負責最後的注釋工作。

　　瑞克・波頓（Rick Bolton）和凱・潘納－荷威爾（Kae

Penner-Howell）則擔任顧問角色，針對如何為本書的訊息定調提供寶貴想法。潔西卡・帕拉迪諾（Jessica Palladino）和克里斯丁・瑋柏（Kristin Weber）則設計優雅的圖解及有創意的圖示，創造通往可能之路的地圖。

　　這本書還在撰寫的時候，我一位共事七年、很要好的同事莉薩・赫斯特，以及大衛・蘭德（David Lander）和伊恩・史考特（Ian Scott）都提供極具洞見的回饋。而我們在 Side3 的團隊成員也參與，提供很有幫助的想法，這些成員包括羅伯・索克（Rob Sokol）、奧莉薇亞・葛羅譚修斯、瑪莉・丹蒙（Mary Denmon）、希爾蒂・凱恩（Hildy Kane），其中希爾蒂也提供很重要的行政協助，我非常感謝他們每一位的協助。

　　其他細心的讀者也讓本書的撰寫獲益匪淺，他們慷慨提供有建設性的建議。我非常感謝亞迪提・薔傑亞（Aditi Junjea）、艾歷克西斯・山佛特（Alexis Sanford）、亞米亞・齊拉爾拉（Ameya Kilara）、艾米・雷文圖爾（Amy Leventhal）、克里斯丁恩・摩德恩（Christian Modern）、克萊兒・哈傑、克勞蒂亞・馬費圖恩（Claudia Maffettone）、寇蒂・史密斯（Cody Smith）、黛安娜・湯普金斯（Diane Tompkins）、JB・李恩（JB Lyon）、金・席曼（Kim Syman）、喬納森・鮑威爾、里爾・法蘭克恩斯坦（Lior Frankien-sztajn）、莉珊娜・尤瑞（Lizanne Ury）、皮特・狄格南（Pete Dignan）、瑞克・波頓（Rick Bolton）、山米爾・卡珊（Sameer Kassan）、湯姆・巴塞特（Tom Bassett）、維多利亞・克席亞（Victoria Keziah）。

在出版過程中的每個階段，我的朋友吉姆・列文（Jim Levin）一直都是最棒的經紀人、寶貴的顧問。我很幸運遇到哈潑柯林斯（HarperCollins）的荷莉絲・漢布區（Hollis Heimbouch）擔任我的編輯，她從本書發想之時就擁抱這本書，提供睿智的建議。在出版的過程中，詹姆斯・尼德哈特（James Neidhardt）則熟練地指引我們。

最後，我要深深感謝我的父母及祖父母、外祖父母，也感謝我的太太莉珊娜和孩子們克里斯丁、湯瑪斯、蓋比。家人對我的重要性，難以言喻。在撰寫本書的過程中，我也有幸成為祖父，我親暱地叫我孫子迪亞哥為「我的新老大」，我熱切希望這本書能在世界各地造福他的世代。

我非常感謝這個善良又才華洋溢社群中的所有成員，是他們讓這本書成為可能。

威廉・尤瑞

科羅拉多州，波德市

2023 年 7 月

注　釋

第1章

1. 這句話引自人類學家瑪格麗特・米德，引用素材取自名言語錄網站，請見 Quote Park, https://quotepark.com/quotes/702384-margaret-mead-we-are-continually-faced-with-great-opportunities/ 。

2. "Two in Five Americans Say a Civil War Is at Least Somewhat Likely in the Next Decade," YouGov, August 20, 2022, https://today.yougov.com/topics/politics/articles-reports/2022/08/26/two-in-five-americans-civil-war-somewhat-likely; "Survey Finds Alarming Trend Toward Political Violence," UC Davis Violence Prevention Research Program, July 20, 2022, https://health.ucdavis.edu/news/headlines/survey-finds-alarming-trend-toward-political-violence/2022/07 。

3. 針對全球衝突趨勢更多相關資訊，請見"A New Era of Conflict and Violence," United Nations, https://www.un.org/en/un75/new-era-conflict-and-violence#:~:text=ENTRENCHED %20CONFLICT,criminal%2C%20and%20 international%20ter rorist%20groups 。

4. 作為延伸閱讀，我推薦：John Paul Lederach, *The Little Book of Conflict Transformation: Clear Articulation of the Guiding Principles by a Pioneer in the Field* (New York: Good Books, 2003); Georg Simmel, Conflict and the Web of Group Affiliation (Glencoe, IL: The Free Press, 1955); and Lewis Coser, *The Functions of Social Conflict* (New York: The Free Press, 1956) 。

5. "Hay Futuro, Si Hay Verdad. Hallazgos y Recomendaciones para la No Repetición." *Comisión de la Verdad* 127 (August 2022), https://www.comisiondelaverdad.co/hallazgos-y-recomendaciones 。

6. 欲知更多關於閃邁族人資訊，請見Clayton A. Robarchek and Carole J. Robarchek, "Cultures of War and Peace: A Comparative Study of Waorani and Semai," in *Aggression and Peacefulness in Humans and Other Primates*, edited by James Silverberg and J. Patrick Gray (New York: Oxford University Press, 1992), 189-213 。

7. 我非常推薦詹姆・柯林斯關於領導力的書籍，請見https://www.jimcollins.com/books.html 。

第2章

1. 欲閱讀完整詩作，請見Emily Dickinson, "The Gleam of an Heroic Act," in *The Complete Poems of Emily Dickinson* (Boston: Little, Brown, 1960), 688 。

2. "Brokering Peace," John F. Kennedy Presidential Library and Museum, https://www.jfklibrary.org/events-and -awards/forums/past-forums/transcripts/brokering-peace 。

3. 這個17頭駱駝的故事有幾種不同版本。第一個已知的文字版本被公認是由伊朗的哲學家Mulla Muhammad Mahdi Naraqi所寫。請見Le Partage des dix-sept chameaux et autres exploits arithmétiques attribués à l'imam 'Alî: Mouvance et circulation de récits de la tradition musulmane chiite," *Société Mathématique de France* 19, no. 1 (2013): 13–14 。

4. Donald J. Trump (@realDonaldTrump), Twitter, January 2, 2017, https://twitter.com/realDonaldTrump/status/816057920223846400?lang=en 。

5. Nicholas Kristof, "Slouching Toward War with North Korea," New York Times, November 4, 2017, https://www.nytimes.com/2017/11/04/opinion/sunday/nuclear-war-north-korea.html 。

6. 國會研究處（Congressional Research Service）在2017年10月公布了一份文件，內容寫道：「在戰爭爆發的前幾個小時內，會有數以千計的南韓人喪命……如果戰爭升高至核戰，將會有數以千萬計的人死傷。」請見"The North Korean Nuclear Challenge: Military Options and Issues for Congress," Congressional Research Service, November 2017, https://sgp.fas.org/crs/nuke/R44994.pdf。

7. Tania Branigan, "North Korea Executes Kim Jong Un's Uncle as 'Traitor,'" *Guardian*, December 13, 2013, https://www.theguardian.com/world/2013/dec/13/north-korea-executes-kim-jong-un-uncle-jang-song-thaek; Merrit Kennedy, "Kim Jong Un's Half-Brother Reportedly Dies in Kuala Lumpur," NPR, February 14, 2017, https://www.npr.org/sections/thetwo-way/2017/02/14/515170332/kim-jong-uns-half-brother-reportedly-dies-in-kuala-lumpur。

8. "New Evidence on North Korean War Losses," The Wilson Center, August 1, 2001, https://www.wilsoncenter.org/article/new-evidence-north-korean-war-losses。

Part 1

1. "Sistema de Información de Eventos de Violencia del Conflicto Armado Colombiano," Centro Nacional de Memoria Histórica y Observatorio de Memoria y Conflicto, https://micrositios.centrodememoriahistorica.gov.co/observatorio/sievcac/。

2. 如果想知道我和法蘭西斯科·迪亞茲、卡特中心在委內瑞拉的工作，也就是我在本書中一再提到的內容，建議閱讀這份報告：*The Carter Center and the Peacebuilding Process in Venezuela: June 2002-February 2005*, The Carter Center, February 2005, https://www.cartercenter.org/resources/pdfs/news/peace_publications/americas/peacebuilding_venzuela_feb05.pdf。欲更深入了解，建議閱讀這本好書：Jennifer McCoy and Francisco Diez, *International Mediation in Venezuela* (Washington, DC: The United States Institute of Peace, 2011)。

3. 前年提出過聖誕節休戰建議，但遭到反對派拒絕。請見"Venezuelan Strikers Reject a Truce Call," *New York Times*, December 24, 2002, https://www.nytimes.com/2002/12/24/world/venezuelan-strikers-reject-a-truce-call.html。

第3章

1. 老子，《道德經》，Stephen Mitchell譯 (New York: Harper Perennial, 1991), 63。

2. "Recollections of Vadim Orlov (USSR Submarine B-59), 'We Will Sink Them All, but We Will Not Disgrace Our Navy,'" National Security Archive, The George Washington University, January 1, 2002, https://nsarchive.gwu.edu/document/29066-7-recollections-vadim-orlov-ussr-submarine-b-59-we-will-sink-them-all-we-will-not。

3. B-59艦隊隊員的對話重現，參考自：Svetlana V. Savranskaya, "New Sources on the Role of Soviet Submarines in the Cuban Missile Crisis," *Journal of Strategic Studies* 28, no. 2 (2005): 233-59, https://doi.org/10.1080/01402390500088312; Marion Lloyd, "Soviets Close to Using A-bomb in 1962 Crisis, Forum Is Told," *Boston Globe*, October 13, 2002; Robert Krulwich, "You (and Almost Everyone You Know) Owe Your Life to This Man," *National Geographic*, March 25, 2016, https://www.nationalgeographic.com/culture/article/you-and-almost-everyone-you-know-owe-your-life-to-this-man。

4. Gary Marx, "Old Foes Recall '62 Scare," *Chicago Tribune*, October 14, 2002, https://www.chicagotribune.com/news/ct-xpm-2002-10-14-0210140181-story.html。

5. Ryurik Ketov in "Secrets of the Dead: The Man Who Saved the World," PBS, video, 45:15, premiered October 22, 2012, https://www.pbs.org/wnet/secrets/the-man-who-saved-the-world-about-this-episode/871/。

6. 更多關於恐懼的科學研究，請見Arash Javanbakht and Linda Saab, "What Happens in the Brain When We Feel Fear," *Smithsonian Magazine*, October 27, 2017, https://www.smithsonianmag.com/science-nature/what-happens-brain-feel-fear-180966992//。

7. 這句話出自安布羅斯・比爾斯（Ambrose Bierce），素材引自名言語錄網站，請見Goodreads, https://www.goodreads.com/quotes/9909-speak-when-you-are-angry-and-you-will-make-the。

8. 可於此處閱讀這個神話的其中一個版本："Hercules and Pallas," Original Sources, https://www.originalsources.com/Document.aspx?DocID=QN9XAAIDT2VCVTZ。

9. 我是在哈佛及衝突管理集團的「加強民主制度計畫」（Strengthening Democratic Institutions Project, SDI）支持下參與這些談判。更多細節請見 "BCSIA Annual Report, 1996-1997: Strengthening Democratic Institutions Project," Harvard Kennedy School Belfer Center for Science and International Affairs, https://www.belfercenter.org/publication/bcsia-annual-report-1996-1997。

10. "Official: Chechen Wars Killed 300,000," Aljazeera, June 26, 2005, https://www.aljazeera.com/news/2005/6/26/official-chechen-wars-killed-300000。

11. 關於談判的生動描繪敘述，請見Doug Stewart, "Expand the Pie Before You Divvy It Up," *Smithsonian Magazine*, November 1, 1997, https://www.williamury.com/smithsonian/。

12. 關於集體創傷的延伸閱讀，我推薦我的朋友Thomas Hübl的著作，尤其是 *Healing Collective Trauma: A Process for Integrating Our Intergenerational and Cultural Wounds*, co-authored with Julie Jordan Avritt (Boulder, CO: Sounds True, 2020)。我也推薦Bessel van der Kok的作品*The Body Keeps the Score: Brain, Mind, and Body in the Healing of Trauma* (New York: Penguin Books, 2015)。

13. 關於呼吸對於減緩壓力的效果，請見Christopher Bergland, "Diaphragmatic Breathing Exercises and Your Vagus Nerve," *Psychology Today*, May 16, 2017, https://www.psychologytoday.com/us/blog/the-athletes-way/201705/diaphragmatic-breathing-exercises-and-your-vagus-nerve。

14. 關於我們能如何控制自然反應相關的延伸閱讀，我非常推薦Dr. Jill Bolte Taylor的作品*Whole Brain Living: The Anatomy of Choice and the Four Characters That Drive Our Life* (Carlsbad, CA: Hay House, 2021.)

15. Jared Curhan Curhan et al., "Silence Is Golden: Silence, Deliberative Mindset, and Value Creation in Negotiation," *Journal of Applied Psychology* 107, no. 1 (2022): 78-94, https://doi.org/10.1037/apl0000877。

16. C. W. Headley, "MIT Researchers Say This Is the Ultimate Power Move in a Negotiation," *Ladders*, March 29, 2021, https://www.theladders.com/career-advice/mit-researchers-say-this-is-the-ultimate-power-move-in-a-negotiation。

17. 此句話引用自：Brainy Quote at https://www.brainyquote.com/quotes/benjamin_franklin_151641。

18. Daniel J. Siegel, *The Developing Mind: How Relationships and the Brain Interact to Shape Who We Are* (New York: The Guilford Press, 2012)。

19. Nelson Mandela, *Conversations with Myself* (New York: Macmillan, 2010), 7。

20. Nelson Mandela, *Long Walk to Freedom* (New York: Little, Brown, 1994)。

第4章

1. 這句話出自卡爾・榮格，引用素材取自名言語錄網站，請見Goodreads, https://www.goodreads.com/quotes/492843-who-looks-outside-dreams-who-looks-inside-awakes。

2. Mary Parker Follett, *Dynamic Administration: The Collected Papers of Mary Parker Follett*, edited by Henry Metcalf and Lyndall Urwick (London: Harper, 1942)。

3. "Wise Words from an (Almost) Unknown Guru," BBC, December 18, 2013, https://www.bbc.com/news/business-25428092。

4. 談判分析請見Konrad Huber, *The HDC in Aceh: Promises and Pitfalls of NGO Mediation and Implementation*, Policy Studies 9 (Washington, DC: East-West Center, 2004)。

5. James K. Sebenius and Alex Green, "Everything or Nothing: Martti Ahtisaari and the Aceh Negotiations," HBS Case Collection, Harvard Business School, December 2010, https://www.hbs.edu/faculty/Pages/item.aspx?num=39807。

6. "Resounding Victory for Democracy in Aceh," Tapol, January 14, 2014, https://www.tapol.org/briefings/resounding-victory-democracy-aceh。

7. Joe Leahy and Samantha Pearson, "Brazil's Billionaire Baker Who Came of Age in Captivity," *Financial Times*, July 4, 2011, https://www.financialexpress.com/archive/brazils-billionaire-baker-who-came-of-age-in-captivity/812359/。

8. 關於這個紛爭的更多細節，請見Samantha Pearson, "Brazil Tycoon Closes Lid on Supermarket Feud," Financial Times, September 6, 2013, https://www.ft.com/content/9e9f8280-175e-lle3-bced-00144feabdc0。

9. 關於聖女莉塔的更多資訊，請見"The Story of Saint Rita of Cascia," The National Shrine of Santa Rita of Cascia, https://www.saintritashrine.org/saint-rita-of-cascia。

第5章

1. 這句話出自扎拉爾丁・魯米，引用素材擷取自名言語錄網站，請見Goodreads, https://www.goodreads.com/quotes/472665-the-garden-of-the-world-has-no-limits-except-in。

2. 這個故事中的名字，包括「麥可・強森」都是化名，以便保護當事人身分。

3. 此次談判是我人類學博士論文的主題；請見*Talk Out or Walk Out: The Role and Control of Conflict in a Kentucky Coal Mine*, Harvard University Graduate School of Arts and Sciences, July 22,1982。

4. William Langer Ury and Richard Smoke, *Beyond the Hotline: Controlling a Nuclear Crisis: A Report to the United States Arms Control and Disarmament Agency by the Nuclear Negotiation Project* (Cambridge, MA: Nuclear Negotiation Project, Harvard Law School, 1984)。也可參考我在1985年後續所寫的一篇短文：William Ury, "Beyond the Hotline," *Washington Post*, February 24, 1985, https://www.washingtonpost.com/archive/lifestyle/magazine/1985/02/24/beyond-the-hotline/9eac0f91-73a4-495c-937da7235f8bcle0/。

5. William Ury, *Beyond the Hotline: How Crisis Control Can Prevent Nuclear War* (Boston: Penguin Books, 1986)。

6. Ronald Reagan, "'Evil Empire Speech,'March 8,1983," Voices of Democracy, The U.S. Oratory Project, https://voicesofdemocracy.umd.edu/reagan-evil-empire-speech-text/。

7. Thom Patterson, "The Downing of Flight 007: 30 Years Later, a Cold War Tragedy Still Seems Surreal," CNN, August 31, 2013, https://www.cnn.com/2013/08/31/us/kal-fight-007-anniversary/index.html。

8. William L. Ury, "What We Can Do to Avert Nuclear War," *Parade*, March 25,1984, 15-16。

9. All-Time 100 TV Shows," *Time*, https://time.com/collection/all-time-100-tv-shows/。

10. "Diary Entry—Monday, October 10, 1983," Ronald Reagan Presidential Foundation & Institute, https://www.reaganfoundation.org/ronald-reagan/white-house-diaries/diary-entry-10101983/。

11. "Joint Soviet-United States Statement on the Summit Meeting in Geneva," Ronald Reagan Presidential Library & Museum, November 21, 1985, https://www.reaganlibrary.gov/archives/speech/joint-soviet-united-states-statement-summit-meeting-geneva。

12. 以下請見雷根總統與謝瓦納茲部長（Shevardnadze）發布的聲明："Remarks on Signing the Soviet-United States Nuclear Risk Reduction Centers Agreement," Ronald

Reagan Presidential Library & Museum, September 15, 1987, https://www.reaganlibrary. gov/archives/speech/remarks-signing-soviet-united-states-nuclear-risk-reduction-centers-agreement。

13. 欲知更多關於氣候變遷的創意行動，請見Climate Parliament, https://www. climateparl.net/。

14. Nelson Mandela, *Long Walk to Freedom* (New York: Little, Brown, 1994), 1132。

15. "Address by Nelson Mandela at Opening of Nobel Square, Cape Town," December 14, 2003, Nelson Rolihlahla Mandela, http://www.mandela.gov.za/mandela_ speeches/2003/031214_nobelsquare.htm。

Part 2

1. 本篇所有對話皆引自Lawrence Wright, *Thirteen Days in September: The Dramatic Story of the Struggle for Peace* (New York: Alfred A. Knopf, 2014)，引用內容來自第 312頁，隨後陸續也引用Wright書籍內容的其他部分，並附上出處，其餘部 分則根據和參與者私下交流的內容再現。

2. Ibid., 155。

3. 請見"Camp David Accords and the Arab-Israeli Peace Process," Office of the Historian, United States Department of State, https://history.state.gov/milestones/1977-1980/camp-david。

4. Devise Definition & Meaning," Merriam-Webster, https://www.merriam-webster.com/ dictionary/devise。

5. Wright, *Thirteen Days in September*, 388。

6. 請見"President Carter to President Sadat," September 17, 1978, The Jimmy Carter Presidential Library and Museum, https://www.jimmycarterlibrary.gov/research/camp_ david_accords_related_correspondence。

7. Wright, *Thirteen Days in September*, 391。

8. Sun Tzu, *The Art of War: Complete Texts and Commentaries*, translated by Thomas Cleary (Boston: Shambhala, 2003)。

9. Wright, *Thirteen Days in September*, 77。

第6章

1. 這句話出自亨利・華滋沃斯・朗費羅，素材引自名言語錄網站，請見 Goodreads, https://www.goodreads.com/quotes/24180-if-we-could-read-the-secret-history-of-our-enemies。

2. Zachary Cohen, Ryan Browne, and Nicole Gaouette, "New Missile Test Shows North Korea Capable of Hitting All of US Mainland," CNN, November 30, 2017, https://www. cnn.com/2017/11/28/politics/north-korea-missile-launch/index.html。

3. Adam Kilgore, "Dennis Rodman's Strange, Naive Fascination with North Korea," *Washington Post*, June 23, 2017, https://www.washingtonpost.com/sports/wizards/ dennis-rodmans-strange-naive-fascination-with-north-korea/2017/06/23/75e0787e-56aa-11e7-ba90-f5875b7d1876_story.html; Helena Andrews-Dyer, "A Brief Guide to Dennis Rodman's Long, Weird History with North Korea," *Washington Post*, June 12, 2018, https://www.washingtonpost.com/news/reliable-source/wp/2018/06/12/a-brief-guide-to-dennis-rodmans-long-weird-history-with-north-korea/。

4. Nelson Mandela, *Long Walk to Freedom*(New York: Little, Brown, 1994), 1004。

5. Donald J. Trump (@realDonaldTrump), Twitter, September 23, 2017, https://twitter.com/ realDonaldTrump/status/911789314169823232; Jacob Pramuk, "Trump Warns North Korea Threats 'Will Be Met with Fire and Fury,'" CNBC, August 8, 2017, https://www. cnbc.com/2017/08/08/trump-warns-north-korea-threats-will-be-met-with-fire-and-fury.html。

6. Krishnadev Calamur, "Why Would North Korea Want to Drop a Hydrogen Bomb in the Ocean?," *The Atlantic*, September 22, 2017, https://www.theatlantic.com/international/archive/2017/09/trump-north-korea/540783/。

7. 威爾遜中心的一份報告指出，這場峰會或許無法讓北韓無核化，但「主要的成果⋯⋯是改變與北韓核武危機的心理，透過外交管道，讓美國放棄採取軍事行動的選項。」請見Robert S. Litwak, *Preventing North Koreas Nuclear Breakout*, The Woodrow Wilson International Center for Scholars, February 2017, updated August 2018, https://www.wilsoncenter.org/sites/default/files/media/documents/book/preventing_north_korea_nuclear_breakout_updated2018.pdf。

8. 「情書」一詞是媒體創造的，當時川普總統在一場集會中提到「然後〔金正恩和我〕墜入愛河，好嗎？是真的 —— 他寫了文情並茂的信給我，非常棒的信。」請見Roberta Rampton, "'We Fell in Love': Trump Swoons over Letters from North Korea's Kim," Reuters, September 30, 2018, https://www.reuters.com/article/us-northkorea-usa-trump/we-fell-in-love-trump-swoons-over-letters-from-north-koreas-kim-idUSKCNIMA03Q。

9. 這些訪談是由哈佛談判專案中心、挪威國際事務研究所、三一大學合作的敘利亞研究計畫（Harvard-NUPI-Trinity Syria Research Project）支持下進行，訪談經過整理成為《解決敘利亞衝突的阻礙》（Obstacles to a Resolution of the Syrian Conflict）報告，主要作者是大衛・W・萊許（David W. Lesch），以及包括佛里達・諾米（Frida Nome）、喬治・薩伊爾（George Saghir）、威廉・尤瑞・馬修・沃德曼（Matthew Waldman）等共同撰稿 (Oslo: Norwegian Institute of International Affairs, 2013), https://nupi.brage.unit.no/nupi-xmlui/bitstream/handle/11250/284440/NUPI%20rapport%202013-Nome.pdf?sequence=3&isAllowed=y。

10. Personal communication with Father Lui's Ugalde, October 2002。

第7章

1. Mary Parker Follett, *Dynamic Administration: The Collected Papers of Mary Parker Follett*, edited by Henry Metcalf and Lyndall Urwick (London: Harper, 1942), 49。

2. Andrés Bermúdez Liévano, ed., *La Fase Exploratoria del Proceso de Paz: Una Mirada desde Adentro*, Institute for Integrated Transitions, 2019, https://ifit-transitions.org/wp-content/uploads/2021/03/La-fase-exploratoria-del-proceso-de-paz.pdf, 58。

3. "Víctimas del Conflicto Armado en Colombia Ya son ocho Millones." *El Tiempo*, April, 2016, https://www.el tiempo.com/archivo/documento/CMS-16565045。

4. "Previous Peace Negotiations Attempts with the FARC-EP," Open Library of the Colombian Peace Process, https://bapp.com.co/en/previous-peace-negotiations-attempts-with-the-farc-ep/。

5. "Colombia's Peace Process Through 2016," Congressional Research Service, December 31, 2016, https:// crsreports.congress.gov/product/pdf/R/R42982/16; "Auto No. 075 de 2022," Jurisdicción Especial para la Paz, April 22, 2022, https://jurinfo.jep.gov.co/normograma/compilacion/docs/pdf/Auto_SRVR-075_07-abril-2022.pdf。

6. Camilo González Posso, "El Caguán Irrepetible," Indepaz, July 2009, https://www.indepaz.org.co/wp-content/uploads/2012/03/721_EL-CAGUAN-IRREPETIBLE.pdf。

7. William Zartman and Maureen Berman, *The Practical Negotiator* (New Haven, CT: Yale University Press, 1982), 89。

8. 這份框架協議，名為《終止衝突並創造穩定永久和平的一般協議》（General Accord to End the Conflict and Build a Stable, Enduring Peace）於2012年8月26日簽訂。請見英文與西文版協議："Acuerdo General para la Terminación del

Conflicto y la Construcción de una Paz Estable y Duradera," United Nations Peacemaker, https://peacemaker.un.org/colombia-generalaccordendcon flict2012。

9. "Alocución del Presidente Santos sobre el Acuerdo General para la Terminación del Conflicto," The Open Library of the Colombian Peace Process, September 4, 2012, https://www.bapp.com.co/documento/alocucion-del-presidente-santos-sobre-el-acuerdo-general-para-la-terminacion-del-conflicto-2/。

10. 請見"Final Agreement to End the Armed Conflict and Build a Stable and Lasting Peace," The Open Library of the Colombian Peace Process, November 24, 2016, https://bapp. com.co/en/final-agreement-to-end-the-armed-conflict-and-build -a-stable-and-lasting-peace/。摘要請見"Summary of Colombia's Agreement to End Conflict and Build Peace," OCHA, September 30, 2016, https://reliefweb.int/attachments/bfc0aafb-a534-3c75-9c26-30e9b2c367c8/summary-of-colombias-peace-agreement.pdf。

11. Allison Sparks, *Tomorrow Is Another Country: The Inside Story of South Africa s Road to Change* (Chicago: University of Chicago Press, 1996), 4。

12. 我非常推薦亞立恩（Arrien）的作品*The Four-Fold Way: Walking the Paths of the Warrior, Teacher, Healer, and Visionary* (San Francisco: HarperSanFrancisco, 1993)。

第8章

1. 這句話出自曼德拉，引用素材取自名言語錄網站，請見Goodreads, https://www.goodreads.com/quotes/36606-it-always-seems-impossible-until-it-s-done。

2. William Ury, *Talk Out or Walk Out: The Role and Control of Conflict in a Kentucky Coal Mine*, Harvard University Graduate School of Arts and Sciences, July 22,1982。

3. 可於國會圖書館網站閱讀完整寓言故事：https://read.gov/aesop/143.html。

4. Security Council Resolution 242: The Situation in the Middle East," United Nations Peacemaker, https://peacemaker.un.org/middle-east-resolution242。

5. "Chronology of U.S.-North Korean Nuclear and Missile Diplomacy," Arms Control Association, April 2022, https://www.armscontrol.org/factsheets/dprkchron。

6. John Bolton, *The Room Where It Happened: A White House Memoir* (New York: Simon & Schuster, 2020), 56。

7. Bruce Harrison et al., "Kim Jong Un Highlights His "Nuclear Button,' Offers Olympic Talks," NBC News, December 31, 2017, https://www.nbcnews.com/news/north-korea/kim-says-north-korea-s-nuclear-weapons-will-prevent-war-n833781。

8. Donald J. Trump (@realDonaldTrump), Twitter, January 2, 2018, https://twitter.com/realDonaldTrump/status/948355557022420992。

9. Roberta Rampton, "'We Fell in Love': Trump Swoons over Letters from North Korea's Kim," Reuters, September 30, 2018, https://www.reuters.com/article/us-northkorea-usa-trump/we-fell-in-love-trump-swoons-over-letters-from-north-koreas-kim-idUSKCNIMA03Q。

10. David A. Graham, "Trump's Effusive, Unsettling Flattery of Kim Jong Un," *Atlantic*, June 12, 2018, https://www.theatlantic.com/politics/archive/2018/06/trumps-effusive-unsettling-flattery-of-kim-jong-un/562619/。

11. Donald J. Trump (@realDonaldTrump), Twitter, June 13, 2018, https://twitter.com/realDonaldTrump/status/1006694541083021312。

12. Donald J. Trump (@realDonaldTrump), Twitter, June 13, 2018, https://twitter.com/realDonaldTrump/status/1006837823469735936。

13. Justin McCurry, "Kim Jong-Un un Hailed Victor in 'Meeting of Century' by North Korean Media," *Guardian*, June 13,2018, https://www.theguardian.com/world/2018/jun/13/kim-jong-un-north-korea-summit-trump-visit-kcna。

14. "US-North Korea: Trump and Kim Hold Historic Meeting at DMZ," BBC, June 30, 2019, https://www.bbc.com/news/world-asia-48817898。

Part 3

1. "Address During the Cuban Missile Crisis," October 22, 1962, John F. Kennedy Presidential Library and Museum, https://www.jfklibrary.org/archives/other-resources/john-f-kennedy-speeches/cuba-radio-and-television-report-19621022。
2. William Burr, "Cold War Estimates of Deaths in Nuclear Conflict," *Bulletin of the Atomic Scientists*, January 4, 2023, https://thebulletin.org/2023/01/cold-war-estimates-of-deaths-in-nuclear-conflict/。
3. Christopher Woody, "56 Years Ago, the Cuban Missile Crisis Took the World to the Brink of Nuclear War—Here's What It Looked Like from Sunny Florida Beaches," Business Insider, October 28, 2018, https://www.businessinsider.com/iconic-photos-of-the-cuban-missile-crisis-from-florida-beaches-2018-10。
4. Robert McNamara et al., *Argument Without End: In Search of Answers to the Vietnam Tragedy* (New York: Public Affairs, 1999); "The Cuban Missile Crisis," Arms Control Association, https://www.armscontrol.org/act/2002-ll/features/cuban-missile-crisis。
5. Martin Tolchin, "U.S. Underestimated Soviet Force in Cuba During '62 Missile Crisis," *New York Times*, January 15, 1992, https://www.nytimes.com/1992/01/15/world/us-underestimated-soviet-force-in-cuba-during-62-missile-crisis.html?。
6. The Cuban Missile Crisis, October 1962," Office of the Historian, United States Department of State, https://history.state.gov/milestones/1961-1968/cuban-missile-crisis。
7. 我與庫亞人的訪談，時間是在1989年5月，位於波札那的Bothapatiou。
8. 關於ANC的更多資訊，包括目擊證人訪問，請見"South Africa: Overcoming Apartheid, Building Democracy," Michigan State University, https://overcomingapartheid.msu.edu/multimedia.php?kid=163-582-27。
9. "Tutus [*sic*] Message Forgiveness Peace," Crain's Grand Rapids Business, March 28, 2003, https://grbj.com/uncategorized/tutus-message-forgiveness-peace/。
10. 個人與英國駐南非大使羅賓‧倫威克爵士（Sir Robin Renwick）的私人通訊，1989年5月。
11. 大衛‧偉伯斯特的簡短傳記，請見"David Joseph Webster," South African History Online, https://www.sahistory.org.za/people/david-joseph-webster。
12. 我記得屠圖大主教曾在1995年1月的演講中提到這些內容。
13. 曼德拉在1997年一場演講中，解釋了Ubuntu的概念：「Ubuntu的精神代表深沉的非洲意涵，指的是我們只能透過其他人類的人性彰顯我們生而為人，這不只是地域性的概念，在我們一同尋找一個更好的世界的過程中，已化為全球通用的概念。」請見"Renewal and Renaissance—Towards a New World Order: Lecture by President Nelson Mandela at the Oxford Centre for Islamic Studies," Nelson Mandela Foundation, July 11,1997, http://www.mandela.gov.za/mandela_speeches/1997/970711_oxford.htm。
14. Nelson Mandela, "Nelson Mandela's Inaugural Speech—Pretoria, 10 May 1994," University of Pennsylvania, https://www.africa.upenn.edu/Articles_Gen/Inaugural_Speech_17984.html。

第9章

1. 這首詩名為"Outwitted"，可於下列書目讀到這首詩，以及埃德溫‧馬坎的其他詩作：*The Shoes of Happiness and Other Poems* (New York: The Century Company, 1913)。
2. 要進一步了解主持招待的哲學概念，我推薦閱讀：Emmanuel Levinas, *Totality*

and Infinity: An Essay on Exteriority, 4th ed., trans. Alphonso Lingis (Pittsburgh, PA: Springer Nature, 2011); David J. Gauthier, "Levinas and the Politics of Hospitality," *History of Political Thought* 28, no. 1 (spring 2007), Exeter, England: 158-80, https://www.jstor.org/stable/26222669。

3. 欲知更多關於亞伯拉罕之路計畫，請見www.abrahampath.org/。

4. Ben Lerwill, "10 of the Best New Walking Trails," *National Geographic*, April 8, 2019, https://www.national geographic.co.uk/travel/2019/04/10-best-new-walking-trails。

5. 我最初是從埃利亞斯・艾米東（Elias Amidon）那兒得知這個故事，但你也可以從下列來源讀到原本的故事：Chrétien de Troyes, *Perceval: The Story of the Grail*, translated by Burton Raffel (New Haven, CT: Yale University Press, 1999)。

6. "Colombia Conflict Victims Join FARC Peace Talks in Cuba," BBC, August 17, 2014, https://www.bbc.com/news/world-latin-america-28822683。

7. 想要知道更多關於帕斯托拉・米拉的故事，請見TEDx Talks, "Superando el Dolor: Reconciliation | Pastora Mira | TEDxBogotá," YouTube, September 23, 2019, https://www.youtube.com/watch?v=2SPaS_ClPXU。

8. 德瓦爾（Frans de Waal）在靈長類的研究，詳細記錄在他的著作：*Peacemaking Among Primates* (Cambridge, MA: Harvard University Press, 1990)。Date per https://www.hup.harvard.edu/catalog.php?isbn=9780674659216。

第10章

1. 法蘭西絲・珀金斯是第一位擔任美國內閣祕書的女性，任期為1933年至1945年。關於引用內容的上下文，以及關於她生平的更多資訊，請見"The Woman Behind the New Deal," Frances Perkins Center, https://francesperkinscenter.org/life-new/。

2. 欲知更多關於哈瓦那和平談判的內容，我推薦這份報告：Andrés Bermúdez Liévano, ed., *Los Debates de la Habana, una Mirada desde Adentro*, Institute for Integrated Transitions, 2018, https://ifit-transitions.org/wp-content/uploads/2021/03/Los-debates-de-La-Habana-Una-mirada-desde-adentro.pdf。

3. "Víctimas Conflicto Armado," Unidad para las Víctimas, https://www.unidadvictimas.gov.co/es/registro-unico-de-victimas-ruv/37394。

4. "Conflict Between Turkey and Armed Kurdish Groups," Center for Preventative Action, Council on Foreign Relations, April 25, 2023, https://www.cfr.org/global-conflict-tracker/conflict/conflict-between-turkey-and-armed-kurdish-groups。

第11章

1. 我記得這句諺語是「阻擋一頭獅子」（halt a lion），但在以下的BBC「今日非洲諺語」中也可找到另一種說法，「綁住一頭獅子」（tie up a lion）："Africa's Proverb of the Day," BBC, January 1, 2013, https://www.bbc.com/news/world-africa-20884831。

2. 欲知更多關於「群體行動」在科技業的使用狀況，請見Marty Cagan, "Milestone Swarming," Silicon Valley Product Group, May 21, 2014, https://www.svpg.com/milestone-swarming/; Toby McClean, "The Collective Power of Swarm Intelligence in AI and Robotics," *Forbes*, May 13,2021, https://www.forbes.com/sites/forbestechcouncil/2021/05/13/the-collective-power-of-swarm-intelligence-in-ai-and-robotics/?sh=266c2beb 252f。

3. 個人通訊內容，2018年6月26日。

4. Dave Davies, "30 Years After the Siege, 'Waco' Examines What Led to the Catastrophe," NPR, January 25, 2023, https://www.npr.org/2023/01/25/1151283229/waco-branch-davidian-david-koresh-jeff-guinn。欲知更多關於此談判的深度分析，請見

Malcolm Gladwell, "Sacred and Profane," *New Yorker*, March 24, 2014, https://www.newyorker.com/magazine/2014/03/31/sacred-and-profane-4。

5. Diane Coutu, "Negotiating Without a Net: A Conversation with the NYPD's Dominick J. Misino," *Harvard Business Review*, October 2002, https://hbr.org/2002/10/negotiating-without-a-net-a-conversation-with-the-nypds-dominick-j-misino。

6. George Kohlrieser, "How to Manage Conflict: Six Essentials from Hostage Negotiations to the Boardroom," LinkedIn, April 26, 2018, https://www.linkedin.com/pulse/how-manage-conflict-six-essentials-from-hostage-george-kohlrieser。

7. 欲知更多關於全球暴力治癒組織的資訊，請見www.cvg.org。蓋瑞·斯拉特金（Gary Slutkin）博士告訴我「接近的機會、可信度、信任」這個概念。

8. 這部片在2012年2月14日於PBS播映，你可於PBS網站觀賞：https://www.pbs.org/wgbh/frontline/documentary/interrupters/transcript/。

9. 桑托斯總統在2017年獲頒哈佛談判課程之最佳談判員獎（Program on Negotiation Great Negotiator Award）時，做出這個評論。雖然當時沒有紀錄，但可於以下收看一場類似的圓桌會議："Advice for Peace: Ending Civil War in Colombia," Harvard Law School, October 11, 2012, https://www.pon.harvard.edu/daily/teaching-negotiation-daily/advice-for-peace-ending-civil-war-in-colombia/。

10. 欲知更多關於德瓦爾的工作，我推薦：*Peacemaking Among Primates* (Cambridge, MA: Harvard University Press, 1990); *The Bonobo and the Atheist: In Search of Humanism Among the Primates* (New York: W. W. Norton, 2013); and *Mamas Last Hug: Animal Emotions and What They Tell Us About Ourselves* (New York: W. W. Norton, 2019)。Date per https://www.hup.harvard.edu/catalog.php?isbn=9780674659216。

11. 在哥倫比亞近來最大一場動員活動發生在2008年，在波哥大有超過一百萬人上街遊行，反對哥倫比亞革命軍。請見"Colombians in Huge FARC Protest," BBC, February 4, 2008, http://news.bbc.co.uk/2/hi/americas/7225824.stm。

12. "Colombia and Venezuela Restore Diplomatic Relations," BBC, August 11, 2010, https://www.bbc.com/news/world-latin-america-10926003。

13. 關於這場活動的更多資訊，請見"Colombia Peace Deal: Historic Agreement Is Signed," BBC, September 27, 2016, https://www.bbc.com/news/world-latin-america-37477202。

14. "Thousands March in Support of Colombia Peace Deal," Deutsche Welle, October 13, 2016, https://www.dw.com/en/thousands-march-in-support-of-colombia-peace-deal/a-36028584。

15. Juan Manuel Santos, Nobel Lecture, "Peace in Colombia: From the Impossible to the Possible," The Nobel Prize, December 10, 2016, https://www.nobelprize.org/prizes/peace/2016/santos/lecture/。

結語

1. Rebecca Solnit, *Hope in the Dark: Untold Histories, Wild Possibilities* (Edinburgh: Canongate Books, 2016)。Available at: https://www.perlego.com/book/1456880/hope-in-the-dark-the-untold-history-of-people-power-pdf。

2. TEDx Talks, "What's Wrong with Me? Absolutely Nothing | Gabi Ury | TEDxSanDiago," YouTube, December 31, 2014, at https://www.youtube.com/watch?v=bDbN8R6Gb6Q。

3. Live, Learn, Evolve, "The Ancient Shambhala Warrior Prophecy," YouTube, May 9, 2020, https://www.youtube.com/watch?v=hWJWZd2UMKw。

4. *Pirke Avot: The Sayings of the Jewish Fathers*, trans. Joseph I. Gorfinkle, Project Gutenberg: 50, https://www.gutenberg.org/ebooks/8547。

國家圖書館出版品預行編目（CIP）資料

創造可能：從分歧衝突走向繁榮共存的關鍵選擇 / 威廉‧尤
瑞（William Ury）著，張芷盈譯 . -- 第一版 . -- 臺北市：天下
雜誌 , 2024.08
352 面；14.8×21 公分 . -- （天下財經；560）
譯自： Possible : how we survive (and thrive) in an age of
　　　 conflict
ISBN　978-626-7468-32-6（平裝）
1. CST: 談判 2.CST: 談判策略 3.CST: 衝突管理
177.4　　　　　　　　　　　　　　　　　　113009792

天下財經 560

創造可能

從分歧衝突走向繁榮共存的關鍵選擇

POSSIBLE: How We Survive (and Thrive) in an Age of Conflict

作　　者／威廉·尤瑞（William Ury）
譯　　者／張芷盈
封面設計／FE 設計
內頁排版／林婕瀅
責任編輯／吳瑞淑

天下雜誌群創辦人／殷允芃
天下雜誌董事長／吳迎春
出版部總編輯／吳韻儀
出　版　者／天下雜誌股份有限公司
地　　　址／台北市 104 南京東路二段 139 號 11 樓
讀者服務／（02）2662-0332　傳真／（02）2662-6048
天下雜誌 GROUP 網址／ http://www.cw.com.tw
劃撥帳號／ 01895001 天下雜誌股份有限公司
法律顧問／台英國際商務法律事務所·羅明通律師
製版印刷／中原造像股份有限公司
總　經　銷／大和圖書有限公司　電話／（02）8990-2588
出版日期／ 2024 年 8 月 28 日第一版第一次印行
定　　　價／ 520 元

書號：BCCF0560P
ISBN：978-626-7468-32-6（平裝）

直營門市書香花園　地址／台北市建國北路二段 6 巷 11 號　電話／ 02-2506-1635
天下網路書店 shop.cwbook.com.tw　電話／ 02-2662-0332　傳真／ 02-2662-6048

本書如有缺頁、破損、裝訂錯誤，請寄回本公司調換